新时代　新需求　新高度　新发展

——百廿山大　学术报国

王湘云　主编

山东大学出版社
SHANDONG UNIVERSITY PRESS
·济南·

图书在版编目(CIP)数据

新时代　新需求　新高度　新发展：百廿山大　学术报国 / 王湘云主编．—济南：山东大学出版社，2023.10

ISBN 978-7-5607-8016-0

Ⅰ．①新…　Ⅱ．①王…　Ⅲ．①高等学校－教学改革－研究－威海　Ⅳ．①G642.0

中国国家版本馆CIP数据核字(2023)第220371号

责任编辑　祝清亮
文案编辑　霍馨莹　蒋新政
封面设计　王秋忆

新时代　新需求　新高度　新发展
XINSHIDAI　XINXUQIU　XINGAODU　XINFAZHAN
——百廿山大　学术报国

出版发行　山东大学出版社
社　　址　山东省济南市山大南路20号
邮政编码　250100
发行热线　(0531)88363008
经　　销　新华书店
印　　刷　山东和平商务有限公司
规　　格　720毫米×1000毫米　1/16
　　　　　13.5印张　256千字
版　　次　2023年10月第1版
印　　次　2023年10月第1次印刷
定　　价　66.00元

编委会

前　言

“一个民族要想站在科学的最高峰，就一刻也不能没有理论思维。”中华文明的精神大厦，广袤丰沛，源远流长。从先秦子学、两汉经学、魏晋玄学，到隋唐佛学、儒释道合流、宋明理学，经历了数个学术思想繁荣时期，涌现了老子、孔子、庄子、孟子、荀子、韩非子、董仲舒、王充、何晏、王弼、朱熹等一大批思想大家，留下了浩如烟海的文化遗产，为人类文明做出了巨大贡献。

百廿山大，薪火相传。山东大学是中国第一所按章程办学的大学，是中国近代高等教育的起源性大学，她扎根中国大地，厚植齐鲁沃土，不断开拓进取，与中华民族伟大复兴进程同频共振，其“学术报国”之精神在历史的长卷中留下了浓墨重彩的一笔。百廿来，学校始终秉承“为天下储人才，为国家图富强”的办学宗旨，深入践行“学无止境，气有浩然”的校训精神，深刻领会“扎根中国大地办大学”的精神实质，追求卓越，致力于培养最优秀的本科生和最具创造力的研究生。

百廿山大，一脉相承。威海校区与校本部一脉相承，致力于一体发展。2018年，中央文件提出要发展新工科、新农科、新医科、新文科，校区即以敏锐的触觉、大胆的设想、果敢的行动、超强的合力，早起步，迈大步，以“继承与创新、交叉与融合、协同与共享”为途径，“做好顶层设计，挑起文化担当，践行文化使命”，持续推进“专业更优、模式更新、课程更好、研究更深”，创造性地开展了一系列卓有成效的新文科、新工科建设理论研究和实践探索，并在新文科建设方面走在了前列，走出了方向，走出了亮点，走出了山大风格。

百廿山大，学术报国。2021年10月15日，山东大学迎来120周年华诞，威海校区坚持文化引领、突出历史传承，聚焦学术主题、紧扣学术主线，加强对外交流、拓宽全球视野，努力把百廿校庆打造成文化校庆、学术校庆、开放校庆。以“凝学术之气，聚各方合力；展浩然之气，现一流魅力”为主旨，广邀国内外高水平专家、学者，开展“迎校庆百场学术报告”，为全校师生打造了一场场学术盛宴，拓宽了师生的学术视野,加强了校际学术交流,增进了各方学术合作,强化了校区学术氛围,彰显了校区学术实力。校庆年全部学术报告活动结束后,校区对讲稿进行整理、筛选,精选出19篇优秀报告,涵盖文、法、理、工等学科,设置“为政:览相四极　周流天下”“天问:悠悠苍天　曷其有极”“人文:参伍相变　观其会通”三个板块,既有全球视野下的宗教学、政治学和文学主题,也有蕴含天地之美、万物之理的数学和天文学主题,还有体现古今继承和发展关系的中国文学、历史主题,集中关注各学科的热点问题、最新的理论研究,向百年校庆献礼,书写山大“学术报国”的华美篇章。

百廿山大,继往开来。“大学之道,在明明德,在亲民,在止于至善。”这是大学的使命,即让年轻一代明白起来。学术报告是课堂以外最好的桥梁。好的学术报告不仅能促进学术交流与经验分享,还有沟通心灵、启智润心的重要作用,承担着培根铸魂的育人功能,向学生传递学科前沿知识的基础上,能引导学生树立正确的人生观和价值观,增强社会责任感,涵养人文精神,增强对中华民族和中国特色社会主义的自豪感,对担当中华民族伟大复兴大任的使命感。自古以来,我国知识分子就有“为天地立心,为生民立命,为往圣继绝学,为万世开太平”的志向和传统。站在百年未有之大变局的历史节点上,我们要牢记“为国育贤”之初心,努力践行“为党育人,为国育才”之使命,“坚持党的领导,坚持马克思主义指导地位,坚持为党和人民事业服务,落实立德树人根本任务,传承红色基因,扎根中国大地办大学,走出一条建设中国特色、世界一流大学的新路”,全方位谋划基础学科人才培养,培养心怀“国之大者”的拔尖人才、高水平复合型人才。

编者

2022年10月

目 录

第一编 为政:览相四极 周流天下

第二编 天问:悠悠苍天 曷其有极

第三编 人文:参伍相变 观其会通

第一编　为政:览相四极　周流天下

美国犹太教改革派的百年嬗变

（2021年6月22日）

傅有德*

近现代以来，传统犹太教遭遇欧洲启蒙运动、工业化与科学革命，在现代性浪潮的裹挟下起而回应，经历了自19世纪始的革故鼎新，实现了从传统到现代的转型，为多数犹太人提供了生活指南。现代犹太教包括正统派、保守派、改革派、重建派四大派别，产生于19世纪初在德国开始的犹太教改革。因为改革，传统犹太教首先衍生出改革派，进而引发犹太教整体的大分化。改革派始于德国，发展壮大于美国，而美国的改革派自身也由于时代的变迁和外部文化的影响而经历着兴衰沉浮。本文的对象是美国的犹太教改革派，依据的主要是美国犹太教改革派的四个历史性文件，即1885年的《匹兹堡纲领》（*The Pittsburgh Platform*），1937在哥伦布通过的《改革派犹太教指导原则》（*The Guiding Principles of Reform Judaism*，简称《哥伦布纲领》），1976年在旧金山通过的《改革派犹太教：世纪回顾与展望》（*Reform Judaism：A Centenary Perspective*，简称《旧金山纲领》），以及1999年匹兹堡《改革派犹太教原则声明》（*A Statement of Principles for Reform Judaism*，简称

* 傅有德，教育部“长江学者”特聘教授，现任教育部人文社会科学重点研究基地山东大学犹太教与跨宗教研究中心主任、哲学与社会发展学院宗教学系主任、山东省“泰山学者”特聘教授、博士研究生导师。兼任教育部哲学教学指导委员会副主任委员、中国宗教学会副会长、中国外国哲学学会理事、山东省哲学学会会长、国际巴克莱学会理事、国际圣经文献学会会员。1994年创办山东大学犹太文化研究所。2002年创办《犹太研究》任主编至今。出版专著、译著20部（包括合作），论文近100篇。代表性著作有《巴克莱哲学研究》《犹太哲学与宗教研究》《犹太哲学史》等。

《原则声明》)①。我将从传统与现代、民族性与普世性、神圣性与世俗性三个向度，通过历时与共时性的解读与分析，发现犹太教改革派在100多年里的发展轨迹，尤其是发现哪些犹太教要素改变了，哪些没有变；哪些在改变之后又复兴了，哪些永远丧失了生命力。同时，概括美国改革派犹太教的一般特征并试图揭示其中蕴含的普遍性意义。

一、激进改革:《匹兹堡纲领》

1885年11月，全美改革派拉比由艾萨克·梅耶·怀斯(Isaac Mayer Wise)主持匹兹堡会议，通过了由考夫曼·科勒尔(Kaufmann Kohler)起草的名为《匹兹堡纲领》的文件。这一文件明确阐述了19世纪末改革派犹太教所关注的主要问题、基本立场和原则，被称为改革派的“独立宣言”，具有非同寻常的历史意义。简化这个由8条构成的历史性文献，我们得到一个以宗教信仰为内核、以价值观为中间层、以具体律法为外围的改革派犹太教的结构系统。核心信仰包括上帝观念，即宗教真理；犹太人是上帝的祭司，一个宗教共同体不再是民族共同体；相信灵魂永恒，反对死后肉身与灵魂一起，复活和天堂、地狱的教义。基本价值包括普遍的心智、科学真理；现代性与进步观、现代心智或理性、现代使命；普遍的正义、和平、博爱。律法规范包括履行传统犹太教中的道德性律法；接受符合现代文明的律法；反对回归巴勒斯坦以及关于以色列国和律法，反对圣殿献祭律法，拒绝关于饮食、洁净、服饰等的日常生活戒律。②

我们发现，《匹兹堡纲领》接受了进步主义的宗教观，认为宗教是伴随着人类社会的发展而进步，不断从原始走向文明、从落后行至先进的。一方面，这个纲领保存了拉比犹太教中的上帝信仰、选民意识、灵魂不死观念，接受传统中具有普遍意义的道德性律法，认同犹太人是一个宗教性群体；另一方面，它又特别突出了现代理性、现代科学、现代文明的律法、现代使命等现代价值和诉求。从历史向度看，在传统性与现代性之间，该纲领没有完全忽视传统犹太教的因素，但其天平的砝码明显倾向于现代性。这与犹太教改革派一贯主张宗教的时代性和进步论是一致的。保守派拉比亚历山大·科胡特(Alexander Kohut)批评说：“改革派试图脱离摩西—

① 参见傅有德、潘冬磊译:《美国犹太教改革派经典文献》，傅有德主编:《犹太研究》第13辑，山东大学出版社2015年版，第174~183页。

② 参见傅有德、潘冬磊译:《美国犹太教改革派经典文献》，傅有德主编:《犹太研究》第13辑，山东大学出版社2015年版，第174~175页。

拉比传统而寻求与时代同步”[1]，但其主张是“没有肌肉、没有灵魂和精神的骨架，是一种自杀而不是改革”[2]。与之针锋相对，该纲领的起草人则旗帜鲜明地指出，面对现代性的大潮，我们应该后退还是前进呢？毫无疑问，我们不应该倒拨历史的时钟，而应该自豪地推动历史前进。

换一个角度看，即从文化的特殊性与普遍性关系考察，该纲领认同传统犹太教的“选民”或“祭司”地位，接受部分有关圣化的宗教仪礼，从而一定程度地保留了犹太教的个性特征。然而，在短短八条的纲领中，更多的是对个别性、民族性内容的批评和拒绝。例如，宣称犹太人不再是一个民族，而是一个“宗教共同体”；拒绝接受回归巴勒斯坦建国和所有与以色列国相关的律法，放弃死后灵肉复活的信条，把圣殿祭祀仪式、饮食、洁净、服饰等关于日常生活的摩西律法，看作“原始”犹太教特有的，违反人类普遍性的，因此统统予以摒弃。与此形成对照的是，那些具有较高普遍性的价值，如正义、和平、博爱、现代的心智、理性、科学与真理，则得到无条件接受和褒扬。还有，就连“上帝”观念也被说成是“任何一种宗教”所具有的，因而具有浓重的普遍主义色彩。隐含在该纲领里的逻辑是，符合现代性的就是普遍的；启蒙运动以来欧美主流的自由主义价值，就是普遍价值，而普遍价值是应该无条件接受的。《匹兹堡纲领》的条文及其内在逻辑表明，美国改革派犹太教在特殊性与普遍性之间，显然是颇为轻视特殊性而极为偏重普遍性的。

《匹兹堡纲领》没有多少直接表述世俗化的文字，但其基本倾向带有浓重的世俗主义，是显而易见的。其中的“上帝”观念，虽然与传统保持了连续性，但接近于哲学的观念，而与传统犹太教所说的“上帝实在”“人格神”“创造主”和“立法者”有差别。“灵魂不灭”也与此类似。更明显的是，该纲领拒绝许多宗教性礼仪和道德以外的生活律法，而犹太教与犹太人的宗教性或神圣性在很大程度上是由这些律法体现出来的。实际上，早在改革之初，德国的改革派犹太人就废除了象征与上帝立约的“割礼”，圣堂内不再男女分席而坐，不再用希伯来语祈祷，不再遵守饮食律法与厨房禁忌，也放弃了着装服饰方面的律法。这些改革举措都被《匹兹堡纲领》继承下来，而且有过之而无不及。《匹兹堡纲领》发布后的美国的改革派，在生活方式上也有强烈的世俗化倾向。一个典型的事例是，1883年7月，希伯来联合神学院为首批毕业生授予拉比圣职，在庆功宴会上竟然将显然违反犹太饮食律法的大虾摆上了餐桌。[3]可见，在神圣与世俗之间，美国改革派犹太教是明显偏向于世俗化的。

---

① [美]乔纳森·D. 萨纳：《美国犹太教史》，胡浩译，大象出版社2009年版，第125页。

② [美]乔纳森·D. 萨纳：《美国犹太教史》，胡浩译，大象出版社2009年版，第125页。

③ [美]参见乔纳森·D. 萨纳：《美国犹太教史》，胡浩译，大象出版社2009年版，第123页。

从上述可知,《匹兹堡纲领》中作为改革派犹太教内核的信仰部分相对稳定,一般或较为普遍的价值部分则革新较多,处于"托拉"系统外围的具体的生活律法和习俗的改变最为显著。核心信仰基本稳定,说明《匹兹堡纲领》代表的改革派没有脱离犹太教,而仍然是犹太教的一个派别;价值观与具体的律法革新甚多,说明它代表的是激进改革派;该文件肯定的价值观兼顾传统与现代,但偏重于现代,说明改革派犹太教是以现代性为目标的进步派;纲领批判并摒弃了大量传统犹太教的律法,只赞成保留道德训诫和个别宗教仪礼,说明改革派强烈地拒绝传统,倾向于启蒙运动以来的现代性、普遍性和世俗化。

可以看出,《匹兹堡纲领》虽然与传统保留了连续性,但其主旨是与传统犹太教的疏离与划界。这个纲领是19世纪末20世纪前期改革派激进的、进步主义的指导思想和基本原则,直到1937年《哥伦布纲领》的颁布,其使命才算完结。

二、纠偏补正:《哥伦布纲领》

1937年,即《匹兹堡纲领》颁行后52年,改革派拉比于俄亥俄州首府哥伦布再次举行拉比大会,在激烈争论后通过了美国改革派犹太教的第二个纲领性文件《哥伦布纲领》。这个纲领分为三个部分,分别为犹太教及其基础、伦理和习俗。这个纲领的历史意义是纠偏补正,即在坚持改革派进步主义的基本原则时,力求在民族性与普遍性之间、传统价值与现代性之间、神圣性与世俗性之间,找回在过于激进的《匹兹堡纲领》中失去的平衡。当然,从纲领的内容构成看,在不同的层面,天平的倾斜度是不一样的。

其一,在传统与现代关系问题上,该文件仍然坚持犹太教的进步性与现代性,并承诺"自觉地将这一原则运用到精神、文化和社会生活中去";犹太教无条件接受现代科学,相信科学与宗教没有矛盾,可以并驾齐驱。[①]对于指导犹太人日常生活的律法,该文件承认其来源是神启,然而主张启示是经由先知和先贤连续下来的,经历着时代的变迁。因此,"作为历史进程的产物,随着时代环境的变化,特定时代所产生的特定的《托拉》律法已经丧失了约束力。但是作为永恒的精神理想的宝库,《托拉》仍然是以色列生活永不枯竭的源泉。每一个时代都有义务使《托拉》的教导适应那个时代的基本需要,同犹太教的智慧相协调"[②]。由此可见,顺应时代、适应

① 参见傅有德、潘冬磊译:《美国犹太教改革派经典文献》,傅有德主编:《犹太研究》第13辑,山东大学出版社2015年版,第175页。

② 傅有德、潘冬磊译:《美国犹太教改革派经典文献》,傅有德主编:《犹太研究》第13辑,山东大学出版社2015年版,第176页。

社会、与时俱进仍然是《哥伦布纲领》的主导精神。

其二,在民族性或个别性与普世性的关系问题上,《哥伦布纲领》一方面确信犹太教的犹太起源;另一方面,又肯定其内容的普遍性或人类共性,试图维系两者的平衡。如其所说,犹太教“尽管源于犹太生活,但是它所传达的启示是普世的,旨在上帝的统治下实现人类的团结和完满”[①]。在核心信仰层面,该纲领称“生生不息的上帝”是犹太教的核心,并且说他既超越时空,又内在于世界,作为“宇宙的主和仁慈的父”,以律法和爱统治着世界。犹太人怀有普世的弥赛亚期盼,其目标是与人类一道建立“上帝的王国,实现普遍的兄弟之爱、公义、真理和人类和平”。在道德方面,犹太教追求上帝,追求普遍的道德——“神圣、公义和良善”,追求普遍的人间之爱,追求人人具有的不可转让的权利等。也就是说,在核心信仰和基本价值层面,普遍主义仍然是《哥伦布纲领》的主旋律。

但是,在犹太宗教与民族的关系以及犹太复国主义问题上,《哥伦布纲领》较之《匹兹堡纲领》有重大的修正。首先,犹太人不再如50年前所说的那样仅仅“是一个宗教共同体”,而且是一个民族。它指出:“如果说以色列是躯体的话,那么犹太教就是这一躯体的灵魂。”[②]躯体和灵魂密不可分。犹太人尽管散居在世界各地,但信奉同样的宗教,而犹太教就是一条精神纽带,将各地的犹太人凝聚为一个群体,使之“作为一个民族”存活下来。一句话,犹太人的宗教性与民族性密切联系在一起。其次,该纲领一改之前反对回归巴勒斯坦建国的观点,转而提倡和鼓励各地犹太人回归并建设好以色列。它明确说:“我们确信,在将巴勒斯坦建设成为犹太家园的过程中,所有犹太人都有义务提供帮助,使之不仅成为受压迫者和受难者的天堂,而且应成为犹太文化和精神生活的中心。”[③]坚持宗教性与民族性的同一性,号召犹太人回归以色列,标志着改革派从普世主义到民族主义的转向。《哥伦布纲领》表明,在经历了半个世纪的激进改革进而犹疑与徘徊之后,改革派终于向民族性迈出了显著的一步。

其三,如果说19世纪末的美国犹太教改革派在神圣与世俗关系问题上表现出很强的世俗化倾向,那么《哥伦布纲领》则开始转而倡导神圣的生活。这一点是与

---

① 傅有德、潘冬磊译:《美国犹太教改革派经典文献》,傅有德主编:《犹太研究》第13辑,山东大学出版社2015年版,第175页。

② 傅有德、潘冬磊译:《美国犹太教改革派经典文献》,傅有德主编:《犹太研究》第13辑,山东大学出版社2015年版,第176页。

③ 傅有德、潘冬磊译:《美国犹太教改革派经典文献》,傅有德主编:《犹太研究》第13辑,山东大学出版社2015年版,第176页。

该纲领对民族性的强调联系在一起的。《哥伦布纲领》肯定,犹太教的神圣信仰和价值是通过家庭、圣堂和社区的生活体现出来的。家庭是犹太生活的一个堡垒,它因为爱和对于上帝的崇敬之情而神圣化,也通过道德律令和宗教礼仪以及崇拜走向神圣化。圣堂作为犹太生活中最古老和最民主的组织,是社区的首要代理者,它培育了犹太教并使之存续下去。还有,祈祷是犹太教的重要组成部分,它是宗教的声音,引导人们的心智朝向上帝。与《匹兹堡纲领》不同,《哥伦布纲领》强调犹太教是犹太人的生活方式,它要求犹太人"守安息日、各种节日和圣日,保留和发展具有激发灵感之价值的一些风俗、象征物和礼仪,培育独具特色的宗教艺术和音乐,使用希伯来语,同时使用本地语言"[①]。在废除割礼、安息日、饮食律法等过度世俗化的改革之后,改革派不仅受到了其他犹太教派别,例如正统派和保守派的严厉批评,其内部也进行了深刻的反省和自我批判,认识到宗教性的生活对于犹太教信仰的持守和价值的实现,对于个体、家庭、社区,乃至整个犹太民族的维系所具有的极端重要性。可以说,在向民族性回归的同时,《哥伦布纲领》也从世俗主义朝神圣性返回了一大步。

比较而言,半个世纪前通过的《匹兹堡纲领》对于进步性、现代性、普遍性和世俗主义确有过度之嫌,因而是一个激进的纲领;而《哥伦布纲领》则在总体上持守上述原则的同时,增添或加重了犹太教和犹太生活的传统性、个别性、神圣性以及犹太教和犹太人的民族性,可以说这是一种保守性的回归。这样的回归,对早先古典的改革派犹太教的信仰与生活方式起到了纠偏补正的作用。

三、回归民族性:《旧金山纲领》

1976年,在美国希伯来公会联盟和希伯来联合学院犹太宗教研究所成立100年之际,改革派在旧金山通过了美国犹太教改革派拉比会议的文件——《犹太教改革派:世纪回顾与展望》(以下简称《旧金山纲领》)。这个文件旨在总结百年来美国改革派的经验、教训,指明未来发展的方向。在1937~1976年的40年里,犹太人经历了二战期间的纳粹大屠杀、1948年以色列建国、三次中东战争尤其是1967年"六日战争"的奇迹般胜利、美国经济危机的复苏、现代科学的突飞猛进、文化的多元化等,这些都促使改革派反省《匹兹堡纲领》与《哥伦布纲领》,提出在新的历史条件下指导改革派信众的信仰原则与行动纲领。

---

① 傅有德、潘冬磊译:《美国犹太教改革派经典文献》,傅有德主编:《犹太研究》第13辑,山东大学出版社2015年版,第177页。

《旧金山纲领》表征的改革派仍然是主张历史进步的犹太教教派。这是因为，它坚持犹太教是连续不断地发展着的历史性宗教；肯定在各个历史阶段，犹太教的宗教领袖，如先知、拉比和哲人，都进一步继承和阐发了源于启示的律法，为犹太教做出了新贡献。如其宣称："《托拉》的创造并没有停止，我们时代的犹太创造性正被添加到传统之链上。"[①]此外，该文件认为，现代的科学，现代的、批判的学术研究方法，现代的审美价值，现代性的个人权利等许多现代价值，都是应该肯定和接受的。但是，和前述两个纲领不同的是，在对待传统与现代的关系问题上，它主张"传统应该与现代文化互动"，而不是像以前那样以现代价值为圭臬，一味促使传统积极主动地向现代靠拢。这是因为，正如纳粹大屠杀所显示的，现代性不能说明"人性及其必然进步"；新知识的爆炸、越来越强大的科技，也没有增进人的自由，反而"威胁到了人的自由，反而使人们精神空虚"。有鉴于此，我们"必须减少对社会既有价值的依赖，并重新确认犹太教宗教教义的永久有效性"[②]。该文件没有重点讨论传统与现代的关系，然而现有的文字足以表明，此时的改革派更偏向于犹太教传统的价值，现代性已经丧失了原有的标准性和主导性地位。

《旧金山纲领》中有较多的文字涉及犹太人与犹太教的民族性与普世性问题。关于犹太人的民族归属意识，该文件称："以色列国将我们犹太人作为一个民族的意识提升到理想和忠诚的新高度。"宣称："我们要求改革派犹太教无条件地正式认可以色列的合法存在。"[③]这一明确的、毫不犹豫的犹太复国主义立场，不仅与《匹兹堡纲领》反对回归巴勒斯坦的态度截然不同，也比《哥伦布纲领》支持犹太人回归巴勒斯坦以建立避难居所和精神家园的表述立场更鲜明，程度更进了一步。在犹太人作为民族存在与人类普遍理想之间，"犹太民族的幸存是最优先的考虑"，改革派一直抱有普世的弥赛亚社会理想，但是，这一理想的达成需要"通过实现我们犹太人的使命"[④]。犹太人的民族国家意识与犹太人的使命已然盖过了改革派原来极力推崇的普世价值。

① 傅有德、潘冬磊译：《美国犹太教改革派经典文献》，傅有德主编：《犹太研究》第13辑，山东大学出版社2015年版，第179页。

② 傅有德、潘冬磊译：《美国犹太教改革派经典文献》，傅有德主编：《犹太研究》第13辑，山东大学出版社2015年版，第178页。

③ 傅有德、潘冬磊译：《美国犹太教改革派经典文献》，傅有德主编：《犹太研究》第13辑，山东大学出版社2015年版，第179～180页。

④ 傅有德、潘冬磊译：《美国犹太教改革派经典文献》，傅有德主编：《犹太研究》第13辑，山东大学出版社2015年版，第178页。

犹太教的个别性与民族性也在这个文件中得到了突出的强调。犹太教诞生在中东，与那片土地、历史、语言、文化和组织密切关联。希伯来人因“与上帝发生了联系”而成为一个独特的民族。每一个犹太人出生后便实现了“信仰和民族性的奇特结合”。当然，改革派并没有忘却人类的共同追求和理想，它在百年曲折多变的磨砺中感受到了民族性与普世价值之间的张力。该文件指出：“直到最近，我们对犹太民族以及整个人类的责任似乎才趋于一致。但现在，这两种需要还时不时地出现矛盾。我们知道要克服这种紧张并不简单。但是，我们必须在不抛弃我们任何一种义务的情况下面对它们。对于人类的普遍关注，如果不同时伴以对我们特定民族的忠诚，将会导致自我毁灭；对我们的民族抱有激情，却不参与全人类的事业，则与先知所教导我们的相抵触。犹太教要求我们同时承担普遍的和特定的责任。”①显然，《旧金山纲领》仍然摇摆于犹太民族性与人类共同事业的普世性之间，就是说，既主张民族主义，又超越民族主义。但是，综合其中关于犹太教的缘起、犹太民族性与犹太教的同一性、人类普世理想需要通过“犹太使命”的实现而实现等陈述来看，在民族性与普世性之间，该文件的基本倾向是民族主义的。

关于神圣与世俗的关系，尤其是犹太教和犹太生活的宗教性，改革派也突出了神圣性面向。这主要体现在改革派对于犹太教的基本信仰和原则的重新界定上。该文件重申了“上帝存在”的核心信仰地位，确信“上帝存在”是犹太“民族生存意志的根本所在”。关于神人关系，该文件仍然肯定人人拥有“上帝的形象”，人会死亡，但分享着上帝的永恒性。该文件把履行犹太教的伦理责任看作上帝的诫命，而且要落实在生活的各个方面，“包括：创造一个以家庭奉献为中心的犹太之家；终身学习；私人祈祷与公共崇拜；日常宗教仪式；守安息日及犹太圣日；庆祝生命中的主要事件；投入会堂和社区生活；以及其他能够促进犹太民族生存和发展的事业的活动”②。如果说在神圣与世俗之间1885年的《匹兹堡纲领》是朝世俗化前进，1937年的《哥伦布纲领》体现了向宗教或神圣性的返复，那么1976年的《旧金山纲领》体现的则是在此前基础上更进一步的回归。

除了传统性与现代性、民族性与普世性、神圣性与世俗性三种关系，《旧金山纲领》还提出并着重论述了统一性与多样性的关系，认为改革派犹太教本身“也产生着多样性”，强调对“认真的、深思熟虑的”各种立场持开放、包容和珍视的态度，甚

① 傅有德、潘冬磊译：《美国犹太教改革派经典文献》，傅有德主编：《犹太研究》第13辑，山东大学出版社2015年版，第180页。

② 傅有德、潘冬磊译：《美国犹太教改革派经典文献》，傅有德主编：《犹太研究》第13辑，山东大学出版社2015年版，第179页。

至说“将这些分歧视为犹太教的最大希望”。与此同时，该文件坚持多样性中有统一性，前述改革派关于犹太教的信仰，以色列民族和人类理想，宗教责任和义务等方面的立场和观点，体现的就是多样性中的统一性原则。

《旧金山纲领》中有一段文字回顾了改革派在过去百年的历史进程，解释了改革派犹太教从19世纪末以后百年中从激进反传统到回归传统乃至保守的原因。它说：“早期的改革派犹太人刚刚被接纳进主流社会，他们将这一行为作为日渐盛行的普世主义的表现，他们通常根据犹太人对人类的使命来谈论犹太民族的目标。近些年来，我们刚刚意识到多元主义的优点以及特殊主义的价值。犹太民族在努力实现弥赛亚期待的过程中，以其独特的生活方式证明着自身的价值。直到最近，我们对犹太民族以及整个人类的责任似乎才趋于一致……对于人类的普遍关注，如果不同时伴以对我们特定民族的忠诚，将会导致自我毁灭；对我们的民族抱有激情，却不参与全人类的事业，则与先知所教导我们的相抵触。犹太教要求我们同时承担普遍的和特定的责任。”[①]从这段文字中，我们可以看到改革派在民族主义与普世主义之间徘徊和挣扎，最后回归民族主义，但是又不忘兼顾普遍主义，即全人类的共同价值追求和事业。实际上，这种“兼顾”的模式不仅体现在民族性与普遍性即个别主义与普遍主义的关系上，也体现在改革派在传统性与现代性、神圣性与世俗性等关系上，这些问题密切关联，交织在一起，构成了美国改革派犹太教发展的轨迹和境况。

四、回归神圣性：《原则声明》

在《旧金山纲领》颁布23年后，即20世纪最后一年，改革派的拉比们再次回到了具有重大象征意义的匹兹堡，在那里通过了第四个纲领性的文件《原则声明》。该声明强调，改革派的突出贡献是“在植根于犹太教传统的同时，能够引入创新，持守人类的共性，接受多样性，在坚持现代的批判精神的同时，将信仰带入神圣的文本之中”[②]。也就是说，改革派“返本开新”的基本立场是始终如一的。在“序言”中阐述了上述改革派的基本立场后，《原则声明》整篇阐述的是犹太教的核心信条，那

① 傅有德、潘冬磊译：《美国犹太教改革派经典文献》，傅有德主编：《犹太研究》第13辑，山东大学出版社2015年版，第180页。

② 傅有德、潘冬磊译：《美国犹太教改革派经典文献》，傅有德主编：《犹太研究》第13辑，山东大学出版社2015年版，第181页。

就是“上帝、托拉律法和以色列人”[①]。虽然改革派的前三个纲领都不同程度地涉及传统与现代、民族性与普世性、神圣与世俗的关系问题，但是，每一个文件的重点却有所不同。这个文件更加集中在后一项，着力阐明的是犹太教的神圣性和生活的圣洁。“上帝”“托拉”“以色列人”，这三个信条主要是围绕这一问题展开的，目的是“希望通过神圣性来改造我们的生活”。

关于上帝，该文件称：改革派信仰“上帝的存在和独一性”，坚信上帝与犹太民族立约并由此将犹太人与上帝联系起来；重申每个人都分有上帝的形象，具有神圣性，同时也是上帝的合作者。人们对上帝的敬畏和惊异，在正义的行为和人们彼此相爱的行为中，“在每天的生活经历中，邂逅和体验着上帝的临在”，“通过公共的和私下的祈祷，通过学习以及对上帝、对他人履行其他神圣诫命”，“努力为信仰而奋斗”，相信“信仰让我们变得更强大”。还有就是上帝给予“人生的意义和目的”，把对上帝的信仰放在第一位，突出强调他与人生意义和目的的关联。由此可见，改革派仍然是以神为中心的犹太教教派。

《原则声明》表示：“托拉是犹太人生活的基础。”改革派相信托拉是上帝的启示，但强调启示是不间断的，是上帝与犹太民族之间持续性联系的记录。认为希伯来语适合表达经文文本的神圣性；重申犹太人在家庭、圣堂和任何其他场所的聚会学习，终身学习；相信学习犹太教的诫命“是使我们生命变得神圣的方式”。人生的目的是过一种圣洁的生活，而圣洁的生活是通过遵行犹太教律法来实现的，因此行律法包括遵守安息日和其他圣日、节日的律法就是圣化生活，就是把托拉带给世界。关于遵行节日律法的意义，该文件称：“这些节日使我们能够在变化的时代以喜悦之情来庆祝我们民族的宗教旅程。这些纪念日让我们记起那些古今塑造我们民族历史经验的悲剧和胜利。那些传统的、富于创造力的仪式揭示了我们生活中每个阶段的神圣性，我们用这些仪式来彰显我们个人旅程中的每一座里程碑。”[②]

并非犹太教中的所有律法都是民族性的，其中有些是普遍性的。前述的三个纲领都提到了道德性律法的普遍性和人类美好理想的共同性。这一点在《原则声明》中得以保持。例如，上帝对人的爱和人类之爱，该文件说：“我们确信《托拉》体现着普遍之爱，即上帝对犹太民族和全人类的永恒之爱。”改革派希望加速弥赛亚时代的到来，希望与不同信仰的人“一起给我们的世界带来和平、自由与正义”，“反

① 傅有德、潘冬磊译：《美国犹太教改革派经典文献》，傅有德主编：《犹太研究》第13辑，山东大学出版社2015年版，第180页。

② 傅有德、潘冬磊译：《美国犹太教改革派经典文献》，傅有德主编：《犹太研究》第13辑，山东大学出版社2015年版，第182页。

对歧视和压迫，寻求和平，欢迎异邦人，保护地球的生态多样性和自然资源"，强调"通过上述做法，我们再次确认社会行动和社会正义传统上就是改革派犹太信仰和实践中核心的、先知式的关注"。[①]

第三个信条"以色列人"更多地涉及犹太民族性与普世性的关系。如同之前所有的文件，这一条也突出了犹太人的选民地位。"我们是以色列人，一个渴望成圣的民族，通过我们古老的契约和我们独特的历史，在世界诸民族中被遴选出来，成为上帝存在的见证人。由于那份契约和那段历史，我们同任何时代、任何地方的所有犹太人都联系在一起。"[②]犹太人是一个"包容的共同体"，包容犹太人内部的各派，包容不同的性别、家庭、皈依者、混合型婚姻的犹太人；和之前不同的是，《原则声明》明确表示积极接受异族人皈依犹太教。和《哥伦布纲领》与《旧金山纲领》一样，《原则声明》也大力倡导和鼓励全世界的犹太人回归以色列，宣称："我们承认以色列地的独特生活品质，并且鼓励向以色列移民。我们憧憬着未来的以色列国将促进在其所有居民中实现充分的公民权、人权和宗教权利，并努力在以色列和其邻国之间实现持久的和平。"[③]兼顾民族主义和普世主义，但优先考虑民族主义，这一立场与《旧金山纲领》是一以贯之的。

虽然对"宗教和文化多元""男女平等""促进以色列"和"世界范围内的进步犹太教的发展"等，也有提及，但是，《原则声明》似乎刻意低调处理了现代性。这自然让我们回忆起前述《旧金山纲领》对于现代性弊病的揭露和批判。

五、总结

百余年美国改革派犹太教的历史可以说是始于激进，终于保守。所谓激进，是指过于突出了现代性、普遍性、世俗性，而放弃或忽略了犹太教的传统价值、民族个性和犹太生活的神圣性。所谓保守，则是激进的反面，即更多地保留犹太教的传统价值、犹太教与犹太生活的民族特征和神圣意义。1886年的《匹兹堡纲领》最为激进；1937年的《哥伦布纲领》趋于保守，但仍然没有回归到位；1976年的《旧金山纲领》回归到了改革派之最保守的形态，可谓矫枉过正；到1999年匹兹堡《原则声

---

① 傅有德、潘冬磊译：《美国犹太教改革派经典文献》，傅有德主编：《犹太研究》第13辑，山东大学出版社2015年版，第182页。

② 傅有德、潘冬磊译：《美国犹太教改革派经典文献》，傅有德主编：《犹太研究》第13辑，山东大学出版社2015年版，第183页。

③ 傅有德、潘冬磊译：《美国犹太教改革派经典文献》，傅有德主编：《犹太研究》第13辑，山东大学出版社2015年版，第183页。

明》,一个偏于神圣或保守但仍然属于进步主义的美国改革派犹太教则趋于稳定。这四个历史性的文件反映出,美国改革派犹太教在传统与现代之间、民族性与普遍性之间、神圣性与世俗性之间,时而激进前行,时而回归后进的历史轨迹,也可以体会到那些改革派领袖们或澎湃激情,或犹疑徘徊的心理路程。

1886年的《匹兹堡纲领》是这四个文件中最激进的。尽管激进,但它仍然没有遗忘犹太教的基本信仰、价值和起码的生活律法;因此,仍然一定程度地坚持了兼顾传统与现代、民族性与普世性、神圣性与世俗性。最保守的《旧金山纲领》回归甚至偏于传统性、民族性、神圣性,但仍然坚持现代的价值、科学、学术,普遍的正义、和平与仁爱。综合观之,美国改革派犹太教虽然在上述三种张力之间此消彼长,步履蹒跚,而且常常偏于一端,但没有完全顾此失彼而发生质变。这表明,“彼此兼顾”是进步的改革派犹太教的基本原则。

美国改革派犹太教在上述三重关系中翻来覆去的调整历程,也反映了理性与现实之间的矛盾与纠结。进步主义倡导现代性、普遍价值和相对世俗的生活。它们指向未来的理想,是改革派犹太教前进、上升的拉动力。与此相反,传统犹太教的信仰、价值和因为长期奉行生活律法而形成的生活习惯,作为一种现实存在,形成了一种后退、回归的反向力量。每一份改革派的文件都是理想与现实相互角力、斗争又相互妥协的结果;改革派犹太教的历史就是这两种相反的力量相互拉扯、角力的历史。当然,犹太人之外、犹太教之外那些更广阔背景的社会环境也是影响犹太教改革派改革与调整的重要因素。

与此相关联的一点是,现代的并非一定是普遍的,民族的并非一定是个别的;即便是个别的,也并非一定要废弃。现代性当然包含普遍价值,如科学技术、民主制度、平等权利、正义、和平、博爱等等。但是,现代也是一个历史概念,其中一些现代文化要素是特定时代——现代的产物,因而具有时代性,没有普遍性和恒久性。《旧金山纲领》中指出的现代性隐含的非人性、威胁自由、精神颓废等就属于此类。反之,虽然传统中属于民族的、特殊的要素居多,但其中也包含了普遍性,如信仰和价值观,而这些反倒是犹太教中恒常性的要素。还有一些个别的、民族性的内容,如割礼、饮食律法、安息日等等,因为已经内化于犹太生活,成为个人和民族的习惯,构成了犹太人的犹太性,所以在一定的历史时期存在是合理的。普世主义代表理想和目标,但其实现不会一蹴而就,必须顾及现实的特殊性或民族性。普世价值是在与民族个性的相互作用、激荡、相互适应的过程中实现的。

改革派的这四个文件揭示了一个宗教性文化系统的结构性演变。处于该系统核心的是终极性信仰——上帝的观念或存在;较外层的是价值观,如社会正义、人类和平和普遍性的道德;处于最外层的是有关日常生活的法律、宗教仪礼、伦理规范和风俗习惯。改革派犹太教对传统犹太教改革最多的是第三层次,即具体的律法;百年来变动不居、反复最大的也是这部分内容。由此可见,在一个宗教文化系统中,越处于核心地位的内容就越抽象、越普遍,越具有恒常不变性;反之,越处于外围的内容则越具体、越个别,越具有可变性。由此推知,所谓宗教或文化的改革,改革的对象主要是文化中与生活密切相关的伦理规范、礼仪节期、风俗习惯,即一个文化系统中相对外围的部分,较少触及核心价值观和最高信仰。换言之,在改革派犹太教中,上帝信仰和基本价值观是一直"活着的"要素,而一些具体的律法由于受制于特定的时空要素和个别性往往会沦为"死去的",尽管有些"死去的"要素有时也可以"复活"。

中美战略博弈背景下发展好中韩关系的重要性

（2021年4月27日）

邱国洪*

作为中国前驻韩国大使，也作为从事外交工作将近40年的外交工作者，我虽然已经退出一线外交工作，但仍然有责任、有义务，在力所能及的范围内，向研究国际问题的专家、老师，向学习国际问题的同学解读大家关心的外交热点问题，尽可能增加中国外交的透明度，争取大家能准确了解和理解中国外交。我今天演讲的主题为“中美战略博弈背景下发展好中韩关系的重要性”。今天来听讲的老师和同学很多都是研究东北亚方向国际问题和中韩关系的，相信你们中不少人未来也有机会从事这个方向的外交工作，因为我工作过的中国驻韩国大使馆的外交官当中就有不少毕业于山东大学的人才，还有借调自山东大学的现职老师，希望我今天的演讲能对你们日后有机会从事外交工作并成为优秀的外交官有所帮助。

我本人长期从事双边外交工作，在落实中央对外战略意图的外交实践方面积累了一定的经验，但在学术和理论研究方面确实水平有限。下面，我主要从外交实践角度报告一下我对中美战略博弈背景下发展好中韩关系重要性的认识和看法。

既然是谈中美战略博弈背景下中韩关系的重要性，那么在谈中韩关系重要性之前，我先宏观地谈一下我对中美战略博弈的看法。

关于中美战略博弈，有很多说法。有的说中美已经开始了新的冷战，有的则说

* 邱国洪，中国前驻韩国大使，现任中国民间智库察哈尔学会东北亚事务首席研究员。长期从事对日、对韩外交工作，负责过南亚事务和涉外安全工作。历任外交部亚洲司副司长、涉外安全事务司司长，中国驻日本大使馆公使衔参赞，中国驻大阪大使衔总领事，中国驻尼泊尔大使。曾多次应邀到中共中央党校（国家行政学院）、清华大学、同济大学等院校和多个学术研究机构讲课，解说外交热点问题。

当前中美之争根本就不是新冷战,而是压迫与被压迫的博弈,等等。我认为所谓中美战略博弈,简单地说就是世界唯一超级大国美国不择手段遏制和打压假想中的“挑战者”中国,引发了中国虽有克制但决不软弱的反制。提起中美战略博弈,必然会联想到另外一个关键词,那就是“修昔底德陷阱”。

什么是“修昔底德陷阱”?一般的说法是,一个新崛起的大国必然要挑战现存大国,而现存大国也必然会回应这种威胁,多数情况下战争变得不可避免。此说法源自古希腊著名历史学家修昔底德(Thucydides),他认为,当一个崛起的大国与既有的统治霸主竞争时,双方多以战争方式进行解决。

2012年之前,国际关系学界并无“修昔底德陷阱”之说,这一说法是由美国学者格雷厄姆·艾利森(Graham Allison)于2012年为预测中美博弈而量身定制的,当然这是基于他对500年来世界主要大国之间战争历史和特点的研究总结,但在概念的名称上使用了最早提出这种观点的古希腊历史学家修昔底德的名字。“修昔底德陷阱”论是国际关系理论方面的新概念,提出后在学界一直有些争议。2017年5月,艾利森还基于他的这一理论出版了一本专著《注定一战:中美能避免修昔底德陷阱吗?》。他的“修昔底德陷阱”论的核心,实际上就是中美最终可能会有一战。乍一看,这一理论套得住当前的中美关系,但如果仔细分析,却不一定经得起推敲。

我认为,从美国角度看,美国已认定中国是主要竞争对手,认为随着中国的强大,必定试图挑战甚至取代美国。“修昔底德陷阱”论实际上就是对中美博弈的一种预期,事实上美国为遏制至少迟滞中国崛起,已经对中国采取了全方位的打压和限制措施,因此,“修昔底德陷阱”论在美国国内和部分西方国家有相当的市场,也可以说是被广为认同的。

但从中国角度看,它只是一个假设,甚至是一个圈套,旨在为美国打压中国提供合理的理论依据,或者说是给中国挖一个坑,期待中国往里跳,即趁中国将强未强之际,逼中国像苏联那样与美国进行军备竞赛,消耗中国国力,像搞垮苏联那样搞垮或拖垮中国。当然这只是美国的一厢情愿,中国是不会上这个当的,因为中国始终把提高人民生活水平放在第一位,在此前提下努力提升国家的综合实力,包括扩充必要的维护国家安全和尊严的军备,决不会把主要国力用在同美国的军备竞赛上。

习近平主席早在2015年就对“修昔底德陷阱”论有明确的论断。2015年9月,习近平主席出访美国,在西雅图市举行的欢迎宴会上发表了一个重要演讲,其中就提及了对“修昔底德陷阱”论的看法。习近平主席指出,我们愿“同美方一道构建新型大国关系,实现双方不冲突不对抗、相互尊重、合作共赢,是中国外交政策优先方向。我们愿同美方加深对彼此战略走向、发展道路的了解，多一些理解、少一些隔阂，多一些信任、少一些猜忌，防止战略误解误判。我们要坚持以事实为依据，防止三人成虎，也不疑邻盗斧，不能戴着有色眼镜观察对方。世界上本无'修昔底德陷阱'，但大国之间一再发生战略误判，就可能自己给自己造成'修昔底德陷阱'"。习近平主席的论断明确了中国处理与美国关系的原则，即中美要避免陷入"修昔底德陷阱"，中国谋求与美国建立新型大国关系，构筑人类命运共同体，没有也无意挑战或取代美国的意图。

虽然当前中美关系远未陷入所谓的"修昔底德陷阱"，但客观上中美战略博弈已经开始，主要是美国基于其对中国是主要竞争对手的认定，已经发起了多轮打压中国的行动。那么，中美之间的这种博弈本质是什么？我认为既不是新兴崛起大国挑战守成大国的霸权之争，也不是所谓两强争霸式的新冷战对抗。虽然从对世界和平与发展的影响力角度看，当前的中美关系确实与冷战时期的美苏关系有些相似，但与此同时，当前的中美之争并非冷战时期的那种两强争霸，也非中国要挑战美国的全球地位。冷战的基本格局是两强争霸，各自拥有多国组成的军事集团，且两个大集团在经济上基本互不关联。而中国是世界主要大国中唯一公开承诺永不称霸的国家，从历史角度讲中国也没有称霸的基因，历史上中国的历次强盛主要靠的不是武力，而是国家软硬实力的魅力。中国更没有苏联那样的以同盟为基础的军事集团，更重要的是中美经济高度融合，两方都是世界经济的重要组成部分。这些都与冷战时期的苏联有着本质上的区别。而且当前的中美之争主要是由美方挑起的，旨在遏制中国的发展，维护美国的全球霸权地位。中方则完全是被迫应对，但对美方的极限打压始终保持理性和克制，尽力避免中美走向全面对抗。因此，我认为当前的中美之争不属于新冷战性质，本质上是美国作为"强者"压制作为"弱者"的中国的遏制与反遏制的博弈。其主要特点如下：一是美国主动挑起，中国被动应对。二是全方位打压，但重点明确，谋求精准遏制。政治上重点攻击中国共产党，抹黑中国政治制度，力图西化、分化中国，并在涉及中国核心利益问题上挑战中国政策底线；军事上全力推进印太战略，图谋建立美日韩三边军事同盟，全面挤压中国战略安全空间；外交上不断筹建排除或针对中国的多国集团，围堵孤立中国；经济科技上极尽一切手段制裁中国优秀企业，谋求与中国"脱钩"，限制中国发展。三是既极限施压，又避免引发直接战争冲突。美国虽然是世界唯一的超级大国，但中国也已不是过去积贫积弱的中国，美国无法承受并无胜算的中美直接冲突的代价。

拜登政府上台以后，国内部分专家学者确实认为中美关系会趋于缓和，但我始终认为未必。因为“防止中国挑战美国的地位，防止中国超过美国”，这在美国国内是不分党派的共识，是所谓的“政治正确”，谁上台都不会改变。虽然新总统在某些做法上会与前任有些差异，但遏制打压中国的本质没有任何变化。比如，特朗普为了遏制打压中国，可以不顾盟国的利益，突出强调美国利益第一，好单打独斗，有鲜明的“个人英雄主义”色彩，已经对美国自己造成了很大伤害。而拜登是精英治国，会更多地利用盟国体系围堵中国，会更加细化制裁措施，谋求精准打击，在尽可能不损及美国自身重大利益的前提下对中国进行全方位的极限打压。因此，我认为相比于特朗普政府，拜登政府应该更难对付。事实上，拜登上台后，中美关系并未出现有些人期待的缓和，博弈反而变得更加尖锐和复杂。

那么，为什么说中美战略博弈背景下的中韩关系是十分重要而关键的呢？正如我刚才指出的那样，中美之间的战略博弈并不是对等的两强之争，明显是美国强中国弱的遏制与反遏制的不对称博弈。因此，中国要应对好来自美国的围堵与打压，首先要集中精力做好自己的事，发展好自己的硬实力，这是根本。当然，该博弈的时候还是要博弈，但也要注意不单打独斗，要努力构筑一个稳定的周边战略依托来对冲美国的战略挤压，突破美国的围堵与脱钩，其中韩国就是我们必须要争取和发展好关系的重点国家。

大家知道，美国为什么强大，能够成为世界唯一超级大国？除了拥有世界最强的软硬实力，即强大的经济和军事实力、绝对的金融霸权、超强领先的科技实力，还有由周边国家组成的战略“后院”和盟国体系构成的战略前沿。相比之下，现在的中国无论是硬实力还是软实力，与美国相比均有不小差距，这点我们必须要实事求是。不能因为未来一段时间中国经济总量有可能超过美国，我们就认为中国可以和美国“平起平坐”了，这种看法肯定是片面的。一个国家的综合实力恐怕还要从多个角度来判断。即使是经济总量超过美国，但美国人口只有中国的三分之一，届时中国的人均GDP也还只有美国的三分之一。

同时，我们还要看到，中国也无法建立美国式的战略后院和同盟体系，因为这不符合中国和平共处外交政策的理念。所以我认为要应对好来自美国的全方位遏制与打压，中国需要构筑一个既不同于控制周边国家的美国式战略“后院”也不同于由同盟体系构成的美国式战略前沿的中国特色的周边战略依托。

一般来说，周边战略依托应该由友好国家组成，如北边的蒙古国、西边的巴基斯坦和哈萨克斯坦、南边的柬埔寨等。那么，为什么韩国也是中国构筑周边战略依托的关键因素之一呢？这是因为美国遏制打压中国的主要手段是军事安全上的战略“挤压”、经济科技上的“脱钩”、外交上的围堵孤立等，在东亚最重视利用的是两个国家，一个是日本，另一个就是韩国。日本有自己战略上的“小算盘”，现阶段依靠美国甚至主动拉上美国抗衡中国是其基本国策，美国也公开声称日本是遏华战略的“增压器”。因此，在一定意义上讲，日本短期内不可能成为中国周边安全环境的稳定因素。但韩国不一样，韩国虽然在军事安全上由于历史的原因受制于美国，自主权有限，但在经济发展和未来半岛统一等问题上则有求于中国。韩国现在人均GDP约3万美元，应该是很高水平了，但离一流发达国家水平还有差距。韩国的梦想就是尽快将人均GDP提升到4万美元左右，跻身一流发达国家行列。而韩国要实现这个梦想，必须依托蓬勃发展的中国市场。因此既维护好韩美同盟关系，又发展好与中国的战略合作伙伴关系是韩国的基本国策，我们争取韩国不全面倒向美国，不实质性配合美国的遏华战略，使之成为中国周边安全环境的稳定因素是完全有条件和可能的。

接下来我要具体地讲一下中韩关系的重要性。主要讲三个方面：一是对韩国要有一个客观的认识，这是理解中韩关系重要性的前提；二是关于中韩关系的重要性和难点；三是如何在中美博弈背景下发展好中韩关系。

第一个问题，关于如何客观认识韩国。

韩国是与中国隔海相望的重要邻国，国土面积约10万平方千米，人口约5000万人，人均GDP刚过3万美元，属于中等偏小的发达国家，这些大家都很了解。但韩国在国际上的地位和影响力，以及对中国的重要性，却远远大于韩国本身的国家规模和经济实力，这方面大家不一定都很了解。为什么韩国会有超出本身规模和国力的国际地位和影响力？我认为主要有以下四个因素。

一是韩国夹在几个主要大国中间，地缘位置特殊而重要。处理好了同主要大国的关系可以左右逢源，处理不好则有可能左右为难，甚至需要承受“夹板气”。应该说韩国能有今天这样的高水平发展，并拥有总体良好稳定的外部环境，与韩国总体上能平衡处理好与主要大国的关系有关。比如中韩建交对韩国来讲是历史性突破，极大地改善了韩国发展的外部环境，有力地提升了韩国的国际地位。因此韩国在整个建交谈判过程中非常重视解决好中方的核心关切问题，严防建交进程出现节外生枝的问题。尤其在台湾问题上，除了接受一个中国原则外，还支持中国继承了台湾当局“驻韩国代表处”的房地产，为建交后中韩关系开好局并顺畅发展奠定了好的基础。目前中国驻韩国大使馆的用地就是建交时继承过来的。

二是韩国经济上是成功国家。目前，亚洲只有三个真正意义上的发达国家，即日本、新加坡和韩国。相对于日本和新加坡，韩国的发达国家之路最不容易。日本能够在亚洲率先成为发达国家，主要是三个因素：首先是明治维新以来的人才和国家治理制度的积累。其次是二战以前对外侵略扩张掠夺他国财富的原始积累。比如,北洋水师因刘公岛之战全军覆没,导致清朝甲午战争战败,并因此给了日本巨额战争赔款,其总额相当于当时日本政府五年的财政收入,足以建五个北洋水师的海军力量。最后是二战后美国的扶持。当然,日本战后经济能很快复兴并在亚洲率先成为发达国家,还有不少其他因素,如日本非常善于学习外来的先进管理制度和科学技术并在改良后为己所用等。新加坡的成功主要得益于其优越的地缘位置。相比之下,韩国就没有日本和新加坡那样良好的发展环境。韩国被日本殖民统治长达38年,直到1945年日本战败才得以恢复主权独立地位,韩国人民称之为"光复"。一定要看到光复后的韩国真的是一穷二白,积贫积弱。无论是国家治理体系还是工业基础和人才积累都弱而少,再加上朝鲜战争导致南北分治,韩国始终都不得不将大量的国家人力物力资源投入到军事安全方面,走不了日本那样的轻军备重经济的发展道路。外部环境也是在中韩建交后才得到较大改善。因此,韩国能够在各方面都非常不利的条件下创造"汉江奇迹",主要是靠自己的顽强拼搏,仅凭这点我就认为韩国的成功要比日本和新加坡的成功更值得我们尊敬和学习。

三是韩国国内政治虽然非常分裂,但政权交替除了军人独裁统治时期,总体上还是比较平稳的。也就是说韩国的政局在光复后并没有经历暴风骤雨式的动荡,这也是韩国能在各方面条件都不利的情况下,最终在发展上取得成功的重要原因。经常有人问我,为什么韩国总统卸任后都会受难,要么进监狱,要么自杀?我认为这主要与韩国政治的分裂有关系。政治上韩国社会大体上可分为两大势力。一大势力是保守势力,最近的代表性政治人物就是朴槿惠前总统,支持者主要来自有钱的富裕阶层和社会精英人士。另一大势力是以2021年时任总统文在寅为代表的进步势力,支持者主要来自中低收入阶层和工会。这两大势力从人数上来讲,大体上旗鼓相当,保守势力有时略强一些。从政治主张上看,双方则几乎完全对立。如保守势力总的特点是"亲美""亲日""反北",相反,进步势力则"反美""反日""亲北"。经济政策上,保守势力重视维护富裕阶层利益,进步势力则更多照顾中低收入阶层利益。朴正熙军事独裁政权是保守势力当政,进步势力没有执政机会。全斗焕卸任后,韩国才进入了保守和进步两大势力轮流执政时期。正是因为两大势力轮流执政,才出现了其他国家不多见的前任总统卸任后大多会被清算的现象。这代表不同政治势力的总统上台后往往要清算前政权的政策,追究前政权包括总统在内官员的腐败问题。韩国是选举政治,没有充足的政治资金支撑不可能当选,再加上韩国总统个人权限很大,难免会有身边的人以权谋私。此外,韩国宪法中也没有像美国宪法那样有豁免总统在任期间行为的条款,韩国总统卸任后比较容易被追究刑事责任。同时,我们也一定要看到,虽然韩国总统是高危职业,但仍是有抱负的政治家的最高追求。韩国国内政治虽然非常分裂,两大势力政治主张和理念尖锐对立,且两大势力执政转换时内外政策会有很大的变化和调整,但并未因此导致国家出现大的动荡,每次政权交替总体还是平稳有序的。这也可以说是韩国在国际上的地位和影响力要高于自身国家规模和国力的重要因素。

四是韩国人民非常自尊自强。有人说韩国人是不是有点过于自尊,什么东西都认为是自己的。我去韩国工作之前也有这方面的看法,但我去韩国工作后发现情况并非如此。在韩工作六年期间,我所接触的韩国各界朋友绝大多数认同韩国文化源自中国,很多韩国朋友还主动说自己的祖先来自中国某某地方,并千方百计到中国去寻根。有一个韩国排名前五的大公司老板多次跟我说,他的祖先可能来自中国的甘肃一带,他非常希望能够得到考证。还有一位姓俞的大学校长告诉我,他们俞家的祖籍在山东,他还专门去山东找到了俞家村并认了祖。应该说"认为什么都是韩国自己的这样的人"在韩国国内确实有,但肯定是极端个别的。极端人士哪个国家都有,也包括中国。因此,我认为不能把个别现象当作普遍现象来看。从民族性来讲韩国人的自尊心确实很强,但只要不是过于自尊,我们就没有必要负面地去看这个问题。我甚至认为,自尊自强某种意义上讲也是韩国能够取得成功的重要精神动力。

韩国人民的自尊自强更多体现在勤奋好学上。我在韩国工作期间应邀作演讲的机会很多,但很多是早餐会形式,早上6点半左右先用早餐,7点左右开始演讲,9点以前听讲人前往公司上班。听讲的人层次很高,多数都是公司的高管,还有不少是大学和研究机构的专家学者以及部分青年政治家。据我了解,韩国有一定层次和地位的人多数每周都要参加几次各种形式的早餐会学习活动,有自费的,也有公司出钱的。因为早上时间有保证,头脑也应该最清醒。我在日本常驻工作过10多年,在东京当过临时代办,在大阪当过大使衔总领事,应邀作演讲次数不比在韩国工作时少,但演讲的时间基本上都是下午或晚上,几乎没有采用早餐会形式的。从这点也可见韩国人民的勤奋好学程度,也可以说是韩国能够在各方面条件都不利的情况下创造"汉江奇迹"的重要因素。

韩国人民的自尊自强有时还体现在不屈自立上。比如,前两年因为日本对韩国在历史问题上的一些做法不满,对韩国进行了一些制裁,主要是限制日本企业对韩国出口高端制造用材料。虽然这对韩国的高端制造产生了一定影响,但是韩国并未屈服,而是官民一致想办法克服困难,通过寻找替代品和加快自主研发,成功地渡过了难关。

当然,韩国作为主权国家,由于历史的原因,也有它不尽如人意的弱点,那就是军事安全上严重依赖美国,国防自主权有限,至今仍有超过2万名美军在韩国驻扎。其中,最突出的一点就是韩国的战时作战指挥权仍然掌握在美军手中,也就是一旦韩国领土上发生战事,韩军要服从美军的指挥。这主要是朝鲜战争的遗留问题,虽然已经过去60多年,但战争当事方只签过停战协议,至今尚未签和平协定,也就是说目前半岛仍处于停战状态,理论上讲战争尚未完全结束,当时的战时作战体制也因此一直延续至今。韩国的进步势力很想收回战时作战指挥权,但保守势力好像并不着急。最大的问题还是美国现阶段也无意交回美军在韩的战时作战指挥权。一定意义上,这也是韩国有时候无法扛住来自美国压力的原因。

第二个问题,关于中韩关系的重要性和难点。

在讲中韩关系的重要性和难点之前,先简要介绍一下中韩关系基本情况。中韩两国于1992年8月正式建立外交关系,它的重要意义在于开启了终结东北亚地区冷战对立格局的进程,为此后地区的持久和平与繁荣发展作出了重要贡献。建交30多年来,中韩政治关系经历了四次重要提升:第一次是1998年11月金大中总统访华,两国宣布建立面向21世纪的合作伙伴关系;第二次是2003年7月卢武铉总统访华,两国宣布建立全面合作伙伴关系;第三次是2008年5月李明博总统访华,两国宣布建立战略合作伙伴关系;第四次是2014年7月习近平主席访韩,双方提出中韩两国成为实现共同发展、致力地区和平、携手振兴亚洲、促进世界繁荣的“四个伙伴”。中韩经贸合作实现了跨越式发展,如贸易往来建交时约为60亿美元,到了2020年则达到2852亿美元。韩国实际对华投资累计达862亿美元。人员往来规模虽然时有波动,但总体上是在不断扩大。2014年至2016年曾连续三年突破千万人次,后因受“萨德”问题及新冠疫情的影响,一度大幅下滑。但现在中韩关系已经回归正常,两国人员往来重回千万人次以上规模应该说只是时间问题。双方在对方国家学习的留学生多年来则始终保持在6万人以上。

仅从以上中韩关系的基本情况大家就已经可以感受到中韩关系是一对特殊而重要的互利互惠的双边关系。而且我还认为,中韩关系的重要性已经远远超出双边范畴,是地区乃至全球范围内的重要双边关系。下面我想具体地谈一下中韩关系的重要性和难点。我认为中韩关系的重要性主要体现在以下四个方面。

一是体现在维护朝鲜半岛的和平稳定上。半岛是和平稳定还是动荡冲突不仅事关整个地区的和平与发展,也是事关中韩两国国运的重大安全问题。说事关韩国国运应该很容易理解,因为半岛如果发生大的战争冲突,韩国辛辛苦苦奋斗出来的经济发展成果就有可能毁于一旦。

那么说事关中国的国运，很多人可能觉得是不是夸大了，但我认为一点也不夸大。大家可以看一下或想象一下世界地图，就会发现中国是世界上陆地接壤国家和隔海相望国家最多的大国。陆地接壤国家有14个，加上隔海相望或相对邻近的国家，中国的周边国家总数近30个。看看美国，只有两个陆地接壤国家，一个加拿大，一个墨西哥，还有东西两个大洋作为天堑。再看看俄罗斯，虽然陆地接壤国家都是从苏联分裂出来的，数量上不算少，但比中国还是要少很多。而且俄罗斯横跨欧亚两大洲，战略纵深很长。回过头来再看看中国，海岸线虽然很长，但外围有朝鲜半岛、日本列岛、菲律宾、越南等的包围，而这些国家有的是美国的盟国，有的是美国重点争取的国家，因此我们很容易被封堵在第一岛链里面。所以说，中国是世界主要大国中外部环境最为复杂的国家，东南西北四个方向都有麻烦：东边有朝鲜半岛战争冲突风险的问题，有以东海专属经济区划界为代表的海洋权益争端问题，还有像钓鱼岛那样的领土争端问题；南边有南海领土和海洋权益争端问题，还有同部分国家的陆地领土争端等问题；西边主要有分裂主义和极端宗教势力的恐怖主义等问题；北边历史上是中国安全问题最突出的地方，虽然当前相对平稳，形势较好，但隐患始终存在，不能掉以轻心。

一定要看到，东南西北的各种问题中，唯独朝鲜半岛的战争冲突风险是中国安全的最大现实隐患，而且也最不可控。因为其他问题中国基本上都是直接当事方。是直接当事方就意味着战略上比较容易运筹，战术上进退比较容易把握，中国自己可以掌握相当的主动权，局势相对可控。无论是东海和南海的海洋权益争端还是中国同部分国家的领土争端，无论是分裂主义还是恐怖主义，中国作为直接当事方都有能力妥善应对好，确保不会出现可能中断中华民族伟大复兴进程的事态。但半岛问题情况有所不同，如果半岛发生战争，形式上将是南北冲突，朝韩两国肯定是直接当事方，美国也有可能是直接当事方，因为美韩是军事同盟，美国在韩国有大量驻军，且韩国的战时作战指挥权现阶段仍掌握在美军手中。而中国虽然可能是重要的当事方，但成为直接当事方可能性很小，最多是间接当事方。由于半岛问题的背后是非常复杂的大国战略博弈，事实上朝鲜还拥有相当水平的核导力量，因此无论哪个大国包括中国在内都很难单独主导或掌控半岛形势的演变。一旦某一方挑衅导致擦枪走火而引发大的冲突，哪怕是局部的冲突，也必然会将半岛问题相关的主要国家都卷入其中。半岛是中国的近邻，也是安全上的战略要冲，如果半岛发生战争冲突，中国不可能置身事外，肯定会被拖进去，或非被拖进去不可。历史上中国就曾多次被拖入半岛冲突，并因此消耗了很大的国力，付出了很大的代价。比如，明朝曾出兵10多万帮助半岛抗击日本入侵，最终虽成功地阻止了日本吞并半岛，但明朝自己也伤得很厉害，明朝后来走向没落，很可能与此次出兵消耗过大有关系。最近一次就是抗美援朝战争，虽然中国赢得了胜利，阻止了美国将战略前沿推进到鸭绿江边，为中国后来的发展赢得了很长时间的相对和平，但中国为此付出的代价确实是很大的。

当然，一旦半岛真的发生事关中国安全的战事，中国绝不会坐视不管。但是，不希望被拖进去也是实话，因为中国的发展任务仍然很重而艰巨。中国的“两个一百年”发展战略的第一个目标，建党百年建成全面小康社会的任务已经完成。建国百年建成社会主义现代化强国的目标，则还需要继续奋斗近30年的时间，如何更长时间保持一个良好稳定的外部环境特别是周边环境，尽可能延长中国发展的战略机遇期非常关键，而周边环境中半岛能否保持相对的和平稳定则是重中之重。因此，说半岛问题事关中国国运确实一点都不为过。

环顾中美俄日朝韩这六个国家在半岛问题上的立场，相对而言中韩两国比较接近或一致，并保持着多层次良好高效的战略沟通与协作。比如，平昌冬奥会前夕，半岛形势一度处于剑拔弩张的紧张态势。之后之所以戏剧性地扭转，是因为文在寅总统领导的韩国政府当时充分利用了举办平昌冬奥会这一机遇，积极推进与朝鲜的直接对话，全面强化与中国在半岛问题上的战略沟通与协作，并想方设法为美朝直接对话牵线搭桥，最终成功地促成了美朝元首三次历史性会晤，对现在仍在持续的最新一轮半岛形势的缓和发挥了关键性作用。其中，韩国在为美朝牵线搭桥的时候，非常重视在第一时间与中国深入沟通。当时韩国国家安保室长郑义溶作为总统特使访美，传递了朝鲜金正恩委员长希望与特朗普总统会晤的意愿后立即到访中国，非常详细地通报了韩国与朝鲜和美国互动的情况，并认真听取了中方的看法和建议。此后，韩国又参照中国提出的“双暂停”建议，与中国一起推动朝鲜暂停核导活动，并说服美国同意暂停美韩联合军演，客观上为半岛形势实现新一轮缓和奠定了良好的基础。半岛南北双方过去曾多次发生擦枪走火事件，也都因为韩方保持克制从而避免进一步的冲突。因此，在是战还是和的关键时刻，韩国能否保持自信和克制，一定意义上讲，是能否防止局势失控的关键。正因为在维护半岛和平稳定问题上，中韩两国有着高度一致的共同利益、相似的立场主张，并一直保持着多层次、高水平的战略沟通。因此可以说，每次半岛形势从紧张走向缓和的背后都有中韩两国良好高效的战略协作。

二是体现在实现共同发展上。这里着重讲两点：首先是中韩两国经贸往来近3000亿美元的规模已经充分说明了两国经贸合作的互惠性。有人说，中韩经贸往来并不平衡，韩国每年对华贸易顺差很大，多时达近千亿美元，是不是中国亏了？

我认为,具体问题要具体分析,中韩贸易往来,中方长期逆差是事实,但不一定意味着是中国吃亏。中国从韩国进口以零部件为主的中间产品,消费品占比并不高。因为有不少韩国企业在中国生产出口其他国家的产品,更有不少中国高端制造企业需要从韩国进口关键材料和零部件。相反,中国出口韩国的产品多为消费品。因此,综合评估,中韩贸易往来总体还是互惠互利的。

其次是中韩两国发展阶段不同,经济上互补性很强。中国能够成为高质量世界工厂,韩国的对华投资有很重要的贡献。与美欧和日本的对华投资相比,韩国的对华投资质量相对要高,因为美国政府对美国企业的对华投资有严格的限制,高科技类肯定不行,军民两用类也肯定不行,不光不能投资,出口都不行;日本对华投资总体比较保守,中国的市场要进,中国的钱要赚,但技术上不能让中国超过日本,因此日本是不会把最好的产品放到中国来生产的,既怕受制于中国,又怕中国把技术模仿学了去;欧洲的情况则与日本有点类似。发达国家中只有韩国可以把最先进的产品生产线放在中国。三星电子最先进的集成电路生产线在西安,比三星在韩国国内的生产线要先进一代。LG电子也把最先进的有机液晶面板生产线放在了广州。由于有机液晶技术是受韩国政府保护的高端技术,LG电子的广州投资计划早期遭到了韩国政府的反对。为了让韩国政府放行,LG电子的高管还专门找到中方,希望中方帮他们去做总统身边人的思想工作。中方下了很多功夫帮LG电子去做思想工作,最后也成功地说服了韩国政府放行LG电子的广州投资项目。该有机液晶面板生产线2020年已经落成并开始量产。据说广州生产线的产品质量高、销路好,未来几年的产能都已被中国主要电视机生产厂家订购完。我曾经问LG电子高管朋友,为什么你们不顾韩国政府反对,舍得把最先进的有机液晶面板生产线放在中国?该高管回答十分明快,说是生存需要,因为市场在中国。扩充产能,扩大全球市场份额,仅在韩国设新工厂不大现实,既有成本问题,也有无法确保维持生产线人才的问题,而这些在中国都能得到解决,而且还可享受中国的各种外商投资优惠政策。更重要的是,如果不决心迅速在中国投资设厂,一旦像京东那样的中国企业赶上来,LG电子的技术和市场优势就会丧失。至于韩国政府担心的核心技术流失问题,该高管认为这是企业自身能否管理好的问题,LG电子对此并不担心。其实三星电子的情况也是如此,三星电子西安工厂的核心技术人员都是从韩国派过来的,其他工程技术人员都是用中国的。至少用了上千人,以理工科的大学毕业生为主。他们之所以不怕技术流失,是因为他们有一套成熟的管理办法。听了LG电子高管的一席话,我很感慨,如果他们的企业只把眼光放在韩国国内的话,是无法成为世界级跨国企业的。另外,我还在想,这种高质量的投资只要把最先进的产品放在中国生产，就必须使用中国的人才，就算不容易学到核心技术，但高端先进制造的外围技术是比较容易学到的，这对中国缩短追赶时间还是有帮助的。我相信韩国朋友心里也是明白这点的，并清楚中国迟早会追上来，他们认为最好的办法就是在中国追上来之前，先多挣一点，并尽可能设法延长领先中国的时间。

综合来看，中韩两国在发展方面确实是互利共赢的。对中国来讲，韩国高新技术方面的对华投资，有利于中国提升经济发展质量，中国的高端制造也离不开韩国的关键材料和零部件的供给。同样，对韩国来讲，中国是最优质的投资目的地，最理想的出口市场，最重要的进口来源地。当然共同发展，也并不意味着中韩之间就完全没有竞争，此外，韩国还有一个如何应对美国要求的高科技产品和零部件对华“断供”的难题。但是，竞争问题可以通过创新和拓宽合作方式、合作渠道来解决，美国的“断供”问题也可以通过深化不受美国技术制约的新增长领域如生物制药、节能环保等领域的合作来解决。

三是体现在对冲美国对华战略挤压上。韩国是美国重要的军事盟国，安全上仍然或不得不受制于美国。美国也历来视韩国为遏制中国的战略前沿，不仅要求韩国全面配合美国的遏华战略，如在韩国部署战略性武器“萨德”等，还极力撮合韩日，力图构筑美日韩三边军事同盟，强化对中国的战略挤压。但对韩国来讲，并不愿意因为配合美国的前沿战略而开罪中国。因为中国是韩国最重要的邻国，韩国的进一步发展以及半岛的和平稳定乃至未来半岛的统一，都离不开与中国的合作，必须要搞好同中国的关系。因此，双方在防止美国利用韩国对华进行战略挤压问题上，以稳妥的方式进行沟通并最大限度地进行规避还是可能的。对中国来讲，目前只要能让韩国适当地站在中间，哪怕稍微偏向一点美国，只要不是全面倒向美国，战略上对中国还是有利的。虽然有时候韩国也会因误判形势在涉华问题上出现过偏向美国的情况，如在“萨德”问题上时任总统朴槿惠明显误判了这个问题的战略性，低估了中国可能会作出的强烈反应，而做了错误决策，不仅给韩国也给她自己惹了很大麻烦。总体而言，特别是与日本相比，韩国在涉华军事安全问题上的表现还是好的，是可以争取的战略合作伙伴。

四是体现在共同协调应对各种全球性挑战上。中韩两国在应对各种全球性挑战方面拥有广泛的共同利益。比如在反对贸易保护主义，维护WTO（世界贸易组织）等多边贸易体制，推进中日韩、RCEP（《区域全面经济伙伴关系协定》）为代表的区域经济合作等问题上，利益完全一致，主张高度吻合；在应对气候变化、防范非传统安全威胁、维护国际正义等方面也有协调合作的需要；在安理会改革和一些重要国际组织的选举方面，双方更是相互支持，沟通深入。

比如，我以前担任过外交部涉外安全事务司司长，多次负责与韩国进行反恐磋商。我印象中，在中国防范“东突”等恐怖分裂组织对中国国内渗透方面韩国非常配合，有力地阻止了这些恐怖分裂势力利用韩国对中国国内进行渗透。这些恐怖分裂组织大本营主要在阿富汗和巴基斯坦的交界地区，并以土耳其、伊朗、印度尼西亚、马来西亚、泰国等国为主要通道对中国国内进行渗透。他们一直试图开辟韩国通道，因为空中航线中韩之间是最多的，包括包机，韩国与中国的通航城市超过40个，每周的航班数超过1000次，远比上面提到的几个伊斯兰国家要方便。但由于中韩两国在防范非传统安全威胁方面开展了很高效的合作，建立了有关涉恐人员的情报信息共享机制并在需要时进行合作执法，这些恐怖分裂组织利用韩国向中国国内渗透的图谋一直未能得逞。

再比如，在共同抗击新冠疫情方面，中韩两国的合作良好而高效，可以用“一个第一时间”和“三个率先”来概括。在新冠疫情突然暴发时，中韩两国都在第一时间官民并举向对方伸出援手，展示了危难时刻两国守望相助、共度时艰的友好邻居关系。面对新冠疫情在全球范围的肆虐蔓延，中韩两国又率先建立双边抗疫合作机制，率先建立两国人员往来快捷通道，率先推进复工复产合作，确立了既抗疫又复工复产的抗疫合作新模式，为全球特别是东亚地区的抗疫合作提供了良好的示范和样板。建立快捷通道，对韩国在华投资企业的复工复产帮助是实实在在的。如LG电子的广州有机液晶面板项目，预定投产时间恰好碰上新冠疫情，如无快捷通道，很可能无法按期投产。快捷通道建立前，LG电子的高管们非常着急，因为生产线最后阶段的调试需要从韩国国内派遣300名以上的技术人员来广州现场工作，如全部按规定长时间隔离，肯定会影响整个项目的进度。正是因为之后中韩间开设了快捷通道，这300多名技术人员只需提前在韩国把核酸、血清检查好，并在抵达中国后限制在一定区域内工作，就可以不隔离了。最后他们分两架包机来广州，顺利对生产线进行了最后的调试，为项目最后如期投产作出了贡献。

当然，中韩关系也有不少难点，突出的是美国因素的干扰，“萨德”问题是典型。此外需要重视的是两国合作总体良好而民众感情却在不断下滑的“近而不亲”问题。还有历史问题的纠葛如历史教科书涉古代高句丽历史定位问题等，海洋权益的分歧如苏岩礁归属争端、海洋专属经济区划界问题等。总体而言，双方都重视通过对话和谈判来解决这些分歧和矛盾，问题总体可控，迄今为止并未对中韩关系造成大的冲击。

第三个问题，关于如何在中美战略博弈背景下发展好中韩关系。

中韩关系一方面对双方来说都是十分重要的双边关系,建交以来总体发展良好;另一方面由于历史和现实的原因,双方也有矛盾和分歧,时有波折也是事实。在当前中美战略博弈日趋尖锐复杂的背景下,今后中韩关系能否继续保持稳定并实现更好发展,我认为主要取决于四个方面因素:一是双方能否建立真正意义上的高层政治互信,这是关键;二是双方能否不断深化互利合作,这是基础;三是两国人民之间能否真正相互了解和理解,这是根基;四是能否防止好第三国因素主要是美国因素的干扰,当然还有朝鲜的因素,这需要智慧。

因此,如何才能在中美战略博弈背景下发展好中韩关系,我认为需要对症下药,可以从以下四个方面下好功夫。

首先要在增进高层政治互信上下好功夫。中韩建交以来,每次双边关系出现大的波折,主因往往是高层政治互信不足。"萨德"问题尤其如此,教训深刻。那么,如何才能提升高层政治互信水平?我认为两国元首采取多种形式的互动是最重要的途径。大家都知道,当代国际关系中,各国外交大多以元首外交为核心展开,通过元首外交来确定双边关系发展方向,敲定双边重大合作事项。目前双方早已商定中韩之间元首互动的计划。习近平主席在中韩双方方便的时候对韩国进行国事访问,计划丰满只是时间问题,主要取决于疫情形势的发展。另外,两国工作层也已开始相关准备工作。我认为,在当前形势下,这次访问极其重要,将是全面提升两国高层政治互信的最重要机遇。

其次要在深化互利合作上下好功夫。扩大互利共赢合作始终是中韩关系稳定的压舱石。我认为,疫情之后,中韩两国有望迎来全面深化合作的诸多机遇。机遇在哪里?我认为主要有四个:一是中国政府确立的以国内大循环为主体,国内国际双循环相互促进的新发展格局。这与韩国政府的绿色经济政策、新北方政策有着很多双方可以加强合作的契合点,将为中韩全面深化合作提供长期和战略性机遇。二是疫情仍在持续情况下中韩两国经济不同程度的复苏,有利于近期中韩合作的恢复性扩大。特别是中国经济的强劲复苏,对韩国是一个利好。三是新冠疫情下出现的逆势增长产业,将为中韩共同打造新的增长点提供机遇。新冠疫情严重冲击了各国的经济增长,但确实也出现了逆势增长的产业,如健康医疗、物联网、跨境电商、节能环保、生物技术等。这些产业在中韩两国都有一定规模,也各有优势,未来双方合作潜力非常巨大。四是中韩两国政府都支持两国企业在第三国开展合作,即"2+1"合作,都鼓励两国地方开展对口合作,这将大大拓宽双方的合作范围。中韩两国企业在东南亚等国有过一些零星的"2+1"合作,但更多的是激烈竞争,结局多是两败俱伤,有关第三国也不一定就高兴。因此,近年来两国政府开始着手推动两国企业在第三国联合开拓市场，争取形成三方共赢的合作局面，并把它打造成中韩新的经贸合作模式。地方与地方的合作，确实有一个找对合作伙伴的问题。我在韩国工作的时候，韩国第三大城市仁川市的市长跟我说，过去仁川市一直谋求与中国的一线大城市如上海、天津等开展经贸合作，但并不成功，可能是双方各方面条件对不太上。后来威海市主动找仁川市合作，双方合作就很顺利，这说明双方多方面条件比较对口。

再次要在增进两国人民相互了解和理解上下好功夫。中韩关系中有一个需要高度重视的现象，那就是即使双边关系很好的时候，两国民众之间的相互好感度也始终上不来。主因是两国民众相互了解不足，相互理解不够。韩国主流媒体对华报道总体上不太友善也是一个大问题。我在韩国工作的时候很愿意接受他们的采访，也比较主动给他们提供文稿，但他们发表时经常断章取义，曲解我的言论，弄得我很被动。我认为最有效的措施还是加强两国直接的人与人交流，只有自己亲眼看见对方国家的真实情况，亲自体验对方国家的历史文化，一些媒体的偏见和谎言就会不攻自破。同时，加强双方公共外交方面的合作也很重要，这方面主渠道是学术和教育领域的合作平台。

最后要在防控第三方因素干扰上下好功夫。这个问题说到底就是如何防止美国因素干扰中韩关系正常发展的问题，主要是韩国如何应对来自美国的要求——韩国配合对华遏制战略的问题。韩国毕竟是美国的重要盟国，安全上依赖美国甚至严重受制于美国，因此要求韩国在中美之间选边站队并站在中国一边是不现实的，这点我们自己必须心里有数。韩国有时候不得不向美国那边靠一靠，即使有些问题涉及中国，只要不涉及重大安全利益，我们也要冷静应对。我们重点要防的是韩国卷入中美之间战略层面的博弈，如“萨德”事件那样的战略安全问题以及经济科技对华全面“脱钩”那样的经济安全问题。如何避免韩国卷入中美之间的战略冲突，我认为最有效的办法就是通过中韩之间的高层次战略对话机制向韩国说清楚中国在意的战略层面的问题具体是哪些，争取韩方能够基于自身利益自主做出正确判断和决策。“萨德”问题上韩国最大的教训，我认为是对这一问题的战略性认识不够，对可能给中韩关系带来的严重冲击预估不足，最终导致了严重误判。

【现场问答】

主持人张景全：刚才邱大使就中韩关系的重要性做了非常翔实的讲解，让我们了解了不少平时很难有机会了解的外交工作背景方面的细节。邱大使在中韩关系上有着丰富的外交实践经验和理论研究，遇到邱大使这样的外交专家机会也是难得,相信在座的各位老师和同学一定有不少问题要问,不少疑问要请邱大使解答,现在就请大家提问。

学生1:邱大使您好,我想请教您一个问题。当今世界各国在不断增强自身实力,促进国与国之间关系的同时,也在摸索如何在共同面临的问题如全球气候变暖问题上开展合作。大家都知道这是碳排放量不断增加导致的。近年来,各国也出台了不少相关政策,配套设计了一系列制度来减碳。但不同以往的是,现如今的减碳更多的是将其与新的经济增长点结合,不是简单地把减碳作为唯一的目标,而是希望在减碳的同时也能创造一定的经济效益。比如碳排放交易市场的建设,或者是绿色金融的推进。您认为韩国在这方面的着重点是什么呢?我们又如何通过推进这方面的合作来进一步促进中韩关系的发展?

邱国洪:你提的问题专业性很强,我不是这方面的专家,很难作权威解答,只能作一些宏观而印象性的回答。我认为中韩两国都是制造大国,减少碳排放的任务都很艰巨,正因为中韩双方有这样一个共同的重要课题,当然也就会有很多的合作需求和合作潜力。比如,中韩两国政府正在积极推动两国企业联合开拓第三国市场,客观上有利于将部分高排放的产能转移到排放压力小的发展中国家,虽然目前尚未从碳排放角度谈论这方面的合作,但未来随着国际减排合作的进展,很可能会有碳排放交易的机会。再比如,中韩两国都重视绿色发展,并大力推进节能环保领域的合作,这些也都可以看作两国的减排合作。

学生2:邱大使您好!听了您的讲座真的受益匪浅,解答了我很多专业学习上的疑惑。您辛苦了!我想请教您两个问题。第一个是您如何评价中韩在此次新冠疫情期间的合作,未来在类似的重大突发事件上,您认为合作前景如何?是否会对其他领域产生积极的外溢效应?第二个问题是我们都知道日韩两国在历史以及领土问题上有一些纠纷,两国有时候也会发生一些冲突。您如何看日韩冲突对中国外交的影响,以及日韩作为美国的两个盟国,它们的冲突在一定程度上体现了美国同盟管理的困境,这是不是也是中国构建周边战略依托的机遇?美国在日韩冲突中采取了适度介入调解的方式,中国是否也应该对日韩冲突进行介入调解?

邱国洪:关于抗击新冠疫情合作,我刚才讲了中韩两国在国际上是典范,我把它概括为“一个第一时间”和“三个率先”,确实应该给予最高的赞赏和评价。我相信其他很多国家也是这么看的。特别是中韩率先开辟商务人员快捷通道,解决了疫情期间复工复产的难题,确保了中韩之间供应链、物流链的稳定,为疫情期间中韩两国继续保持贸易增长作出了积极贡献。未来双方还有可能在疫苗研发、生产和使用以及疫苗接种证明的相互认定等领域开展互利合作。中韩良好高效的抗疫合作,对中韩关系发展的促进也是多方面的。首先是疫情期间两国政治互动特别是高层政治互动的增加,有力地推动了中韩政治互信水平的提升。其次是双方在疫情期间逆势增长的产业如健康医疗、网络经济、生物制药、节能环保等领域的合作,深化了双方的合作。我认为这些产业在中韩两国都有一定规模,且各有各的优势,互补性很强,合作潜力巨大,有望成为中韩经贸合作新的增长点。

关于日韩两国历史和领土问题的矛盾与争端,我必须分开来讲。历史问题上,由于中韩两国都是日本军国主义对外侵略扩张的最深重受害者,两国相对容易站在一起,都明确要求日本正确认识历史,继续走和平发展道路。领土问题上则总体持中间立场,希望两国通过谈判解决问题。

关于美国介入并调解日韩矛盾,我认为美国的做法并不是为了主持公道或真想解决日韩之间的问题,而更多的是为打造主要针对中俄的美日韩三边军事同盟创造条件,因为日韩矛盾在一定程度上影响了韩国参与三边军事合作的意愿。

当然,从地区和平与发展大局来讲,中国希望日韩两国能解决好相互之间的问题,保持正常的、稳定的关系。因为这个地区的未来无论是和平还是发展,中日韩三国的合作都是关键,三国如果不能很好地合作,那么所谓的“亚太世纪”、所谓的“东亚世纪”都将是不成立的。

美国对华战略转变与中美关系走向

（2021年6月17日）

秦亚青*

中美关系正在经历两国建交以来最艰难的时刻。特朗普(Donald Trump)当选美国总统之后,对中国实行了几乎是全方位的极限施压,接连运用贸易战、科技战、外交战、舆论战等强硬手段,不断触碰中美关系的底线,中美关系跌至低谷。拜登(Joe Biden)胜选后,虽然开启了对华对话的窗口,在安克雷奇对话中,双方进行了"坦诚、深入、长时间、建设性的沟通",各自表明了立场,但美国对华政策似乎并没有实质性改变。美国以联合盟友为重要国际战略,在外交手段有所变化的同时对华战略施压并无减弱。

中美关系是世界上最重要的一对双边关系,并且具有超越双边关系的全球性意义。合作不仅对两国有利,而且对世界有利;对抗则是两国乃至整个世界的灾难。但为什么中美关系会发展到目前的状态？对这个问题一个初步的回答是,美国对华战略思维发生了重要变化,战略思维的变化进而导致了战略行为的变化。这种变化具有长期性的特点,因此中美关系会表现为一种持久的战略博弈;但中美必须在地球上共存共处,这是一个基本事实,所以即便是强竞争性的战略关系也不会排除合作的可能,不会必然成为一种绝对意义上的零和游戏。

* 秦亚青,山东大学讲席教授,外交学院原院长、教授。研究方向为国际关系和全球治理。主要著作有《关系与过程:中国国际关系理论的文化建构》《全球治理:多元世界的秩序重建》等。

一、"历史终结"与美国30年的对华战略

冷战结束是20世纪最重要的国际事件。苏联解体不仅迎来了美国的"单极时刻"[①],也被福山(Francis Fukuyama)引申为"历史的终结"[②]。所谓"历史的终结",是指美国取得了冷战的胜利,证明民主政体和市场经济是迄今为止历史上最好的制度形式,因此,在黑格尔(G. W. F. Hegel)历史观的视野中,人类的历史到此宣告终结。从国际政治心理学的意义上讲,冷战结束使美国处于胜利的亢奋之中,对整个世界发展的历史进程表现出极大的自信和乐观。

冷战后的30年里,美国对华战略的基本思路是在这样一种极度乐观的背景下形成的。从乔治·布什(George Walker Bush)政府到奥巴马(Barack Hussein Obama)政府,虽然这一战略随着中国实力的增长和世界形势的变化有不少调整,"中国威胁论"的声音也不绝于耳[③],但总体上连续性大于断裂性,即便是当布什政府初期将对中国的定位改变为"竞争者",但后来的发展似乎是低开高走。美国将反恐界定为国家安全的最重要事项,中美在反恐过程中表现出合作意愿和采取合作行动。奥巴马时期也启动过"重返亚太"战略,但在世界性金融危机的背景之下,中国不仅进入美国倡导发起的二十国集团,走上世界经济治理的中心舞台,也积极参与了主要大国之间合作救市的行动。因此,在从冷战结束到奥巴马执政的近30年时间里,美国在所谓的"胜利之后"[④]对华战略的总体基调是将中国纳入美国主导的国际体系,方式则是通过接触政策实现战略目标。这主要表现在以下几个方面。

第一,美国对华战略目标是将中国改变成为一个与美国更为相似的国家。从西方文化和实践的视角来看,"非此即彼"似乎是一个稳定的思维模式。康德(Immanuel Kant)和黑格尔的一个重要哲学传统就是明确自我和他者的界限,将异质性视为冲突的根源,将同质性视为和平与合作的前提。也就是说,只有同一类型的国家才是朋友,才会积极合作。[⑤]美国在取得冷战胜利的氛围之中,对将中国改

① C. Krauthammer, "The Unipolar Moment", *Foreign Affairs*, vol. 70, no. 1 (1990/1991), pp. 23-33.

② [美]弗朗西斯·福山:《历史的终结与最后的人》,陈高华译,广西师范大学出版社2018年版。

③ 比如,在冷战结束之后不久,就有美国学者提出了中美必然冲突的观点。参见[美]理查德·伯恩斯坦、罗斯·芒罗:《即将到来的中美冲突》,隋丽君等译,新华出版社1997年版。

④ J. Ikenberry, *After Victory: Institutions, Strategic Restraint, and the Rebuilding of Order after Major Wars*, Princeton: Princeton University Press, 2001.

⑤ S. Brincat and L. H. M. Ling, "Dialectics for IR: Hegel and the Dao", *Globalizations*, vol. 11, no. 5 (2014), pp. 661-687.

变为美国式的民主国家充满乐观情绪。约翰·桑顿(J. L. Thornton)对中国国内国际的情形进行了专门分析,认为中国可以变得与美国主导的国际体系更加相容。[①]在这30年中,现实主义理论在美国国际关系学界和政策界影响减弱,新自由制度主义和建构主义发展迅速。后两种理论虽然在本体论上有着重要差异,但在政策取向上是一致的,那就是以国际体系的主导性制度,包括规则和规范,来改变一个国家的利益偏好和身份认同。[②]

第二,美国对华战略原则是将中国纳入国际体系。约翰·伊肯伯里(J. Ikenberry)作为美国全球战略和自由霸权秩序的重要学者,明确指出像美国这样的世界性超强国家,在取得胜利后,应以自己的实力建立一整套符合自身价值理念的国际制度,将国际社会其他成员全部纳入这一制度,以此建立和维护世界的和平与秩序,维护自身的价值利益和物质利益。伊肯伯里认为:"在70年的时间里,世界的主导秩序是西方自由秩序。二战结束之后,美国及其伙伴建立了一个多面且延展的国际秩序,这一秩序是围绕经济开放、多边制度、安全合作和民主联盟而组织起来的。在这一过程中,美国成为世界秩序的'第一公民',形成了'霸权领导',发挥了协调同盟、稳定世界经济、促成合作、倡导'自由世界'价值的作用。"[③]伊肯伯里还将美国形容为"自由主义的利维坦",所建立的世界秩序是"美国领导下的自由霸权秩序"[④]。约瑟夫·奈(J. S. Nye)在冷战后也提出了软实力理论,将软实力定义为使别人愿意做你愿意做的事情,亦即同化其他国家的能力。[⑤]根据这些理论,这一秩序不仅可以维持世界的和平与稳定,也可以同化其他大国,并将其纳入其中,主动与美国相向而行。

第三,美国对华战略手段是接触为主、斗争为辅。可以说在30多年里,美国政治精英的一个共识是与中国接触。[⑥]正是在这样一种主导战略手段的背景下,美国确定了全面接触的基本战略,在重要问题上采取所谓的"战略模糊"姿态。虽然有

---

① J. L. Thornton, "Long Time Coming", *Foreign Affairs*, vol. 87, no. 1 (2008), pp. 2-22.

② 参见[美]罗伯特·基欧汉:《霸权之后:世界政治经历中的合作与纷争》,苏长河等译,上海人民出版社2001年版;[美]亚历山大·温特:《国际政治的社会理论》,秦亚青译,上海人民出版社1999年版;[美]玛莎·芬尼莫尔:《国际社会中的国家利益》,袁正清译,上海人民出版社2012年版。

③ J. Ikenberry, "The End of Liberal International Order?", in Mario Teló and Didier Vivers, eds., *USA*, *China and Europe*, Brussels: Academe Royal de Belgium, 2020, pp. 47-48.

④ J. Ikenberry, *Liberal Leviathan: The Origins, Crisis, and Transformation of the American World Order*, Princeton: Princeton University Press, 2011.

⑤ J. S. Nye, *Soft Power: The Means to Success in World Politics*, New York: Public Affairs, 2004.

⑥ 参见[美]埃兹拉·沃格尔主编:《与中国共处:21世纪的美中关系》,田斌译,新华出版社1998年版。

的时候美国的傲慢与偏见表现得十分明显,比如“银河号”事件和中国驻南斯拉夫大使馆被轰炸事件,但在关涉中国最为关注的问题上,比如台湾问题,美国则表现出一种模棱两可、试探红线但避免直接触碰红线的态度。可以看出,美国在30多年时间里始终没有将中国十分清晰地确定为敌人或是战略对手,这应是有意识的战略模糊,既可以使接触政策得以持续实施,也为双边合作留有余地。

在这个时段,中国坚持和平合作的战略思想,在双边关系上做出了“合则两利、斗则俱伤”的战略判断。虽然中美之间的竞争和斗争时有出现,但中美关系总体上是合作与竞争并存、合作是主导面的态势。这一阶段双方的战略谋划整体上基于一种正和思维,战略行为也表现出以合作为主导的取向。

二、权力政治回归与美国战略思维的转变

权力政治是西方国际关系的重要思想,也是现实主义理论的核心内容。权力政治以权力和利益为国家唯一的行动目标,以零和思维考量国家之间的关系,以强制性压服为国际合作的必要条件。[①]权力政治虽然从来没有从美国国家战略中消失,但在冷战之后的几十年里影响力相对减弱。2010年之后,权力政治逐渐呈现回归的态势。美国新保守主义作家罗伯特·卡根(R. Kagan)认为世界正“回到丛林时代”[②]。特朗普执政期间,权力政治更是明确成为美国国家战略的重要指导思想,奥巴马政府的国家安全顾问苏珊·赖斯(S. Rice)将其称为“特朗普的霍布斯丛林”[③]。特朗普政府出台的《美国对中华人民共和国战略方针》将“有原则的现实主义”作为对华政策指导方针,就充分反映了权力政治已经不仅是思想理念,而且成为政策原则,以下几点尤其突出。

(一)大国竞争

权力政治首先将国际政治的实质界定为大国之间的竞争。结构现实主义的领军学者肯尼思·华尔兹(K. N. Waltz)认为,只有大国才能在国际政治的舞台上扮演有意义的角色。[④]美国强现实主义学者约翰·米尔斯海默(J. J. Mearsheimer)在冷战后连续著述,强调世界政治的核心是大国政治,大国政治的核心是你死我活的争斗,争斗的极端形式是争夺世界霸权。因此,世界政治是竞技场,大国政治必然以

① 参见[美]汉斯·摩根索:《国家间政治:权力斗争与和平》,徐昕等译,北京大学出版社2005年版。

② R. Kagan, *The Jungle Grows Back: America and Our Imperiled World*, New York: Knopf, 2018.

③ S. Rice, “Trump's Hobbesian Jungle”, *The New York Times* ,April 8, 2020.

④ 参见[美]肯尼思·华尔兹:《国际政治理论》,信强译,上海人民出版社2017年版。

战争的悲剧而告终。[①]冷战结束伊始，米尔斯海默就预言欧洲必然重新走向列强竞争的场景；“9·11”事件之后美国将反恐确定为国家安全的首要任务，他又尖锐地批评美国战略迷失了方向，只有大国才应该是美国的战略重点。美国任何时候的主要敌人都是迅速崛起的大国，将崛起大国纳入美国主导的国际体系的战略只不过是一种“大幻想”，对于中国尤其如此。[②]

（二）权力转移

权力政治将权力转移视为体系性战争最容易发生的时刻。早在20世纪80年代，美国学者奥根斯基（A. F. K. Organski）和库格勒（J. Kugler）就提出了权力转移理论，认为霸权国和崛起国之间实力接近的时候，这两个国家最容易发生大型战争，因为争霸是国际政治不变的本质。[③]近年来，格雷厄姆·艾利森（Graham Allison）提出了“修昔底德陷阱”理论，指出霸权国和挑战国之间虽然不是必然，但却非常容易陷入“修昔底德陷阱”，当年的伯罗奔尼撒战争就是在霸权城邦国斯巴达和新兴城邦国雅典之间开始的。1400～1900年发生的16次权力转移现象中，只有四次没有发生战争，还包括将整个世界笼罩在恐怖平衡阴影之中的美苏冷战。[④]权力转移理论的结构宿命基调将在同一体系中任何两个实力接近的大国锁定在结构冲突的无解困境之中，在中国崛起并日益接近美国实力的情境下，权力转移理论再次成为国际关系领域备受关注的理论之一，并对美国对华战略的转变产生了重要影响。

（三）相对收益

权力政治将相对收益视为国家间竞争的根本追求。绝对收益和相对收益是国际政治中的两个重要概念，是现实主义和新自由制度主义理论辩论的一个核心议题。[⑤]绝对收益是比较单纯的收益问题，指在两个行为体交往过程中任何一方所获得的利益；相对收益则是分配问题，指在这一过程中双方获得的利益之比。这个问

① 参见［美］约翰·米尔斯海默：《大国政治的悲剧》，王义桅、唐小松译，上海人民出版社2014年版；［美］约翰·米尔斯海默：《大幻想：自由主义之梦与国际现实》，李泽译，上海人民出版社2019年版。

② 参见［美］约翰·米尔斯海默：《大幻想：自由主义之梦与国际现实》。J. Mearsheimer, “Bound to Fail: The Rise and Fall of the Liberal International Order”, *International Security*, vol. 43, no. 4 (2019), pp. 7-50.

③ A. F. K. Organski and J. Kugler, *The War Ledger*, Chicago: The University of Chicago Press, 1980.

④ 参见［美］格雷厄姆·艾利森：《注定一战：中美能避免修昔底德陷阱吗?》，陈定定、傅强译，上海人民出版社2019年版。

⑤ 关于绝对收益和相对收益问题，参见David A. Baldwined., *Neorealism and Neoliberalism: The Contemporary Debate*, New York: Columbia University Press, 1993。

题是国家间合作和竞争的一个根本问题,绝对收益论认为,两个国家在合作交往之中,只要自己获得利益,就可以继续合作下去;而相对收益论认为,国家在合作交往之中最关心的并不是自己是否获益,而是自己相对于对方获得了多少利益,如果自己获益少、对方获益多,则会中断合作。美国现实主义学者格里克(J.M. Grieco)认为,在无政府国际体系中,国家最关心的不是绝对收益,而是相对收益。相对收益持续递增的国家最终会成为强者,相对收益持续递减的国家最终会成为弱者。[①]这一理论背后的思想支撑则是帕麦斯顿(H. J. T. Palmerston)的名言"没有永恒的朋友,只有永恒的利益"。在两个国家的交往中,如果一个国家不断获得相对收益优势,最终就会成为综合实力更强的国家,当两国关系出现矛盾或是两国利益出现冲突的时候,这个强势国家就会以权力压服甚至征服对方。这无疑是"美国吃亏论"的理论诠释。

(四)地缘政治

权力政治将地缘政治视为争霸世界的战略布局。地缘政治是在18世纪和19世纪西方兴起的国际战略理论,内容是将地理要素作为国家战略的基本竞争要素,实质是权力的战略布局,是一种地理空间战略学说。地缘政治战略流派包含马汉(Alfred Thayer Mahan)的海权论、麦金德(Halford John Mackinder)的陆权论、杜黑(Giulio Douhet)的空权论和斯皮克曼(Nicholas John Spykman)的边缘地带理论。[②]无论是强调哪一种权力,都是以控制和主导世界为目的。简言之,马汉的海权论认为,谁控制了海洋,谁就控制了世界;麦金德的陆权论认为,谁控制了世界心脏地带,也就控制了世界岛,进而控制整个世界。现在重新产生重要影响的是尼古拉斯·斯皮克曼的边缘地带论。他将欧洲的一部分、中东、印度次大陆、东南亚等区域称为边缘地带,认为谁控制了边缘地带,谁就可以控制欧亚大陆,谁控制了欧亚大陆,谁就可以掌握世界的命运。[③]正因如此,斯皮克曼建议美国在第二次世界大战结

---

① J. M. Grieco, "Anarchy and the Limits on Cooperation: A Realist Critique of the Newest Liberal Institutionalism", in David A. Baldwin, ed., *Neorealism and Neoliberalism*, New York: Columbia University Press, 1993, pp. 116-140; J. M. Grieco, "Understanding the Problem of International Cooperation: The Limits of Neoliberal Institutionalism and the Future of Realist Theory", in David A. Baldwin, ed., *Neorealism and Neoliberalism*, pp. 301-338.

② 关于这些地缘政治理论的基本内容,参见[美]詹姆斯·多尔蒂、小罗伯特·普法尔茨格拉夫:《争论中的国际关系理论》,阎学通、陈寒溪等译,世界知识出版社2013年版,第159~170页。

③ 参见[美]尼古拉斯·斯皮克曼:《和平地理学:边缘地带的战略》,俞海杰译,上海人民出版社2016年版。

束后不要完全消灭德国和日本，而是要用其制衡苏联和中国。现在第一、第二岛链的战略意义被高度重视，地缘政治的影响可见一斑。

这一系列权力政治要素重新占据美国战略思维的主导地位，并成为美国战略政策的重要指针。同时，中国的迅速崛起以及在综合实力上与美国的日益接近，使得美国对华战略思维发生了明显变化，也直接导致美国对华战略行为的变化。权力政治的回归使得美国更多地从竞争角度考量中美关系，也成为中美关系步履艰难的一个重要原因。

三、零和思维与美国对华战略行为的变化

权力政治战略思维更多的是一种零和博弈思维。由于美国对华战略思维发生了重要变化，美国对华战略行为也发生了相应变化，战略思维的零和趋势指向战略行为的竞争现实。总体而言，从以合作为主的合竞关系，变成了以竞争为主的竞合关系。这主要表现在以下几个方面。

首先是身份再认定。在任何国际政治场景中，身份界定是确定两国关系性质的根本前提。只有在明确对方的身份之后才能够确定双方关系的性质，并以此决定交往方式和制定相关政策。[①]尼克松(Richard Milhous Nixon)访华之后，中美经历了一段关系良好的时期，在共同应对苏联威胁中进行了诸多方面的合作。虽然这种合作并不总是顺利，常常也是“棘手的合作”[②]，但总体上合作是主导面，身份界定是双方均认可的“合作者”。在冷战之后的许多年里，美国始终没有把中国清晰地界定为对手。1997年，美国政府明确表述了全面对华接触政策，中美承诺共同致力于建立面向21世纪的建设性伙伴关系；1999年，在中美建交20周年之际，李肇星大使发表题为《中美建设性战略伙伴关系》的演讲；2011年，中美发表联合声明，确认将共同努力，建设互相尊重、互利共赢的“合作伙伴关系”。无论从哪个角度理解，这都是一种对相互身份比较积极的认定。虽然美国也不时有发难的冲动和行动，但无论将经济贸易定位为两国关系的“压舱石”，还是将反恐等全球治理作为合作的重要平台，两国的相互身份定位都是正面大于负面，这也是在行动中合作大于竞争的前提。

特朗普执政之后，中美关系跌至谷底，美国的一个重要行为就是明确了中国的对手身份。特朗普执政期间出台的两份重要文件《美国国家安全战略报告》和《美

① 参见[美]亚历山大·温特：《国际政治的社会理论》，秦亚青译，上海人民出版社1999年版。

② 姜长斌、[美]罗伯特·罗斯主编：《从对峙走向缓和：冷战时期中美关系再探讨》，世界知识出版社2000年版；贾庆国、汤炜：《棘手的合作：中美关系的现状与前瞻》，文化艺术出版社1998年版。

国对中华人民共和国战略方针》,已经将中国明确界定为最主要的战略竞争对手和对美国最大的挑战。米尔斯海默自冷战结束之后对美国政府的训诫式政策建议终于在这里被采用,美国不再将恐怖主义等非传统安全威胁作为战略目标,而是重新将中国这样的崛起大国界定为直接的、最严峻的挑战。对于美国而言,中国不再是主要的合作者,而是主要的竞争者;不再是面向未来的伙伴,而是即时的战略对手。在这样一种身份政治的背景下,美国将中国视为竞争性、挑战性的大国,将美国过去几十年试图以接触政策将中国纳入国际体系的做法视为战略失误。

其次是利益再定义。身份界定之后,利益也就因之得以确定,并且成为国家间关系的最重要因素。现实主义国际关系理论学者从来都是将利益作为国家之根本,理性主义也是将利益作为行为的依据。[①]这一点本来是毋庸置疑的,因为利益驱动行为是无可厚非的行为原则。在一个无政府国际体系中,任何一个国家都会将国家利益置于重要的位置,也都会依据国家利益制定对外战略和外交政策。但是,美国对国家利益的再定义是基于"非此即彼"的排他性逻辑,孤立地界定自我利益,排他性地考虑自我利益的获取。也就是说,美国将自己的国家利益与他国利益和国际社会利益对立起来思考问题。比如,特朗普在竞选期间发表的演讲,就提出"美国主义而不是全球主义才是我们的主义"这样的极端民族主义口号,这显然是将美国的国家利益与全球社会的利益对立起来,以一种排他性的方式孤立地界定美国国家利益。在这种思想的指导之下,美国退出多边国际组织和协议,亦即所谓的"毁约退群",也就不是什么奇怪的事情了。

一旦将中国界定为主要的竞争对手,美国势必开始高度关注相对收益问题。格里克在论证绝对收益和相对收益的时候,提出了一个著名的相对收益系数,简称为"k系数",亦即交往中的一方对相对收益的敏感度。k系数越高,国家对相对收益越是敏感、越是计较。国家之间关系的性质和好坏会影响k系数的数值。比如两个敌对国家的相对收益敏感度是很高的,而两个盟友之间的敏感度则较低。格里克进而认为,k系数可以有大小,但却永远是正数,亦即任何两个国家在交往中都会考虑相对收益这一分配问题,无论其关系如何,因为现代国际体系中国家之间"没有永恒的朋友"。虽然后来基欧汉在反驳这一问题的时候认为k系数可以是负数,因为有些国家自愿让自己的合作伙伴"搭便车"[②],但格里克的相对收益观具有

① 参见[美]E.H.卡尔:《二十年危机(1919—1939):国际关系研究导论》,秦亚青译,商务印书馆2021年版。

② R. O. Keohane, "Institutional Theory and the Realist Challenge after the Cold War", in David A. Baldwin, ed., *Neorealism and Neoliberalism*, New York: Columbia University Press, 1993, p. 279.

很大的影响力。简言之，国家对相对收益的敏感性取决于两个国家之间的关系。

回顾中美关系向低谷滑落的过程，可以看出美国首先打出的是贸易牌，贸易战成为中美两国关系恶化的先行标识。美国的认识是，在与中国几十年的经贸合作过程中，虽然中美两国都从中获益，但相对收益的杠杆总是偏向中国，合作收益的分配总是对中国有利。当年中国还没有发展起来的时候，美国也多次提出公平贸易问题，但这种情景似乎对美国来说还可以容忍。如今中国已经强势崛起，成为仅次于美国的第二大经济体，并且被美国界定为主要竞争对手，自然美国不能让中国这样持续获得相对收益优势。因此，特朗普政府采取了一系列极端措施，贸易战日益升温，科技战随之跟上，甚至全面脱钩这种不符合实际和难以做到的观点也很有市场。在中国崛起的大背景之下，以相对收益所关涉的分配问题思考美国利益得失，已经成为美国国家利益再界定的重要标尺。

最后是意识形态的再考量。意识形态是国家间关系的重要因素，美国也一直是一个意识形态敏感和自信的国家。但在过去几十年里，由于美国对将中国纳入美国主导的国际体系充满信心，对改变中国满怀希望，对历史终结坚信不疑。所以，从某种意义上讲，在中美关系中，美国并没有将意识形态作为首要因素予以考虑。而中国在与美国的交往之中，也努力淡化意识形态因素的影响。因此，意识形态虽然是两国关系中始终存在的问题，但其影响程度却是随着身份定位而消长的。

意识形态是一个敏感度很高并且难以驾驭的国际关系因素。国家之间可以有利益冲突，但是利益冲突说到底是可以通过条件交换和相互妥协来处理的，只要双方发现一个相对平衡支点，就可以在这个支点周边达成交易。虽然有时交易成本很高，但总体而言，不是不可解决的问题。意识形态斗争则性质不同。意识形态更多涉及信仰和信念的问题，信仰和信念都是难以妥协、难以谈判的问题。如果将国家之间的关系归结到意识形态范畴，处理难度会成倍增加。比如当年美苏冷战起始的一个重要原因就是乔治·凯南（G. Kennan）将苏联行为归结为苏联的意识形态和价值观念，认为苏联有在全世界推广其意识形态的信念和决心。[①]虽然凯南并不承认自己主张使用军事对抗的手段解决意识形态问题，但美国随后的遏制战略却是以军事实力为重点的。在抗击新冠疫情的全球斗争中，中国坚决反对将公共卫生安全领域问题政治化和意识形态化的做法，因为这样做只会在世界最需要团结一致抗击共同敌人的时候起到分裂和破坏的作用，对己对人、对整个国际社会都是有害无利的。

---

① G. Kennan, "The Sources of the Soviet Conduct", *Foreign Affairs*, vol. 25, no. 4 (1947), pp. 566-582.

特朗普执政时期，尤其是后两年，意识形态成为中美两国关系恶化的一个突出原因。美国一些人将中美之间的斗争归结为价值理念的斗争，并且突出中国共产党在意识形态方面的根本作用。《纽约时报》在2020年发表题为《“意识形态斗争升级”：美国和中国滑向新冷战》的文章，指出中美关系已经不仅是利益之争，而且是信仰之争，是意识形态之争。“新冷战”的说法无疑使用了美苏冷战的明喻，引发的联想是两种信仰、两种生活方式的水火不容。[①]2021年，美国蓬佩奥（Mike Pompeo）专门在尼克松图书馆发表演讲，题目就是《共产中国与自由世界的未来》。蓬佩奥演讲题目的话语意义就是将中国共产党和自由世界作为两种意识形态对立起来，不仅将中国视为贸易、科技等方面的竞争对手，而且直言不讳地将中国作为意识形态的威胁，认为“自由世界”与共产党中国之间的矛盾不可调和，呼吁“自由世界”结成新的同盟，共同应对中国的挑战。[②]

四、战略竞争态势下的中美关系走向

美国对华战略的转变不仅是手段的变化，战略思维的转变是更深层的变化，即从原来接触同化的战略原则到竞争抗衡的战略态势。一方面，这与中国的迅速崛起和综合国力上升有关；另一方面，也受到美国国内政治思潮和社会变化等多种因素的影响。既然是战略思维发生了重要变化，就会持续比较长的时间，不会因为更换总统或是其他具体方式的变化而发生变化。从1972年尼克松访华开始，双方的战略思维都发生了重要变化，中美关系因之得到明显改善，其后大体持续了40多年时间，直到特朗普当选美国总统。虽然战略思维变化有一个过程，但往往会有一个明显的时间节点。2021年李克强在全国人大期间答记者问时说：“过去几年中美关系的确遭遇了严重的困难，给两国和世界都带来了不利的影响。”[③]这无疑是对中美战略关系变化的时间做出了一个清楚、准确的判断。因为这是一种基于战略思维变化而产生的战略行为变化，所以中美之间的关系会表现为一种相对持久的战略博弈。

由于中美战略竞争加剧，两极格局和“新冷战”的说法此起彼伏。无论是两极格局还是“新冷战”，都反映了对中美对抗的强调和对中美关系未来发展的悲观心

① S. L. Myers and P. Mozur, “‘Caught in Ideological Spiral’, U.S. and China Drift Toward Cold War”, *The New York Times*, July 14, 2020.

② 参见［美］迈克·蓬佩奥：《共产中国与自由世界的未来——在尼克松图书馆的讲话》，佚名译，https://m.fx168.com/active/article/4041197.html。

③ 《李克强总理出席记者会并回答中外记者提问》，《人民日报》2021年3月12日。

态，在一定程度上，这并非当今世界的现实。中美战略竞争和中美关系紧张会持续较长时间，但无论是将世界拉入两极格局的全面对抗之中，还是让国际社会陷入意识形态争斗的阴影之中，都没有充分条件作为支撑，在整个国际社会也不具有合法性。

因此，要判断中美关系的走向，需要清楚认识到与中美关系密切相关的三个基本事实。第一个基本事实是中国和美国有着维护世界秩序稳定这个最基本的共同利益，或称之为基线共同利益。中美之间有着诸多共同利益，但是，维护世界秩序的基本稳定是双方共同利益的支柱。无论是从两个国家的官方声明还是从两国之间的各种对话来看，这一共同利益始终是存在的。当今世界已经不是当年冷战时期的两分世界，而是一个由全球社会凝结而成、基于全球性问题而命运相关的整体世界。对这一世界秩序最严重的破坏就是中美陷入修昔底德陷阱，发生像米尔斯海默等人预言的那种重大冲突甚至战争。如果出现这样的情况，不仅中美两败俱伤，而且是整个世界的悲剧。对世界秩序最大的贡献是双方合作推进全球治理，因为在全球治理的任何方面，没有中国或没有美国，都难以取得有效进展。对这一点，双方都有着比较充分的判断。习近平主席在与拜登总统通电话的时候专门指出："中美合则两利、斗则俱伤，合作是双方唯一正确选择。中美合作可以办成许多有利于两国和世界的大事，中美对抗对两国和世界肯定是一场灾难。"[①]

中美两国处于无以选择的共存环境之中。中美是当今世界两个最大的经济体，也是世界政治舞台上两个举足轻重的大国。毋庸讳言，两个国家的差异是十分明显的。中美属于两个不同的文明体系，政治体制具有很大差异，社会生活也明显不同。一种定式思维是差异必然导致分歧，分歧必然导致冲突和对抗。无论是根据亨廷顿的文明冲突理论，还是根据米尔斯海默的大国政治悲剧观点，中美似乎都纠缠在零和博弈之中，直到分出高低胜负为止。[②]但这种继承了黑格尔冲突辩证法思想的世界观是不符合当今世界发展的。[③]当今世界已经是一个真正的多元世界，从权力分布到理念分布，从文明传统到文化实践，从现代化道路到现代性诠释，无一不是多元多样。按照中华文化传统思想，尤其是中庸辩证法的认知方式，差异非

① 《习近平同美国总统拜登通电话》，2021年2月11日，http://www.gov.cn/xinwen/2021-02/11/content-5586777.htm。

② 参见［美］约翰·米尔斯海默：《大国政治的悲剧》，王义桅、唐小松译，上海人民出版社2014年版。

③ C. Cheng, "Toward Constructing a Dialectics of Harmonization: Harmony and Conflict in Chinese Philosophy", *Journal of Chinese Philosophy*, vol.33, no.5 (2006), pp. 25-59.

但不会必然导致冲突，反而是相辅相成、相互成就生命的基础。[①]中美两国必须寻求一种可持续的相处之道。之所以如此，是因为中国和美国谁都取代不了谁，谁也改变不了谁。两个国家无以选择地共存于这个世界，这是第二个基本事实。

第三个基本事实是美国会在比较长的一段时间内保持世界综合实力最强的位置。第二次世界大战之后，美国在国际体系中的权力达到顶峰，[②]也正是凭借这样的实力，美国开始建立战后的自由主义霸权秩序以及与之相应的、成本极高的国际制度体系。[③]在过去几十年里，美国的相对实力地位已经明显下降，中国的迅速发展令世界瞩目，其他新兴经济体的发展也有不凡的表现。有观点认为，美国全面主导世界秩序的物质和思想能力都已经严重不足，美国的自由主义世界霸权秩序已经终结。[④]这种观点是很有道理的，美国的霸权秩序已告终结，美国统管世界的时代也已经过去，美国已经没有足够的能力向世界提供维护秩序必需的公共物品。不过，这并不意味着美国已经不是综合实力最强的国家。从经济能力、军事实力、科技发展、美元地位等方面来看，美国依然占据着世界权力结构的顶端位置。美国霸权的终结不等同于美国世界最强国家地位的终结。

基于这些基本事实，中美关系可能有以下几个主要的走向。一是持久战略竞争。中美之间的关系是竞合关系，但竞争的一面更为复杂突出。这是一场战略博弈，是一种持久的、常态性的关系，并且竞争在许多时候会是矛盾的主要方面。这种情景不会因一时一事而发生根本性改变，有的时候甚至会十分张扬和激烈。美国对华战略思维发生了重要转变，并且在美国国内达成了较高程度的共识，因此战略竞争也会持久存在。尼克松访华起始、冷战结束接续、直到特朗普上台才结束的以接触为主的战略思维持续了40多年的时间；特朗普执政采取的以竞争为主的战略思维也会持续比较长的时间。为达到战略竞争的目的，美国会加大联合盟友的力度，包括在意识形态、国家利益、问题领域等不同方面，加大对中国的施压力度。

① 参见秦亚青：《世界政治的关系理论》，上海人民出版社2021年版。

② 莱弗勒（Melvyn P. Leffler）曾经这样评论美国在第二次世界大战结束后的实力："当二战结束时，美国已拥有世界黄金储备的2/3和全球投资资本的3/4。全世界制造业能力的一半以上都属于美国，全球货物总量的1/3以上也是美国生产的。美国还拥有一半的全球航运供应能力，是世界上最大的货物和服务出口国。美国国民生产总值是苏联的3倍，是英国的5倍……美国的战略空军无可匹敌，海军主导着世界的海洋。美国还垄断着全人类最可怕的武器——原子弹。因此，美国拥有权力优势。"（[美]梅尔文·P.莱弗勒：《权力优势：国家安全、杜鲁门政府与冷战》，孙建中译，商务印书馆2019年版，第13～14页。）

③ 参见[美]罗伯特·基欧汉：《霸权之后：世界政治经济中的合作与纷争》，苏长河等译，上海人民出版社2001年版。

④ 参见[加]阿米塔·阿查亚：《美国世界秩序的终结》，袁正清、肖莹莹译，上海人民出版社2017年版。

触碰中国底线的事件依然会发生,包括领土主权等关涉核心利益的问题,如香港问题、新疆问题甚至台湾问题。在多边场合,美国会挤压中国的制度性权力;在舆论场上,也会打压中国的话语性权力。双方的竞争在一段时间内会更加显像化,有时甚至是针锋相对。持久战略竞争已经成为中美关系的新常态。

二是合理管控危机。如果说中美持久战略竞争是双边关系的新常态,那么双边关系中的危机现象便会时常发生。在特朗普当政时期,不仅有中美经贸摩擦和科技竞争这类恶化双边关系的行动,更有关闭中国领事馆、内阁要员窜访台湾等直接引发两国关系危机的冒险举动。并且,由于双边竞争的持久性,无论谁当选美国总统,都很难改变关涉中美关系的原则性立场,危机事件也会继续发酵和发生。在这样的情况下,既然中美双方对于维护稳定的世界秩序有着共同的利益,管控危机、防止危机上升到暴力冲突,应成为双边关系的一个重要走向。观察当今的中美关系,一个合理的假设是双方都没有真正使用暴力的意愿。但是,历史的经验证明,暴力冲突是可以在非本意情境下发生的,是可以在双边危机不断升级的过程中不以人们的主观意愿而迸发出来的。因此,在战略互疑和战略竞争中,怎样把可能出现的危机控制到最低限度,怎样防止已经出现的危机进一步升级,怎样将正在升级的危机管控在不发生暴力冲突的范围之内,将是中美双方在未来一段时间内最重要的政策考量之一。

三是全球治理合作。中美持久博弈中合作的主要平台是全球治理。美国与中国展开战略竞争的目的是"一厢情愿地改变中国"[①],但即便对于美国的政治家和战略家而言,这也是一个长期的过程,是一个极难实现的目标。中美同为世界大国,在互动和相处的过程中,双方依然需要寻找可以合作的平台。根据阿克塞罗德(R. Axelrod)的研究,即便是对手之间也需要合作,并切实存在合作。[②]美苏在冷战期间互相明确将对方界定为敌人,但依然达成了战略武器方面的合作协议。中美远非冷战期间的美苏,当今世界也不会退向第二次全面冷战。中美之间作为竞争对手的最大共同利益在于维护全球秩序的稳定,维护全球秩序的稳定需要实施有效的全球治理。全球治理不可能没有中国和美国参与,而全球治理又给这两个世界性大国搭建了一个最可能合作的平台。尽管在全球治理领域,中美竞争依然会存在,在公共卫生安全、气候变化领域都是如此,但无论如何,这是中美合作最可能、最明显的领域,也是中美合作在当前形势下最容易实现的领域。如果双方能够

① 《国务委员兼外交部长王毅就中国外交政策和对外关系回答中外记者提问》,2021年3月8日,http://www.gov.cn/guowuyuan/2021-03/08/content-5591330.htm。

② R. Axelrod, *The Evolution of Cooperation*, New York: Basic Books, 1984.

相向而行,则可能产生积极的外溢效应。

五、结语

中美关系不仅是当今世界最重要的双边关系之一,也直接关涉世界秩序的稳定和国际关系进程。在过去几年里,中美关系经历了严重的困难和严峻的挑战。在中美建交后的40多年里,中美关系也有不少波折起伏,当时人们的基本估计是"好也好不到哪里去,坏也坏不到哪里去"。这一常识性判断的背后有一个重要的支撑点,即美国在对华关系中所确定的以接触为手段、以将中国纳入美国主导的国际体系为目标的战略谋划。

而近几年中美关系的断崖式下滑却不得不使人们质疑这一常识性判断,有观点甚至认为中美已经形成新两极,进入"新冷战"。中美关系急剧跌落的一个重要原因是美国对华战略思维转变而引发的行为凸显。权力政治的强势回归、霸权国对崛起国的战略焦虑、国家利益的排他性考虑、地缘政治的再度兴起——这些都反映了美国战略思维的变化,并直接影响到美国的战略行为,包括对中美相对身份的再界定、对美国国家战略利益的再确定、对意识形态的再考量。

战略思维和行为的转变往往是一个比较长时期的现象,不可能因为某些具体事件而发生根本改变。因此中美之间的战略竞争是一种比较持久的博弈,会在今后较长一段时间内持续下去。但是,当今世界和中美关系的一些基本事实,使得这两个国家必须在战略竞争的条件下寻求共存与合作。对于世界而言,中美是举足轻重的两个国家,中美关系不仅是双边关系,也是具有全球意义的关系,两国最基本的共同利益是维护世界秩序的可持续稳定。因此,比较合理的预期是理性管控可能出现或已经出现的危机,在敏感程度较低且比较容易达成共识的全球治理领域发现和创造合作机遇。当然,探寻竞争背景下和平共处、和合共生的相处之道,既是两国面对现实的理性选择,也需要付出智慧且艰辛的政治努力。

欧洲文学与历史祛蔽

（2021年4月16日）

王志耕*

我们今天讲的这个话题，是从欧洲文学来看文学的“祛蔽”功能。之所以说“祛蔽”，是基于我提出的一个叫作“加蔽”的概念。什么是“加蔽”呢？实际上，人类的历史发展有一个起点，就是人类在开始创造文化之时，或者说，人类进入到社会化阶段之时，人类进入到整体的历史进程之中后，就需要为自己设定一个目标。那么最初设定的目标是什么？我们说，人类之所以发展到一个社会化阶段是基于一个动因，即为了保障每一个个体的利益、个体的完整性存在，使人作为人的本质得到更完善的保障。但是，历史的悖谬性也在于此，人们进入到社会化阶段之后，随着历史的发展却逐渐遮蔽了最初的目的，这就是所谓的“加蔽”过程。

人类历史最初设定的目标应该有两个基本的内容。一是所谓的个体存在。人类之所以要进入到整体性存在，就是当他以个体的方式和其他个体以对立或并列的状态存在之时，每一个个体都是不安全的。所以，虽然每一个个体都有进入到整体性存在之中的愿望，但当他进入到整体性的结构之中就会发现一个问题：一旦形成整体，就会出现一个权力结构。此前以个体性方式存在的时候没有这样的机制，

* 王志耕，文学博士，南开大学文学院教授，北京师范大学文艺学研究中心专职研究员，厦门大学讲座教授，中国俄罗斯文学研究会副会长。研究领域为俄罗斯文学及相关领域的比较文学。出版个人专著《宗教文化语境下的陀思妥耶夫斯基诗学》、《圣愚之维：俄罗斯文学经典的一种文化阐释》（入选2012年度“国家哲学社会科学成果文库”）、《俄罗斯社会学诗学》、《俄罗斯民族文化语境下的巴赫金对话理论》（入选2019年度“国家哲学社会科学成果文库”）等；在《文学评论》《外国文学评论》等刊物发表学术论文200余篇；出版《普希金诗选》、托尔斯泰《生活之路》等译著多种。

在最初的社会单位——家庭产生之后就存在权力机制，但是家庭结构弱化了权力机制。当他进入到氏族社会和之后的城邦社会时期，问题就凸显出来。权力机构会形成一种效应，就是“加蔽”。在权力机构之下，我们会产生这样一种观念，即每一个个体的存在应该是为了整体结构的存在，这其实就是历史加蔽效应所造成的。在一个宏大的话语之中，每一个个体的价值逐渐被弱化和遮蔽。

二是当人类进入到整体性存在之中，他也进入到文化的加速创造阶段。文化的创造其实是人类精神性生存的一种标志，所谓“精神性生存”就是指人区别于动物性生存的层面。精神性存在在进入到整体性历史的进程之中也会“加蔽”。当进入到整体结构之中，这个结构就会产生一种意愿——为了维护权力结构的稳定，权力掌握者就把其主要的支撑点放在物质性存在上。同时告诉每一个个体，进入整体结构的根本目标就是物质性存在，或者叫作“肉体性存在”。整体结构保障肉体，保障物质生命不被其他个体侵害。与此同时，其他的精神追求在某种意义上是不重要的。所以，俗话说：“你有吃的，有穿的，有住的，你还想要什么？”当我们这样说的时候，其实忽略了这只是动物的基本生存要求。人的存在应该以精神性为主要旨归。在历史进程之中，人的精神性旨归也逐渐被遮蔽。

这样一来，人类在进入到历史进程之后就陷入了步步为营、处处不自由的状态。卢梭(Jean-Jacques Rousseau)指出：“人是生而自由的，但却无往不在枷锁之中。”[①]卢梭提出的“契约”方案就是为了消除这样的历史加蔽效应。他希望通过契约的方式来保障每一个个体的权利，尤其是追求个人精神最高境界的权利。在现实生活中，人类通过强化秩序文化，或通过合理的秩序文化的重构来解决历史加蔽效应。但这只是类似于医生的做法，有了病，我们把病灶去除，而实际上它的整体机制并没有被解除。那么有了这样的医疗方案，我们可能就忽略了对历史加蔽效应问题的关注。或者说，我们缺少了一种价值立场来评价历史加蔽效应。因此，加蔽效应会不断延续。

在这样的背景下，文学的出现就有了终极的救赎意义。文学在实质上就是试图揭破历史加蔽效应的幻象，提醒人类应该随时回到文化创造之初为自己设定的目标，站在一个历史起点的基础上、一个祛蔽的立场上来发出声音：其一，要为个体的存在发声，挑战整体叙事；其二，要为人类精神性存在发声，要超越物质存在，在更高的精神层面上引导人类向远方发展。可以说，人类的发展得益于大量以精神性存在为旨归的人群。文学就是要告诉人们，每一个人都应该成为精神的英雄，从

① [法]卢梭：《社会契约论》，何兆武译，商务印书馆2003年版，第4页。

而真正地介入历史的创造中来。这就是文学的“祛蔽”功能。下面,本报告分几个方面从欧洲文学来看文学是如何发挥“祛蔽”功能的。

一

第一个方面就是当整体叙事以“城邦”名义侵害个人利益时,文学揭示个体受压制的悲剧性,确证个体反抗的合理性。

有人认为,文学的一个永恒的主题就是“弑父”。这是一个形象的说法。“父”就是人类进入到社会化阶段之后所面对的权力结构,掌握权力的阶层在某种意义上就是“父”。从人的生理机能来讲,“父”是一个强力的象征、独白的象征。文学就是要颠覆“父”的权力。“父”总是以所谓整体性的叙事为由来弱化个体的存在,从而施行对个体的压制,并且把这种压制给予历史合理化的命名。文学就是要揭破这样的幻象,来颠覆整体叙事的合理性。

我们通过对荷马史诗中《伊利亚特》(*Iliad*)的阐释来说明这个问题。过去我们认为这部史诗是早期“民族英雄史诗”的典范,并把它理解为是描写人类早期部落的集体英雄,这样的英雄为了整个集体利益而献出自己的生命。很长一段时间,这种理解被固化下来。朱维之先生主编的《外国文学史》就持有这种观点:“英雄阿喀琉斯是古代英勇战士的理想形象……他从发怒到息怒,从退出战场到重新参战,最终以部落的集体利益为重,其间的转变并没有不可克服的思想障碍。他的行动体现了英雄主义和集体主义精神,而这正是部落英雄的特色。”[①]这实际上是一种脱离文本的误读。这样的理解方式受到苏联时期文学史的影响,它倾向于将所有的文学观点都纳入政治叙事的立场中。实际上,我们只要读一读作品文本就会发现,早期人类的英雄史诗都具有为个体正名、维护个人利益的观念。当文学发现整体的历史进程会损害个体的时候,它会把这种发现通过文学的形式表达出来。这就是我们说的“小荷才露尖尖角,早有蜻蜓立上头”。文学其实就是最先发现春色、发现历史,并开始向背反的方向发展的文化类型。

细读《伊利亚特》的文本就会发现,史诗要表达的是阿喀琉斯本人的利益在联盟利益的名号之下如何受到损害,而阿喀琉斯是如何为了他个人的荣誉与所谓集体利益相抗争的。我们来看史诗开头阿喀琉斯对联军统帅阿伽门农说的话:

> 捷足的阿喀琉斯对他怒视了一眼。“你这无耻的阴谋家,”他嚷道,“一径都

① 朱维之等主编:《外国文学史(欧美卷)》,南开大学出版社2014年版,第20~21页。

是唯利是图！你怎么能指望你的部下替你尽忠竭力，奉命去进攻作战？至于我，并不是因为跟特洛亚的战士有什么争端才到这儿来参战的。他们对我从来不曾有过任何的侵害。他们从来没有偷盗过我的牛马，也从来没有劫掠过那由佛提亚肥沃泥土长出来养育她的居民的庄稼；因为我们之间是有那奔腾的大海和许多暗沉沉的山脉隔着的。实际上，我们所以来参加这次远征，为的是要博得你的欢心；是的，你这丧尽天良的鄙夫，为的是要替墨涅拉俄斯和你对特洛亚人图快意——这一事实你竟把它完全抹杀了。现在又来了这样一个恫吓，而且由你亲口说出来，竟要夺去我的战利品，我那辛苦得来而由弟兄们献上的一件战利品。每次阿开亚人攻下特洛亚人一个繁荣的城市，我所分到的东西都并不是跟你一样多的。战斗的重任全由我担当，等到分配掠获品时却是你占绝大的部分，听凭我精疲力竭地带着我自己一点点儿东西退出了战场。所以，现在我要回佛提亚去了。那是我的最好的办法——坐着我的翘嘴船扬帆回家。我看呆在这儿太没有意思了，徒然在替你积累资财，供你挥霍，反而受人家侮辱。"①

阿喀琉斯表明：自己之所以随希腊联军来攻打特洛亚是因为自己加入了希腊联军，那么权力就归属于阿伽门农。这样的话，他来不过就是要博得阿伽门农的欢心。按道理来讲，他跟特洛亚人有什么仇呢？无冤无仇。他们没偷盗过他的牛马，没有劫掠过他的庄稼。所以在阿喀琉斯发怒的时候，他是罔顾整个希腊联军利益的。他重新出战的时候仍然不是考虑整个希腊联军的利益：

捷足的阿喀琉斯深深叹了一口气。"母亲，"他说道，"不错的，俄林波斯的神的确帮了我这么些忙了。可是现在我的最亲爱的朋友帕特洛克罗斯死了，他是我比别的任何人都看重些的，是我爱得同自己的性命一般的，那么我怎么还能感觉到满意呢?我已然失去了帕特洛克罗斯了。杀他的凶手赫克托耳已然从他身上把我那套辉煌的铠甲也剥了去了，就是当初神们把你嫁给一个凡人那一天送给珀琉斯做结婚礼物的那套巨大奇妙的铠甲。唉，早知如此，倒不如你还是跟咸海里那些不死的女妖神呆在一起，让珀琉斯另娶一个凡间妻子的好呢!可是你已然做了我的母亲了，现在还有一桩事要叫你伤心，就是你将要失去你的儿子，永远不能欢迎他回家了。因为我不想再活下去，不再留恋这人间，只除非是赫克托耳死在我的枪下，偿还他杀死墨诺提俄斯之子那一笔血债。"②

① [古希腊]荷马：《伊利亚特》，傅东华译，人民文学出版社1958年版，第6~7页。

② [古希腊]荷马：《伊利亚特》，傅东华译，人民文学出版社1958年版，第347页。

阿喀琉斯为什么要重新出战？就是因为他的朋友帕特洛克罗斯死了。他像爱自己的生命一样爱帕特洛克罗斯,也就意味着他的生命都被赫克托耳杀死了,他只有向赫克托耳发起挑战。所以说,他的重新出战仍然不是出于对联盟利益的考虑。重新出战就是抱着必死的信念,所以他跟母亲说是要做好准备,有一件事可能要让她伤心了,她可能会失去儿子。

史诗这样的写法实际上塑造了一个真正为个人利益、个人的名誉、个人的生命追求而不惜自己的肉体性存在的英雄。阿喀琉斯显然不是集体主义英雄。当然,有的教材把他命名为“个人主义”英雄,“个人主义”的概念在中文语境中是非常负面的。严格说来,阿喀琉斯也不是个人主义英雄。其实,他是在为维护个人的利益而战,他的个人利益在某种意义上是被联军的整体行为损害的。所以,他说如果回到他的老家佛提亚,他完全可以安享自己的生活,有肥沃的土地,凭什么要跑到这里来,冒着生命的危险为了联军而战？所以说,这部史诗表现的是人类进入到城邦阶段,甚至进入到更高级的城邦联盟阶段之时对个人利益所造成的损害。我们经常忽略《荷马史诗》开头的暗示:“阿喀琉斯的愤怒是我的主题,只因这惹祸招灾的一怒,使宙斯遂意如心,却带给阿开亚人那么许多的苦难,并且把许多豪杰的英灵送进哈得斯,留下了他们的尸体作为野狗和飞禽的肉食品。”[①]看上去是说阿喀琉斯的愤怒导致一系列英雄的悲剧,但读了史诗就可以看到,导致悲剧的是以联盟名义发动的战争。这场战争在很多人的讲述之中变成了一个美丽的神话,金苹果的故事导致特洛亚人帕里斯把海伦拐走,引发了这场旷日持久的战争。可是,我们忽略了荷马在写这个史诗的时候首先告诉我们战争带来的后果是什么——大量的豪杰英雄进入地府,他们曝尸荒野,成为野狗和飞禽的肉食品。

这样的阅读方式就是告诉我们怎样剔除文学评论加在文学文本上的“蔽”。有时,读作品要把刻板印象抹去,直面文本,看看文本真正告诉你的到底是什么。这样做,你就会发现真正的、好的经典作品都是站在“祛蔽”的立场上,或者说站在被损害的个体的立场上来发出声音的。

二

第二个方面就是当整体叙事以法律之名来侵害个体利益时,文学要站在被法律损害的个体立场上质疑法律的公正性。

① [古希腊]荷马:《伊利亚特》,傅东华译,人民文学出版社1958年版,第1页。

当整体结构出现问题时，我们往往通过强化“律则”的方式来解决。所以一旦人类进入到社会化生存就会产生“律则”，这也包含在卢梭的话语中。是的，人生而自由，但是处处有“枷锁”之中。而“枷锁”之一就是早期的律则或者法律。在卢梭看来，人类早期的法律不是通过契约的方式来确立，而是通过权力来命名。也就是说，它是以某些利益集团主导的方式来制定的。卢梭认为现代法律应该把“君法”或“神法”变成契约，也就是说，法律应该由每一个缔约者参与、共同制定的方式达成。而实际上，任何法律都是由人制定的，一般的公众虽然在一定的程度上可以参与制定的过程，但最终拥有决定权的还是整体结构里权力的拥有者。从这个意义上看，任何法律都不是完美的。

当法律以法律之名来行使对个体的损害之时，它具有天然的正义性。有很多学者包括马克斯·韦伯(Max Weber)就曾指出，一个统治集团、一种合理的统治方式就是暴力。阿尔都塞(Louis Pierre Althusser)也有过类似的表述，即一个国家存在的形式其实就是通过支配型的国家机器来直接控制。支配型的国家机器里包括军队、警察、法律机构等等。这些机构名义上是为了维护整体性存在的，但是在施行的过程之中不可避免地要对个体实行损害，即使有时是部分性的损害。文学的立场就是为作为代价被损害的个体来发出声音。当个体在整体叙事之下被合理地成为代价，整体叙事往往会给它一个命名，使它成为一个合理、合法的历史性存在。在这样的语境之下，文学需要为这个被历史命名为“合理的”损害者发出声音。

恩格斯在《家庭、私有制和国家的起源》(*The Origin of the Family, Private Property and the State*)中指出，人类进入城邦社会之后，“从前人们对于氏族制度的机关的那种自由的、自愿的尊敬，即使他们能够获得，也不能使他们满足了；他们作为同社会相异化的力量的代表，必须用特别的法律来取得尊敬，凭借这种法律，他们享有了特殊神圣和不可侵犯的地位”[①]。在氏族社会，人们会对掌握权力的机构表现出一种自愿的尊敬。可是进入到城邦社会之后，即使人们表现出这样的敬重，也不能使其获得满足。这时，权力的控制者成为同社会相异化的力量的代表。也就是说，这个时候，他会不断强化诸个体对权力握有者的尊敬。在恩格斯看来，这个时候权力握有者开始制定特别的法律以期获得尊敬，凭借这种法律，他们享有特殊的、神圣和不可侵犯的地位。这种观念在长期的历史发展中会进入到人的遗传密码之中。所以，在某种意义上，我们每一个人的内心深处都有权力崇拜的情结，而这种情结是由历史加蔽效应所导致的。文学就是要告诉我们，我们不应该崇

① 《马克思恩格斯选集》第4卷，人民出版社2012年版，第188页。

拜权力。当我们进入到一个权力结构的时候，是为了使我们自己的权利得到最大限度的尊重。

历史学家威尔·杜兰特（Will Durant）曾说："人类热爱自由，而在一个社会里，个人的自由是需要某些行为规范约束的，所以约束是自由的基本条件；把自由搞成绝对的，它就会在混乱中死去。因此，政府的首要工作，就是建立秩序；有组织地集中使用暴力，是无数私人手中的破坏性暴力之外唯一的选择。"[①]孟德斯鸠（Montesquieu）在《法论的精神》（*De L'Esprit des lois*）里也表达了同样的观点。[②]自由是有限度的，自由需要以法律的界限为前提，没有界限的自由其实不是自由。这个道理没有问题，在政治叙事、法律叙事、现实的各种叙事之中，它都是合理的。但是问题就在于，法律在获得历史合法性的名义之时，有可能会对个体造成损害，而这种损害由于法律的历史合法性也变成了合法的。因此，文学在这个时候需要站出来为那些被法律损害的个体发出声音。文学一旦涉及描写法律的时候，它一定是在寻找法律的缺陷问题。在某种意义上，文学一直在揭示整体性的律则如何在它的缝隙里把个体的利益扼杀掉。

古希腊索福克勒斯（Sophocles）的《安提戈涅》（*Antigone*）是体现文学这种功能的奠基之作。安提戈涅是俄狄浦斯王的女儿，俄狄浦斯王因为犯了杀父娶母罪而自我流放，他的长子厄忒俄克勒斯拒绝与兄弟波吕尼克斯轮流执政，将其放逐。后者就联合岳父、阿耳戈斯国王来攻忒拜，结果兄弟相争，先后身亡。代行国王之职的克瑞翁以波吕尼克斯勾结外敌为名，将其曝尸荒野，俄狄浦斯之女安提戈涅指责克瑞翁违背神律，自作主张安葬了波吕尼克斯，因此被克瑞翁囚禁，安提戈涅最后自缢而亡。在剧中，克瑞翁宣布厄忒俄克勒斯是为了城邦而牺牲的，他是城邦的英雄，因此要按国礼来安葬。而波吕尼克斯是勾结外邦返回来攻打本邦，这样的话，他就犯下了"背叛罪"。因此，按照背叛罪的处罚方式，克瑞翁将他曝尸荒野，任由野狗和飞禽来啄食。这个时候安提戈涅站了出来，指责克瑞翁违背了神律，她指出，任何一个人在死后都应该按照神的规则加以安葬，也就是说，城邦的规则不能和神的律则发生对抗。当发生对抗的时候，应该以神的律则为依归。实际上，剧中所说的神的规则就是人的自然权利，每一个人在死后都应该得到安葬。这里的关键问题在于为什么波吕尼克斯被法律禁止安葬？克瑞翁指出其原因是他犯了背叛

① ［美］威尔·杜兰特、阿里尔·杜兰特：《历史的教训》，倪玉平、张闶译，四川人民出版社2014年版，第113页。

② "自由是做法律所许可的一切事情的权利。"［法］孟德斯鸠：《论法的精神》（上），张雁深译，商务印书馆1961年版，第154页。

罪。其实，这个剧作提出了一系列问题：谁有权力给一个人加上背叛罪呢？克瑞翁有这样的权力吗？为了维护自己的利益，波吕尼克斯为什么不能向那个损害了他的利益的人发起挑战呢？仅仅因为他来攻打他的本邦，他就犯下了背叛罪吗？这到底是谁来命名的？安提戈涅违背法令安葬了哥哥，因此克瑞翁以法律的名义把她囚禁起来，她在囚禁之中自杀而死。我们来看剧中的一段对话：

> 克瑞翁：你真敢违背法令吗？
>
> 安提戈涅：我敢；因为向我宣布这法令的不是宙斯，那和下界神祇同住的正义之神也没有为凡人制定这样的法令；我不认为一个凡人下一道命令就能废除天神制定的永恒不变的不成文律条，它的存在不限于今日和昨日，而是永久的，也没有人知道它是什么时候出现的。[①]

克瑞翁随口说了一句话，但在剧情发展过程中，他逐渐把他自己说的这句话用法令这样的词来替代，这就是最早的城邦法律的形式。它不是经过全民契约的方式讨论，甚至也不是经过贵族元老院的讨论就被制定下来。人的自然权利是无始无终的，在历史起点的时候，人是为了每一个个人的权利而存在的。人进入到一个整体之中，之后又创造了文化，目的仍然是个体的完整性存在，因此，它是永久的。这个剧本就是站在个体存在的立场，以个体作为终极目的向城邦的律则发起挑战。马克思曾指出，如果权力机构操纵了法律，就是对法律的蹂躏，结果就是“它自己把所有依靠现行法律、捍卫现行法律免遭任何破坏的公民群众都变成了叛逆者”[②]。当整体结构之中出现了法律，法律就很容易被握有权力的人塞进自己的私货，这时人民该怎么做？马克思在有生之年并没有去完善关于法律的思考，但是，他提出了这样的一个问题，就是如果法律失去了对人的维护，那么可能会导致人通过非法律的方式来解决问题。早在文艺复兴时期和启蒙运动时期都有类似的说法，后来德国的法学家耶林（Rudolf von Jhering）也有过类似的说法：“在法律制度的不完善无法满足是非感时，何种迷途威胁着有着强大力量和理想的是非感。此时，为制定法而斗争就变成了反对制定法的斗争。”[③]

陀思妥耶夫斯基（Fyodor Dostoevsky）的小说《罪与罚》（*Crime and Punishment*）就是一部在这方面具有警醒性的作品。拉斯科尔尼科夫是一个法律系的大学生，他非常懂法，可他看到这个号称拥有完善法律的国度里，现实生活中

---

① ［古希腊］索福克勒斯：《悲剧二种》，罗念生译，人民文学出版社1979年版，第19页。

② 《马克思恩格斯全集》第6卷，人民出版社1961年版，第286页。

③ ［德］耶林：《为权利而斗争》，郑永流译，商务印书馆2016年版，第41页。

却到处充满了不公。在他看来,法律已经完全失效,变成了维护那些握有权力者获取利益的工具,而且是一种在名义上获得正义性的工具。这时拉斯科尔尼科夫就自己站出来,他要铲除那些被法律赋予了权力的、对个体加以损害的个体,他找了一把斧头把放高利贷的老太太杀掉了。当然,陀思妥耶夫斯基的小说对这种行为持否定态度。在他看来,如果每个人都这样做的话,社会就会如威尔·杜兰特所言,变成了由每一个个体来肆意实行暴力的社会。当然,陀思妥耶夫斯基不希望看到这样的情景。但这个情节也暗示我们,如果法律失效,是否会出现像拉斯科尔尼科夫这样的行为和这样的人?我们在读小说的时候会对拉斯科尔尼科夫的行为产生同情。

德国作家克莱斯特(Heinrich von Kleist)的小说《米歇尔·科尔哈斯》(*Michael Kohlhaas*)[①]也写了这样一个故事。马贩子科尔哈斯的马被庄园主土仑卡抢走,科尔哈斯首先想到的是通过法律手段来维护自己的利益,但法庭驳回了他的诉求。于是科尔哈斯纠集人马造反,放火烧毁了土仑卡的城堡和田庄并打败了前来围剿他的当局军队。尽管如此,科尔哈斯还是相信法律会还他以公正,再度申诉。结果法庭判决土仑卡归还马匹,但科尔哈斯因为起兵造反而被判处死刑。在小说中,法庭和庄园主相勾结,这就是司法上的漏洞。虽然有完善的法律,但是在执行的过程中却有可能面对权力和金钱的合谋。这样的话,施行法律的过程会对弱势的个体构成损害。有些人认为,如果科尔哈斯让掉自己的两匹马,而不是选择因为两匹马就起而造反,最后也不会失掉性命。其实,这种观点是一种以物质性为依归的看法。科尔哈斯起而造反就是因为他的个体权利像阿喀琉斯一样被一个整体的机构所损害,最后他的起义失败了。尽管法律是公正的、正义的,但是在任何一种正义、公正的法律的缝隙里都可能有无辜者被碾压、被损害。文学要揭示的就是这样的真相。

三

第三个方面就是当人类陷入到物质欲望控制的庸俗化状态时,文学向人类昭示如何提升生命的品格,过有灵魂的生活。

人为什么会陷入到只以物质性为生命唯一支撑的状态?因为这就是人的本

---

① [德]克莱斯特:《米歇尔·科尔哈斯》,《O侯爵夫人:克莱斯特小说全集》,袁志英译,上海译文出版社2010年版。

能。人的本能首先是要维护自己的肉体性存在。但是,人之所以区别于动物,就在于人有高于物质性生存的空间。人从他成为人之初就有了精神追求。当早期人类开始他的物质性创造活动的时候,他的精神性创造也同时开始。人类早期有唱歌的活动、舞蹈的活动、绘画的活动,这些艺术性的生存方式、文学性的生存方式是始终伴随着人类发展的。即使是最粗陋的陶器上也会体现出匠人对美的追求。在某种意义上,美不是培育出来的,它是人的一种天性。当然,审美能力需要通过培育的方式来激发。而它之所以能被激发出来,原因就是在人的思维机制里存在着对于美的向往。

陀思妥耶夫斯基的小说《卡拉马佐夫兄弟》(*The Brothers Karamazov*)中有一个很有名的段落,就是伊凡所讲的宗教大法官的故事。小说中,宗教大法官和耶稣有一个对话。宗教大法官认为,耶稣只知道给人精神的自由。但是,他认为,人需要的是面包,是食物。这是一个非常强大的对话的声音,宗教大法官的话驳得耶稣哑口无言。而实际上,在小说中,耶稣的内心深处充满了悲哀,因为人在宗教大法官这样的"面包"训导之下都变成了如蝼蚁一般的庸众,没有了对于精神的追求。文学其实就是要揭开这个"蔽",回归到人生存的起点,一种所谓"完整性存在",也就是说,既要保障物质性存在,与此同时也要有精神性存在的要求。

我们来看一个俄国文学中的例子。当然,西欧文学也有大量对人的物质崇拜的否定内容,比如莎士比亚(William Shakespeare)的剧作《雅典的泰门》(*Timon of Athens*)。而俄国文学更形象地展示了人堕入庸俗化生存的时候是一种什么样的状态。果戈里(Nikolai Vasilievich Gogol-Anovskii)的小说《死魂灵》(*Dead Souls*)写乞乞科夫要向几个地主买死去的农奴名单,他买了名单作为自己的财产向政府抵押贷款,之后就可以赚一大笔钱。小说主要塑造了几个地主形象,他们其实就是人类庸俗化生存状态的代表。这里面有大家熟知的泼留希金,他是一个典型的恋物癖,完全以物质生存作为他生命的唯一支撑。小说里写得很形象,街道在泼留希金走过之后就不用再清扫了,因为他把路上所有可以捡回家的东西全部捡走了。另外一个地主玛尼罗夫是一个有知识的人,小说刻意写了一个识文断字的地主。可是,小说里有这样一个细节,乞乞科夫走到玛尼罗夫的书房,他看到桌上摆了一本打开的书,而书页上面落满了灰尘,因为那一页打开有两年了。实际上,玛尼罗夫把自己装扮成了一个读书人,可他没有任何精神生活。在果戈里写作《死魂灵》的时代,俄国社会的主体就是地主阶层,整个俄国的经济支柱就是庄园经济。这些代表了俄国精神、经济支柱的人就是这样的生存状态。果戈里为这些没有精神追求而只以物质生存为依归的人担忧,同时也为这个国家担忧。如果作为国家支柱的这些人是这样的精神境况,那么这个国家还有没有前途?这部作品向我们展示的就是当人堕入到庸俗化生存的样态。

另外一部作品是契诃夫(Anton Pavlovich Chekhov)的《姚内奇》(*Ionych*)。小说描写了姚内奇半生的经历。姚内奇是一个学医的大学生,毕业之后,他来到一所城镇成为医生。他刚刚毕业来到城镇的时候还充满了年轻人的热情,这个时候除了行医之外,他会参加各种各样的活动,比如郊游、晚会。他充满了青春朝气,有热情,有理想,有爱心。可是过了若干年,姚内奇就发生了巨大的变化。这个变化是由什么引起的?他在每天行医完之后会收到很多现金,而他发现自己在数钞票的时候会获得一种特殊的乐趣。渐渐地,姚内奇对其他事情都不感兴趣了。到了中年,姚内奇脑满肠肥,失去了年轻时代的热情。他甚至会后悔自己年轻的时候为什么那么愚蠢?他甚至会把别人看作"庸俗"的,而完全不知道自己已经堕落到什么程度。小说里面描写这些钞票沾着各种各样的味道,有的带着香水味,有的沾着鱼腥味儿,有的沾着醋味儿。姚内奇在闻到这些味道的时候,就产生一种莫名其妙的兴奋和满足感。这就是契诃夫的高明之处,他把一个人堕落的本质通过细节淋漓尽致地向我们展示出来。可以说,文学把我们日常生活中习以为常的现象以触目惊心的方式呈现出来。

当然,欧洲文学还有另外一个向度,在展示出人堕入到庸俗化生存的窘境之后,它也向人展示出到底应该以怎样的标准来谋划自己的精神生活。我们将之分为三个层面,一是信仰化的生存;二是舍弃或淡化物质性生存,把灵魂生活加入到个人的生存空间之中;三是向远方发展,也就是不满足于现状,突破现有条件为自己设定的藩篱。

关于第一个层面信仰化生存最典型的例证就是塞万提斯(Miguel de Cervantes Saavedra)的《堂·吉诃德》(*Don Quixote*)。过去人们对堂·吉诃德形象的理解存在一些错误。人们认为他是一个不自量力、盲目行动、滑稽可笑的人。后来,大家渐渐意识到,这个形象其实还存在信仰化生存的层面。堂·吉诃德形象的伟大意义就在于他向人们表明:人只有为了信仰而生存才是真正的生活。屠格涅夫(Ivan Sergeevich Turgenev)对堂·吉诃德推崇备至,他自己的一生就践行了堂·吉诃德的信念。他一生没有结婚,四处漂泊,最后死在法国。在屠格涅夫写作《罗亭》(*Rudiu*)和《前夜》(*On the Eve*)的同一时期,他完成了演讲稿《哈姆雷特与堂·吉诃德》(*Hamlet and Don Quixote*)。在他看来,哈姆雷特是一个过于理性的人,信仰的力量被减弱了,所以他缺少行动。而堂·吉诃德体现的完全是一种无私的、无视肉体性存在的行为,他整个人充满了对理想的忠诚,甚至不惜牺牲自己的生命。

他珍惜自己生命的程度是看生命能否体现理想，能否成为在世界上确立真理和正义的手段：

> 堂·吉诃德究竟表明什么呢？首先表明信仰，对某种永恒的、不可动摇的东西的信仰，对真理的信仰，一句话，对那种处于个人之外的真理的信仰。这种真理不大容易把握，要求为它服务和做出牺牲，但是只要为它服务时持之以恒并且做出大的牺牲，它也是可以掌握的。堂·吉诃德整个人充满着对理想的忠诚，为了理想，他准备经受各种艰难困苦，牺牲生命；他珍视自己的生命的程度，视其能否成为体现理想、在世界上确立真理和正义的手段而定。①

画家多雷的一幅画作揭示了堂·吉诃德的本质。画面描述他孤身一人，以瘦弱之躯骑着一匹名叫“驽骍难得”的瘦马，拿着一柄木杆，用家里的脸盆做了一个面具，之后就登上了充满险恶、空中群魔乱舞的拉曼却平原。

堂·吉诃德是一个拥有“第二视力”的人，他能够看到俗人所看不到的世界的本质现象。过去我们认为堂·吉诃德是因为发了疯所以脑海中才会出现一些幻觉，但实际上，从塞万提斯的角度来说，堂·吉诃德可以看到俗人看不到的景象，他在这个庸常的世界之中看到妖魔鬼怪，而他单枪匹马要和这些妖魔鬼怪进行殊死搏斗，拯救芸芸众生。所以小说实际上是要告诉我们，只有这样的人生才是有意义的，但是与此同时也提供了一个悲剧性的警示。最后，堂·吉诃德清醒了，他清醒之后对自己此前的行为产生了后悔。塞万提斯其实对堂·吉诃德的清醒表达了悲剧性的看法——如果大家都像清醒之后的吉哈诺先生一样，那么这个世界上就没有了主持正义的英雄。每个人都为了自己的一己之私而生活，这个世界没有了真正的精神信仰的标志。

第二个层面就是要舍弃物质性存在，为了灵魂而活着。我们仍以俄国文学为例，那就是托尔斯泰(Leo Nikolayevich Tolstoy)的《安娜·卡列宁娜》(*Anna Karenina*)。一般我们把安娜理解为这样的一个形象：作为一个女性意识觉醒的人物，她要追求个人的幸福，所以逃出家庭的牢笼走向了爱情的自由空间，结果她又跌入到另一个不自由的爱情牢笼之中，最后自杀而死。但这部作品真正的目的是什么？其实它是要告诉我们，人不应该只为了食物而活着。小说中的安娜之所以要离开家庭，不仅是对爱情生活绝望，更重要的是，在这个家庭里没有精神生活。她的丈夫卡列宁作为一个政府高官、世袭贵族，是一个忠于职守的人，同时也是一

① [俄]屠格涅夫：《哈姆雷特与堂·吉诃德》，刘硕良主编：《屠格涅夫全集》第11卷，张捷译，河北教育出版社1994年版，第189页。

个对家庭负责的男人，但是卡列宁除此之外没有别的生活。这和安娜的追求相悖，安娜追求的是一个可以在灵魂上和她沟通，可以谈艺术、谈文学的人，一个摆脱了贵族庸常生活的精神沟通对象。这个人在家庭里是没有的，所以她才会逃出家庭。她最后发现，在整个上流社会里她都无法找到这样一个人。沃伦斯基只不过是她想象中的一个对象，等她近距离地接触之后，她才发现，沃伦斯基上只不过是卡列宁的一个变本，或者叫作"卡列宁2.0"。本质上，沃伦斯基还是官僚机器里的一个零件。因此，安娜最后走向了自杀的悲剧结局。

小说中还有另外一个形象，就是列文。小说是双线索的结构，列文就是另外一个安娜。列文是贵族，有地位和财富，城里有房子，乡下有田产。他追求吉蒂——社交界有名的美人，最后他成功和吉蒂步入了婚姻的殿堂。可是这个时候，列文突然陷入到精神危机之中。当他拥有了一般人梦想的各种各样的生存条件之后，他反而陷入到精神危机状态，这是为什么？列文一开始也不明白，所以他很害怕，他每天都可能会想到自杀。他把房屋中的绳子藏起来，免得自己在陷入到无法控制的状态时自杀。列文在苦苦地探索，当他回到乡下的庄园时，有一次在打谷场上和农民在一起劳动，他和一个农夫发生了一场对话，他突然从对话里获得了"人为什么活着"这个问题的真谛：

> "是这样，就是说——人跟人不同啊！有种人只为自己想要的东西活着，就说米鸠赫吧，就知道填满他的大肚皮，可佛卡内奇——是个规规矩矩的老人家。他是为灵魂活着。他记得上帝。"
>
> "怎么叫记得上帝？怎么叫为灵魂活着？"列文差不多是喊叫着说。
>
> "这谁不晓得呢，老老实实，照上帝吩咐的做。要知道人跟人不同啊！就拿您说吧，您也不会欺负人……"
>
> "是啊，是啊，再见啦！"列文说，他激动得直喘气，转过身，拿起自己的手杖，就连忙往家里走去。他一听这个庄稼人说佛卡内奇为灵魂活着，老老实实，照上帝吩咐的做，许多模糊不清但却意义重大的思想好像冲破一扇闸门似地一涌而出，全都冲向一个目标，在他的头脑里回旋，放射出让他耀眼的光芒来。[①]

列文在这句话里获得了重生。他突然意识到人生存的真谛就是为灵魂而活。原来的他为什么会陷入到一种危机状态？就是因为他只看到身边的物质性条件，看不到自己还有什么追求。而这里所说的"上帝吩咐"就是要让人摆脱物质性生

① [俄]托尔斯泰：《安娜·卡列宁娜》，智量译，译林出版社2000年版，第787页。

存，走向至善。如果这样做，在生活中就会“从心所欲不逾矩”。为了灵魂而摆脱物质性条件对人的控制，人就会回到一种祛蔽的状态。

第三个层面就是向远方发展。人在现实中被物质条件所包围的时候，就很容易跌落到一个只以物质性生存为生命旨归的状态。黑格尔在他的《哲学史讲演录》(*Lectures on the History of Philosophy*)开头就说：“时代的艰苦使人对于日常生活中平凡的琐屑兴趣予以太大的重视，现实上很高的利益和为了这些利益而作的斗争，曾经大大地占据了精神上一切的能力和力量以及外在的手段，因而使得人们没有自由的心情去理会那较高的内心生活和较纯洁的精神活动。”[①]人有高远的追求就要摆脱自己被物控制的不自由的状态。经典的文学都要告诉我们人应该要向远方发展。整个欧洲文学里都贯穿着一种精神——浮士德精神，这是斯宾格勒(Oswald Spengler)命名的。他认为，在欧洲的文化里存在着一种浮士德文化：“浮士德文化的人和任何其他文化的人的区别，也正在于他的不可抑制的向远方发展的冲动。”[②]所以在诗剧《浮士德》(*Faust*)中，浮士德会不断摆脱自己过去所设定的圈子，向各种各样更高远的方向发展。浮士德说：“有两个灵魂住在我的胸中，它们总想互相分道扬镳；一个怀着一种强烈的情欲，以它的卷须紧紧攀附着现世，另一个却拼命地要脱离尘俗，高飞到崇高的先辈的居地。”[③]实际上，这说明了人的两种属性，一种是以情欲为标志的属性，也就是以物质的欲望为标志的属性，它会把人牢牢地禁锢在现世的、俗世的生活之中。但是，人还有另一种欲望，就是要摆脱尘俗的状态，高飞到崇高的先辈的居地。人类历史上已经存在过类似于堂·吉诃德这样的英雄，他们所抵达的境界就是所谓“崇高的先辈的居地”。每一个在现实中生存的人内心深处都应该激发自己摆脱尘俗的欲望，向着“崇高的先辈的居地”进发。所以浮士德代表的就是这样的一种精神——一种向远方发展的冲动。当然，浮士德仍然是一个悲剧。这也是歌德的一个巨大的忧虑——你的追求会不会被另外的因素所利用和控制？尤其是那些掌握了权力的人。浮士德有他的政治追求，但他进入到宫廷之后被帝国的权力所利用。本来他想把自己的才华应用于对帝国的治理，使民众获得更多的福利。结果当他进入到权力机构，他的能力却被用来服务于个人利益——皇帝提出要见最美的女人海伦。在某种意义上，这也是歌德的忧虑。也就是说，个人的追求会不会跌落到另外的一种权力控制之中？除此之外，他提醒我们这样一种超越世俗的追求会不会最后也被某种世俗的满足感所遏制？浮士德

① [德]黑格尔：《哲学史讲演录》第1卷，贺麟、王太庆等译，商务印书馆2011年版，第1页。

② [德]斯宾格勒：《西方的没落》，齐世荣等译，商务印书馆1991年版，第141页。

③ [德]歌德：《浮士德》，钱春绮译，上海译文出版社1989年版，第67～68页。

听到有工人在海边在建筑他想象中的乐园,这个时候他的眼睛已经瞎了。实际上,那些工人是在为他挖掘坟墓。歌德使用这个细节提醒人们,有很多人以在人间建造乐园为旗号来为我们建造墓地。正如荷尔德林(Friedrich Hölderlin)所言:“要把国家变成道德学校的人,他不知道,他做了什么孽。人想把国家变成天堂时,总是把它变成了地狱。”[①]这种思想与歌德的思想是联系在一起的。

另外一个例子就是大家熟知的笛福(Daniel Defoe)的《鲁滨孙漂流记》(*Robinson Crusoe*)。鲁滨孙几次出海,终于遭难。近几十年来,这部作品都被解读为一个后殖民主义的文本,鲁滨孙被认为是一个拥有强大的殖民意识的人。[②]这的确是理解作品的一个角度。但与此同时,这部作品能够为我们提供的启示是什么?就是“向远方发展的冲动”。鲁滨孙来自一个典型的英国中产阶级家庭,这是在英国资本主义的发展过程之中富起来的家庭。虽然他不是世袭贵族,没有大量的庄园田产,也没有像银行家一样拥有巨额的金钱,可是一个中产阶级家庭有自己的产业和富足的生活。鲁滨孙的爸爸经常训导他:“遇事不过分,中庸克己,宁静健康,愉快的交游,各种令人欢喜的消遣,各种称心如意的乐趣,所有这些幸福都属于中等地位的人;在这种环境里,人人都可以悠然自适地过一辈子,既用不着劳力劳心,为每日的面包去过奴隶生活,困难不堪,弄得身心没有片刻的安宁;也用不着被欲望和发大财、成大名的野心所苦,心劳日拙;只不过舒舒服服地过日子,品尝着生活的甜美滋味,而且愈来愈能体会到自己的幸福。”[③]而鲁滨孙本质上是一个有着向远方发展冲动的人,他绝不满足于家庭提供的安逸条件。当他看到那些在海外获得成功的人,他感到他们给了自己无穷的力量。所以他几番出海,每次遇到危险他都会想到父亲平时对他的训导。这个时候他就在内心深处发誓,自己这次如果活着回去,以后再也不会到海上来了。但等他回到家没几天,就会听到冥冥之中有一个声音在对他发出召唤:

> 但是我的倒霉的命运却以一种不可抗拒的力量逼着我不肯回头。尽管有几次我的理性和比较冷静的头脑曾经向我大声疾呼,要我回家,我却没有办法这样做。这种力量,我实在叫不出它的名字;但是这种神秘而有力的天数经常逼着我们自寻绝路,使我们明明看见眼前是绝路,还是要冲上去。很显然,这是一种无法逃避的不幸的天数在那里推动着我,使我不顾自己冷静的理智的

---

① [德]荷尔德林:《许佩里翁或希腊的隐士》,《荷尔德林文集》,戴晖译,商务印书馆2003年版,第29页。

② 朱维之等主编:《外国文学史(欧美卷)》,南开大学出版社2014年版,第134页。

③ [英]笛福:《鲁滨孙漂流记》,徐霞村译,人民文学出版社2006年版,第2～3页。

劝告,不顾我在这次尝试中所受到的两次明显的教训,继续前进。[①]

这个时候,他忍耐不住再次偷偷背着父亲出海。最后在海上船翻了,只有他一个人存活下来。当他跌入到这样一个绝境的时候,鲁滨孙展示出人类一种真正的、内在的精神力量。严格说来,这个时候的鲁滨孙已经不仅仅是在为自己的肉体性生存而战,他是在挑战自己的精神能够达到的、能够承受的极限。鲁滨孙凭借他一己之力要改造这个世界。这部作品最终给我们的启发就是人不应该满足于既有的生存条件,作为一个真正有高远追求的人,物质的满足不是生存的唯一目标。

斯宾格勒谈到浮士德文化之时,他是在反思当今的西方文化是不是缺少这样的文化。而他的说法对我们而言则是一种更为内在性的启示,也就是说,我们自身的文化结构中到底有没有一种浮士德文化?其实中国古代也有航海小说,比如《初刻拍案惊奇》中的第一个故事叫作《转运汉巧遇洞庭红,波斯胡指破鼍龙壳》。小说写了一个获得意外之财的故事,主人公转运汉是一个游手好闲的人,他看到有人出海做贸易就也跟着到海外去游玩。在从海外回来的路上,他们停泊在荒岛,而他在这里发现了一个巨大的乌龟壳。本来他想拉回来用它来做一个床,结果乌龟壳被收货的波斯商人看中,波斯商人花5万两银子买下了它,转运汉突然暴富。后来,波斯商人告诉他这是一个鼍龙壳,里面有24根肋骨,每一根肋骨里面藏着一颗夜明珠,而每一颗夜明珠都价值5万两银子,他听了之后顿觉后悔。小说中有这样的赞词:“分内功名匣里财,不关聪慧不关呆。果然命是财官格,海外犹能送宝来。”就是说,命里有的不要去追求,命里没有的,追求也追求不到。可以说,某种意义上,这就是中国古代文化蕴含的一种结构。梁漱溟也曾反复讲到中国文化的民族性有安于现状的特点。[②]中国古代文化的结构中缺少一种激励人向远方发展的机制,或者说,在我们的文化结构中,历史的加蔽效应更严重一些,这也是我今天为什么要讲欧洲文学的祛蔽效应。

① [英]笛福:《鲁滨孙漂流记》,徐霞村译,人民文学出版社2006年版,第9页。

② “知足自得此指知足安命,有自得之趣,贫而乐、贫而无怨、安分守己、尽人事听天命、恬淡而爱好自然风景、不矜尚权力、少以人力胜天之想等。”(梁漱溟:《中国文化要义》,上海人民出版社2005年版,第25页。)

区域文化传播中的文化身份与认同

（2021年4月28日）

吴晓东*

受区域政治、经济、社会环境等潜移默化因素的灌溉，不同区域的人显现出不同特性的文化，这些特性具体到个人层面，则形成个人身份认同。尤其当个人身处异地时，这种区域文化的差异性更加明显。区域文化如何塑造个人身份认同？首先我们要清楚有哪些类型的文化身份。

一、文化身份的类型

人类数量之庞大，使得想要对人类整体进行研究的学者们不得不先对其进行分类。分类的标准也随着人类历史长河的不断发展而增多。从最初的外形特征分类到性别、地域、国家、组织属性乃至当今互联网环境特征的分类，这经历了一个由宏观到微观再到宏观的历程。

在理解文化身份之前，首先了解一下“身份”概念。“身份”是文化研究中一个重要的概念，源自英文中的“identity”一词，在中国也经常被翻译为“认同”或“同一

* 吴晓东，文学博士，现任渤海大学新闻与传播学院教授、传播学硕士研究生导师，辽宁省文化社会学会会员，曾荣获渤海大学青年骨干教师称号。多年来，一直从事地方文化传播的研究与教学工作，著有学术专著5部，发表核心期刊论文10余篇，主持省部级项目4项、市厅级项目6项，指导国家级大创项目1项，带领学生获得金犊奖亚太地区策划类二等奖。从事多年传播与广告教育工作，在传统品牌传播、地域文化传播、文学传播等方面有较为深入的研究与具体实践，曾兼任多家企业策划、创意、内容总监，曾主持策划过华硕电脑鲁西南推广全案、东北育才超常教育学部形象设计与推广全案等多项策划案。

性”。[①]“身份”“认同”“同一性”使用的环境不同，但其本质上都是指个人区别于他者的某一特别属性，即对“我是谁”这一问题的回答。

文化身份则是确立个体在社会结构中角色与地位的一种文化标示与烙印，表现为个体对某种文化的认同和归属感。[②]例如，民众欢度国庆是其对中华民族的一种归属感。再者，按照斯图亚特·霍尔在《文化身份与族裔散居》中的观点，“文化身份”是指“一种共有的文化”，集体的“一个真正的自我”，它反映的是共同的历史经验和共有的文化符码，为我们提供了“变幻的历史经验下稳定不变和具有连续性的意义框架”。[③]同时，“文化身份”(cultural identity)一词在拉里·A. 萨莫瓦(Larry A. Samovar)、理查德·E. 波特(Richard E. Porter)和埃德温·R. 麦克丹尼尔(Edwin R. McDaniel)合著的《跨文化传播》中被定义为“对拥有相同言语和非言语行为体系内部成员之间交流的一种认同感，群体成员们拥有同样的归属感，拥有共同的传统、文化遗产、语言和相近的行为规范，这些交流对群体成员意义重大”[④]。

从学者们的表述中可以发现，“文化身份”是一个极其抽象的概念，具体到身份的界定上，可以有多种不同层次的概念，如种族身份、族群身份、国家身份、地域身份、性别身份、个人身份，甚至网络虚拟身份。[⑤]

(一)“种”“族”身份

种族是什么？这在王家湘翻译法国作家劳伦斯·希尔的《你到底是什么人？》中有所表现，一个黑白混血的小女孩独自坐飞机去看望爷爷奶奶，坐在她旁边的一对白人夫妇就“她是什么人”进行了长时间的讨论，并随后直截了当地问小女孩：“你究竟是什么人？我妻子和我弄不明白。”“你是什么意思？”小女孩问道。“你知道，你是什么人？什么种族的人？”随后又“委婉”地问：“比方说你有一本描颜色的图画书，你用什么颜色描你的爸爸？”小女孩感到莫名的无助，为什么一直质问自己爸爸是什么颜色的。而这里的“颜色”就是我们所说的种族身份。种族身份究竟是什么？

“种”“族”其实包含人种与种族两个概念。简单来说，人种首先是指人的生理

---

① 参见王缅、范红：《国家身份建构：文化外交的基本理论命题》，《社会科学战线》2019年第9期。

② 参见王光利：《多元文化视域下的文化身份与建构》，《河北民族师范学院学报》2018年第3期。

③ 黄焕义、韩祥翠：《现代陶艺的民族身份与国际视野》，《陶瓷学报》2019年，第4期。

④ L. A. Samovar, R. E. Porter, E. R. McDaniel, *Communication Between Cultures* (7th ed.), Boston: Wadsworth, Cengage Learing, 2009, p. 154.

⑤ 参见郑兴茂、陈军：《跨文化交际中文化元素“流失”现象的探讨》，《贵州工程应用技术学院学报》2019年第1期。

差别,其次才是文化不同;而种族主要是指文化差别,皮肤颜色并不重要。[①]由此可见,人种与种族概念的侧重点不同,但是包含的要素大致相同。因此近代以来,人种与种族概念常常被当作“种族”一个概念进行研究与分析。迄今为止,关于种族身份的概念,有不少国内外学者进行了论述,但目前仍没有一个达成共识的定义。目前较为普遍认可的观点是,它常被用来描述人类的各种类别,包括人们特定的肤色、宗教、国籍,甚至是整个人类。当下学者们倾向于从生物意义上的“种族”(biological race)和社会意义上的“种族”(social race)来对这个概念进行界说。[②]

因此,种族身份本身并没有什么实质性的分类意义,只是将人类进行划分的一个普通标准而已。但是人类却赋予了它过多主观上的意义,于是出现当下将黑人肤色与其教育、历史、素质等联系在一起的错位现象。

(二)国家身份

相对于种族身份,国家身份的范围有所缩小。那么,国家身份是什么?当我们手持中国身份证时,就是在彰显我们的国家身份。当运动员赢得冠军,在比赛现场升起祖国国旗、唱响国歌时,是在彰显国家身份。当我们外出留学时,无论享受到公平的、不公平的或是优质的待遇,都是国家身份在起作用。同样地,国家身份也是一个抽象的概念,但它存在于我们生活的方方面面。

与其他文化身份相比,国家身份较为容易理解。国家身份是以国籍为基础的,通常指的是人们的出生国。[③]但在世界联系日益紧密的当代,从一个国家移民到另一个国家并不是很难,且称得上是很平常的现象。国家身份究竟是什么?在上文,我们了解了对“身份”的文化研究,将文化研究中的“身份”主体上升到国家领域,便有了“国家身份”的概念。国家身份是一种归属性国家认同,是指个体把自己作为一个文化共同体成员,基于文化形式、共同记忆以及历史传统等确认自己是否在文化心理层面归属于一个国家。[④]这里的“共同记忆”指的是国民对一个国家历史的记忆与延续。博尔丁认为,一个国家的形象是跨越时间的,最远可以追溯到有史料记载或神话诞生的年代,而在时间轴线的另一端则应该延伸到想象中的未来。[⑤]作

① 参见董小川:《美国人的人种和种族概念与观念》,《东北师大学报》2004年第3期。

② 参见郭大勇:《杜波依斯与美国的种族问题》,《云南师范大学学报》(哲学社会科学版)2010年第4期。

③ 参见[美]拉里·A.萨默瓦、理查德·E.波特等:《跨文化传播》,闵惠泉、贺文发等译,中国人民大学出版社2013年版,第105页。

④ 参见王缅、范红:《国家身份建构:文化外交的基本理论命题》,《社会科学战线》2019年第9期。

⑤ K. E. Boulding, “National Images and International System”, *Journal of Conflict Resolution*, vol. 3, no. 2 (1959), pp. 120-131.

为拥有五千年历史的文明古国，中国国家身份有着源远流长的历史追溯。

雷建锋在《国家身份、现代化与中国特色大国外交》中论述道："国家身份指在特定国际背景下国家拥有和表现出的反映个体独特性的形象，即国家是什么、代表什么。"[①]比如，在抗日战争时期，中国各方面实力处于劣势，被其他国家称为"东亚病夫"。时至今日，随着国力的强大，中国则被称为"东方大国"。当然，无论是"东亚病夫"还是"东方大国"，都是世界上别国对中国的认识与评价。因此，国家身份具有内向与外向两个层面的含义：对内来讲，它是国民对自身文化接受和理解的过程和结果，其目的在于使国民拥有共同的价值观、信念和行为习惯，从而比较顺利地生活于社会；对外来讲，国家身份的认同也起着区别"自我"与"他者"的作用，是对一国文化的定位，其目的在于通过与外来文化的交流促进其他文化对本国文化的理解和认可，这也正是文化外交的目的所在。[②]

再者，国家身份不是一蹴而就的，而是有着深厚的历史性、动态性、阶段性。在国际体系中，身份是决定国家对外政策行为的基本因素。国家作为国际体系中的基本单位，是一个动态的概念，其身份随着国家自身发展和国际体系的变迁而发生改变，并引起其在国际体系中的利益和行为发生变化。[③]过去数十年里，中国的国家发展及其间国际体系和国际格局的变迁促成了中国的和平崛起，并引起了国家身份的三次变化：从中华人民共和国成立后到实行改革开放以前，中国大体上是一个存在于西方主导的国际体系之外的国家；从20世纪70年代末到2012年，中国大体上完成了融入国际社会的过程，成了体系内的一员；2013年第五代中央领导集体执政以来，中国开始在国际制度体系中发挥引领者的作用。在联合国维和事务领域，中国在不同时期不同的国家身份对应的是不同的国家利益，以及不同的维和外交行为。[④]

因此，简单来说，国家身份指的是"你来自哪个国家"，你对哪个国家有着家人般的深厚感情，同时综合国力的强与弱决定了你初入国际互动中如何被对待。

（三）区域身份

区域包含两层含义，一是指站在世界的角度，将世界划分为若干区域，这些区域内的主体是国家，如亚洲、北美、东欧等；二是指一个国家内部划分若干区域，这些区域内的主体则是省份、城市。从传播视角出发，国内区域分为长三角传播区、

① 雷建锋：《国家身份、现代化与中国特色大国外交》，《教学与研究》2019年第5期。

② 参见王缅、范红：《国家身份建构：文化外交的基本理论命题》，《社会科学战线》2019年第9期。

③ 参见何银：《中国的维和外交：基于国家身份视角的分析》，《西亚非洲》2019年第4期。

④ 参见何银：《中国的维和外交：基于国家身份视角的分析》，《西亚非洲》2019年第4期。

珠三角传播区、京津唐传播区、西陇海兰新线传播区、长江上游传播区、南（宁）贵（阳）昆（明）传播区、东北传播区。[①]这里我们主要围绕国家内部区域展开论述。

相对国家身份而言，区域身份的范围又进一步缩小。中国行政区域包括东北、华东、华北、华中、华南、西南、西北七个地区。当然，依据不同的区域要素，还有许多不同的区域划分，如京津冀、长江三角洲、珠江三角洲等区域。由于各区域政治、经济、社会等方面政策与待遇不同，区域间的资源、经济条件差异愈渐增大，随之跨区域求学、求职的人越来越多，区域间人口流动量增大。在此过程中，区域身份逐渐受到挑战，尤其是青年“北漂一族”对于原区域身份的淡化。

简单来说，区域身份是主体对“我来自哪里”问题的回答，最常出现在自我介绍中。比如在《三国演义》中的“吾乃常山赵子龙”，此处的“常山”就是区域身份。更有《天龙八部》中，以“北乔峰，南慕容”为开篇之词，此处的“北”与“南”也是乔峰与慕容复的区域身份。

同个体一样，城市的发展也无法保持完全的独立状态，或多或少与周边城市或者上一级城市相连接。也有学者称区域的前身是城市一体化。区域包括地理区域、经济区域（如京津冀地区）、行政区域。相同的城市，依据地理位置分布、经济发展水平和国家政策不同标准，划分出不同的区域，且呈相互咬合的关系。这些区域通常有着不同的文化特色，这些区域的文化差异或许能通过种族渊源、语言、口音、方言、风俗、习惯、饮食、衣着或不同的历史遗产得以体现。[②]

安西·帕阿西（Anssi Paasi）指出，区域身份源于空间社会化，具有认知和情感两方面。在认知方面，区域在自然和文化上有不同于其他区域的特征，比如东北独特的气候、方言；在情感方面，人们（主体）对所在区域的认同感。区域身份的形成是一个“在政治、经济和文化等相关的社会实践和话语中逐渐演化”的历史过程。[③]可见，区域身份同样具有历史性。

（四）性别身份

性别是什么？在英文中表述为sex和gender。sex是一个生理学上的范畴，主要源于生殖潜能。而gender是一个社会范畴，源自男性和女性不同的社会化过程。

---

① 参见周鸿铎：《区域传播学导论》，中国纺织出版社2005年版，第87页。

② 参见［美］拉里·A.萨默瓦、理查德·E.波特等：《跨文化传播》，闵惠泉、贺文发等译，中国人民大学出版社2013年版，第105页。

③ 参见陈品宇、李鲁奇：《区域建构：佛山融入粤港澳大湾区建设的政策和策略响应》，《热带地理》2019年第5期。

gender建立在生理性别的基础之上,是一个连续不断的变量。[①]同时,性别决定了人的伦理身份,身为女性就意味着会有女儿、妻子、母亲等附加的伦理身份,同样,男性的伦理身份中也包括儿子、丈夫、父亲等身份,性别无疑对人的身份有着重要的影响。[②]

长期以来,“性别角色”的观念从一开始就明确划分了男女二元的社会结构及文化规范。[③]在这里性别多指单纯的生理性别。然而性别身份却不单单只是生理上的性别认同,更多的是包含着人们超越生理对自我性别的认知。正如拉里·A.萨默瓦、理查德·E.波特与埃德温·R.麦克丹尼尔在其合著的《跨文化传播》一书中的表述:性别身份是指一种文化如何区别男性和女性的社会角色。重点在“角色”二字,这两个字形象地表述了身份可演绎的特点。巴特勒认为性别具有述行性,因为性别并不具有某种先在的本质,而是在语言的“述行”力量中形成的,即性别身份是在外界对性别行为、穿着、语言规范等人为建构环境中获得的。如流传千古的花木兰女扮男装从军的历史典故,她本不是男儿身,出于某种原因不得不按照男性行为规范去构建自身身份。在外人眼中,她就是男性,因此成功获得了男性的身份。

同样,男性作家在写作过程中会自然运用自己男性身份去描写、叙述女性特征,其中不乏男性主观意识。随着时代的发展,“女性身份”不断觉醒,女性越来越意识到自己不应甘心长期处于被动地位,被描述、被传播、被评判。比如,加拿大女性主义翻译观念于20世纪八九十年代兴起。女性主义翻译研究学者呼吁女性译者在翻译过程中要发挥主体性,成为积极主动的再创造者。通过女性操纵在翻译中改变译者谦虚、软弱、自惭形秽的形象,从而最终解构以原作为中心的地位以及重建女性话语权。在翻译过程中,女性主义翻译研究学者主要通过“重写”的方式来颠覆男性对翻译与女性的掌控,突出女性对文本的操纵权。[④]

关于讲述男女性别的影视剧不在少数,如中国经典《梁山伯与祝英台》、韩国电视剧《原来是美男》,都讲述女主角不得不女扮男装参加求学、参与乐队的故事。深思之后,不免产生疑问,为何有些事情只有伪装成男性才能去做呢?原因自然是性别身份不同。人类历史发展至今,从原始社会到小农社会再到目前的当代都市社会,似乎都在延续“男耕女织”社会分工的实质。社会分工的不同,是由男女生理差

① 参见朱杰:《话语中的性别身份的构建:绝望主妇中的角色话语分析》,《海外英语》2019年第18期。

② 参见刘家娴:《文学伦理学与女性主义视角下的〈中性〉》,《文化学刊》2019年第10期。

③ 参见李今:《〈单身〉中的男性身份与性别叙事浅析》,《文化创新比较研究》2019年第25期。

④ 参见郑航、雷晴岚:《译者性别身份对译文的影响:以〈名利场〉两个译本为例》,《海外英语》2018年第23期。

别导致的,但是这种社会分工渐渐反过来影响男女社会性别差异。

性别身份的差异也可通过穿着、发型、饰品、日常行为甚至语言等具体表现出来。人们也正是通过日常的穿着打扮去分辨人们的性别,女性通常以长发、连衣裙、高跟鞋、美丽的妆容和饰品的形象出现,男性则留着清爽的短发、身穿干练的T恤长裤、不佩戴过多的饰品。不过,近代这些外表上的性别身份呈现出模糊化趋势。

(五)社会组织身份

人类作为群居动物,离不开社会与人群。当有着共同目标的人们聚集到一起,致力于一同解决个人力量解决不了的问题时,组织便产生了。郭庆光在其著作《传播学教程》中给"组织"下了这样一个定义:"广义上来说,任何由若干不同功能的要素按照一定的原理或秩序相组合而形成的统一整体,都可以称为组织,如细胞组织、肌肉组织、人体组织等。"[①]而社会组织则是以社会上的"人"为主体的组织。狭义上,组织指的是"人们为实现共同目标而各自承担不同的角色分工,在统一意志之下从事协作行为的持续性体系"[②]。

社会组织活跃于世界各地。因为文化传统、民俗习惯以及观察角度的差异,社会组织在不同国家有不同的称呼。清华大学教授王名在《社会组织概论》中指出,在世界各国的组织制度体系中,均存在和活跃着一类"不是致力于分配利润给股东或理事,而是在正式的国家机关之外追求公共目标的自我管理的"组织,这类组织在美国,被称为非营利组织;在联合国,被称为非政府组织;在英国等欧洲国家,被称为志愿者组织;在我国,被称为社会组织。因此,社会组织常常被学者称为不同于政府、企业的"第三部门"。"社会组织"这一概念在我国首次被正式、规范使用是在2006年10月党的十六届六中全会作出的《中共中央关于构建社会主义和谐社会若干重大问题的决定》中,并在2007年召开的党的十七大上再次被系统使用。目前,这一概念已逐渐替代其他相关概念,如之前官方、社会上广泛使用的民间组织、非政府组织、非营利组织。[③]

(六)虚拟身份

与前面讲到的几大身份类型相比,虚拟身份的可选择性和随意性比较强。虚拟身份是在互联网的出现与普及过程中产生的,人们在网络这一虚拟空间有选择地"创建"自己的身份ID。

---

① 郭庆光:《传播学教程》,中国人民大学出版社2011年版,第89页。

② 郭庆光:《传播学教程》,中国人民大学出版社2011年版,第89页。

③ 参见黄江松、于晓静:《北京社会组织发展与管理(2015)》,社会科学文献出版社2015年版,第1页。

“虚拟”与“现实”是相对的两个词，现实的身份比如性别、种族、国家等在一定程度上具有外在决定性，是我们无法轻易选择的，而虚拟身份则可以按照自己的主观想法有选择地“创建”。在网络平台上，人们运用虚拟身份体验着新奇的感觉。然而，我们需要注意的是，网络虚拟身份的构建和使用与现实身份对比虽呈现出相对的自由度和随意性，但人们参与虚拟社区也需要循序相应的规则、履行一定的义务。因此，我们把网络时代的虚拟身份看作一种被虚拟世界所界定、被网络规范所约束、被互动双方所期待，能呈现适应网络生存的行为。①

当在QQ平台上申请属于自己的账号时，需要注册一些基本信息，包括QQ网名、个性签名、头像、地区、年龄、性别、生日等，当然这些信息并不具有强制性，而是可以根据自己的意愿选择。在一定程度上，虚拟身份可以被视为对现实身份的一种“自我弥补”，即个人在现实世界中想改变却无法改变的身份，在网络上便可以改变，如性别、出生等身份。尤其是在美颜、滤镜等强大网络技术出现后，人们可在网络平台上“变”瘦、“变”美，一定程度上通过改变外形状况使自己的虚拟身份更加“真实”。比如2019年7月斗鱼直播平台一位ID为“乔碧萝殿下”（以下简称“乔碧萝”）的女主播，一直以“少女萝莉音”为标签，通过声卡发出甜甜糯糯的少女音吸引了大批粉丝。但在一次与其他主播连麦时，由于平台故障，本该遮挡乔碧萝脸部的一个动漫头像没有了，在本人不知情的状况下，嘴里还说着“我是个颜值主播，没有10万粉丝是不会露脸的”。几乎在一夜之间，乔碧萝的虚拟身份被揭穿。我们可以创建一个自己向往的虚拟身份，在虚拟网络世界中“满足自己”“愉悦自己”，但是在涉及与他人交往时，这种虚拟就需要“现实”一些。

虚拟世界越来越成为我们生活的一部分，并呈现向现实世界蔓延的趋势。人们渐渐将“虚拟身份”带到现实生活中来，自我设定的虚拟身份开始对现实世界产生作用，即日本学者藤竹晓提出的“拟态环境的环境化”问题。该观点同样适用于虚拟世界的发展趋势。起初，我们只是在网络上“扮演”虚拟身份，渐渐地人们将“扮演”虚拟身份的行为认知带到现实世界，开始影响自己的真实生活，如cosplay漫展、网游服装售卖等，并且现实世界虚拟化程度呈愈演愈烈之势。

二、区域文化传播对个人身份认同的影响

在前一部分，我们对种族、国家、区域、性别、社会组织、虚拟等几种重要的文化身份进行了概述。相信大家现在对“我是谁”这个问题有了一些答案。在这一部

① 参见周帆：《网络时代的虚拟身份研究》，南京艺术学院硕士学位论文，2013年。

分，我们会讲到加入“区域文化”因素对个人身份认同会产生哪些影响。

什么是区域文化传播？为什么区域文化传播会对个人身份产生影响？周鸿铎教授在《区域传播学导论》中表示，区域传播是指在特定区域内的、具有区域特色的传播行为。传播的内容一般都是有序信息，而区域传播中的有序信息更具备了地方特色。[①]将“有序信息”精准到文化上来，即区域文化传播指的是传播的内容以文化为主，并且这种文化具备地方特色。区域文化直接表现为区域内人们的生活方式，与人们的社会行为密切相关。[②]

同时，文化对人们生活产生的影响是潜移默化的。不同于政治、经济对文化的曲折表现，文化背景的差异总是通过传播活动的方式、规模和层次直接反映出来。[③]比如《乡村爱情》《刘老根》等尽显东北文化特色影视剧的热播，有着丰富广东本土生活特色的《外来媳妇本地郎》电视剧，至今也已连续拍摄播出19年。经过观察发现，东北人谈论最多的是东北电视剧，却很少看过广东电视剧。同理，广东人也是如此。这是因为生活在某一文化背景下的人们，对符合本地区特色的传播内容，在理解与记忆上更加深刻，容易产生共鸣。[④]

因此，区域文化传播在无形中对人们的身份产生影响，即它没有要求人们必须怎么做，而是个人通过观察周围他人比如爸爸、妈妈、老师、邻居的生活方式，逐渐获得符合区域的个人身份。随着互联网时代的到来，再加上跨区域婚姻、移民现象增多，个人身份明显的区域特性呈现出淡漠、融合的趋势。

(一)基础定位

身份是个人与社会相联系的标志，无论是在家庭、学校、工作单位还是社会团体中，都可以运用“身份”来记录一个人的存在。比如家庭的户口本、学校的档案、工作单位的员工信息库等。

身份具有述行性和导向性，即个人先有基础的身份定位，而后从事与身份相适应的行为。拿性别身份来说，在朱迪恩·巴特勒的《性别的烦恼》中，她提出，从性别不是一个人是什么而是一个人干什么这个意义上说，我们认为性别是述行的。[⑤]因此身份是可以通过人们的实际行为加以判断的，而不同区域的人们具有不同的日常行为习惯，这种行为上的不同可辨别个人的区域身份。如过年的时候，东北人发

---

① 参见周鸿铎：《区域传播学导论》，中国纺织出版社2005年版，第7页。

② 参见周鸿铎：《区域传播学导论》，中国纺织出版社2005年版，第19页。

③ 参见周鸿铎：《区域传播学导论》，中国纺织出版社2005年版，第20页。

④ 参见周鸿铎：《区域传播学导论》，中国纺织出版社2005年版，第20页。

⑤ 参见张蓝萱：《身份与其述行性》，《文教资料》2018年第36期。

红包在200元左右,广东人发红包在50元左右,并且广东人可当面拆开红包,这在东北则是不礼貌的行为。

基础定位是对“我是谁”的回答,即自我、他人对个人身份的简单定位。在不同场合、不同体系中,同一人会有不同的基础身份定位。比如一个20岁左右的青年,在家中是“儿子”或“女儿”身份,在学校是“学生”身份,在实习单位是“员工”身份,在恋爱中则是“男朋友”或“女朋友”身份。同一场合、同一体系中,不同的人也会有不同的基础定位。比如,在家中吃晚饭时,在餐厅这一场合中,会有“爸爸”“妈妈”“儿子/女儿”三个身份。当家族团圆时,场合改变了,同一个家庭成员的身份也在发生着改变。在大家庭场合中,“爸爸”身份可能会变为“儿子”“哥哥”身份,“妈妈”也可能会变为“儿媳”“嫂子”身份,同时“儿子/女儿”相应地变为“孙子/孙女”“外甥/外甥女”身份。

生活在不同区域,这种基础定位也存在差异。由于每一地区都有自己的文化基因,同一地区的人们由于在共同地域生活,自然环境有共同之处,采用大体一致的生活方式,因而有基本一致的物质文化和相应的风俗习惯等,孕育了自己独特的文化形态。[①]同时,区域文化还能使一个社会群体的人在同一模式的文化环境中得到教化,使他们具有大抵相同的价值观念,产生凝聚力。[②]因此,“一方水土养一方人”,不同区域的人们有着不同的身份定位。比如包括粤港澳在内的大珠三角地区与东北地区在影视文化、饮食文化、性格文化方面都存在差异。

(二)文化身份的获得与认同

上文我们提到,身份对我们的行为表现、意识形态具有一定的导向性,即我们知道自己是谁,而后“扮演”谁。身份是如何获得并不断培养的呢?身份的初始阶段是什么?

1.基础身份的获得与认同

“获得”一词有从无到有的含义,“培养”也有“培育、养成”的意思。因此,从字面上讲,身份的获得与培养指一个人从呱呱坠地时的无身份到不断获得身份的过程,比如在家庭的互动中得知自己是孩子身份,同时伴随着孩子应该受到父母照顾与宠爱的认知,获得这一身份后,开始按照该身份的行为规范与他人进行互动。身份有时就像是一个外壳,一方面在与他人互动时保护着我们。比如出门在外时,家庭身份伴随左右,对个人起到一种保护作用。但另一方面也在限制着我们的行为。

① 参见双传学:《区域文化刍论》,《江苏社会科学》2006年第6期。

② 参见郭芸、郭安安等:《冲突与融合:区域文化对宿舍关系的影响分析——以陕西师范大学为例》,《学理论》2015年第18期。

如《武林外传》中，莫小贝一出去疯玩回来，佟湘玉就会说“哎呀，你可是个女娃！”佟湘玉的意思是莫小贝作为一个女孩，就不应该老出去疯跑。

汀·图梅也曾写道：“在一个特定的文化背景下，个体通过与群体中的其他成员交流，获得并培养了个人身份。”[①]具体而言，身份的获得与培养指的是个人在某一环境中从陌生到熟悉的过程。这个过程中，个人对自己身份的初步定位到身份的不断完善，其间受到包括家庭、学校在内的周围环境以及可接触媒体的影响。

“我是谁”这个认知是在不自觉中产生的，并没有特定的仪式、特定的日子、特定的人去告诉你的身份，而是在潜移默化的生活中获得的。出生的时候，被家人抱在怀中，这时你可能不知道自己是谁，但是家人及他人已经明确你是这个家庭的孩子。长大后，开始接触其他小伙伴，在与小伙伴玩耍过程中，父母会叮嘱与人相处时什么是正确的，什么是不被喜欢与接受的行为。当与表姐争夺玩具时，如若表姐被家人呵斥，下一次你还会与表姐争。这是因为，在这个过程中你知道表姐会让着你，家人会宠着你，这就是一种身份获得与认同培养。

2.新身份的获得与培养

成长的过程中，个人身份受到家庭、学校以及媒介的无形影响。但是环境发生转变时，人们又不得不去适应新的环境，即掌握符合新环境的行为规范、适当语言等，在这一过程中会获得新的文化身份。比如转校学生的经历，在原先的学校时已经掌握了该学校的规章制度，明确什么可以做、什么是被学校明令禁止的。而转到新的学校，就不得不重新开始掌握该学校的规章制度和隐形文化规定。这是因为每个学校在无形中形成了自成一套的学校管理体系，这个管理体系是在教学实践中得出的，具有学校差异性。因此，身份是一个动态的、历史的概念，是随着动态社会经历不断改变的。

在影视剧中，随着环境产生的身份转变并不陌生。比如《红楼梦》中的贾宝玉，从贾府富家公子到没落成为平民的身份转变。再如历史上刘邦从沛县泗水亭长到汉朝开国皇帝的身份转变。在《武林外传》中，作为“盗圣”的白展堂最害怕的便是六扇门，简直是闻风丧胆，自从知晓母亲白三娘的真实身份是六扇门的捕快，身份从“贼”的儿子转变到“官”的儿子，对六扇门的恐惧感立马消失了大半。

3.环境激发与坚固

人们在成长环境中逐渐形成一种身份，而后按照身份定位参与社会活动。比如日常生活中与家人的相处，外出参加同学聚会等。然而每个人的成长环境相异，

① [美]拉里·A.萨默瓦、理查德·E.波特等：《跨文化传播》，闵惠泉、贺文发等译，中国人民大学出版社2013年版，第107页。

因此也就形成各形各样的性格,这就不可避免地导致了人们在交流时会遭遇冲突与碰撞的情况。

爱德华·索亚认为:“主体自身就是一种独特的空间性单元。一方面,我们的行为和思想塑造着我们周遭的空间,与此同时,我们生活于其中的集体性或社会性生产出了更大的空间与场所,而人类的空间性则是人类动机和环境或语境构成的产物。因此,在空间的生产过程中,形塑我们的文化观念起着极为重要的作用。”[①]人们在无意识状态下被原生环境塑造文化身份,这一身份成立后,个人便将其视为本体的一部分。当遇到不同文化冲击时,人们会像保护自我一样保护个人身份,冲突与反抗的过程也是身份强化与坚固的过程。

4.身份的环境激发与坚固

前面我们提到,身份是在与他人相处的过程中获得的。当男女在一起遇到不公平待遇时,比如在家中女性做家务而男性休息,工作上女性晋升空间明显小于男性等,这些不公平遭遇会激发女生对自我性别身份的认同。遇到外来冲击,如近期美国国会众议院通过“2019年维吾尔人权政策法案”,粗暴干涉中国内政时,网友纷纷表示愤慨,这是国民的国家身份被激发。这里的“不公平遭遇”“外来冲击”就是一种环境,环境对身份认同具有重要的作用力,当处于相对和谐的环境,身份认同没有受到“其他身份”的干扰时,不会有多么强烈的身份认同,至少个人不会意识到自己的身份认同有多么强烈。

区域身份亦是如此,长期生活在某一固定区域中,对区域身份没有太多感知,但当身处异地时,这种区域身份则体现在生活的方方面面。如上大学,初次见面,“你是哪里人啊?”“啊,你也是东北那旮瘩的,哎妈,老乡啊”,异常亲切。尽管一个家住黑龙江北端,另一个家住辽宁省南端,同在外地时,都统称为“东北老乡”。

5.“区域刻板印象”环境激发与坚固

“刻板印象”(stereotype)一词滥觞于印刷行业,由希腊语“stereos”(坚定的或坚实的)与“typos”(印象)组合而成。[②]根据牛津英语词典的解释,刻板印象是指“特定群体广泛持有但固定和过度简化的图像或对特定类型的人或事物的想法”[③]。这一界定既反映了刻板印象的社会功能,又阐明其消极特性,即过度简化。从功能来看,刻板印象具有简化认知作用。李普曼认为:“个人不可能通过直接经验获得对

① 林业锦:《规训·反抗·真实——刘恒乡土小说权力与本能之辩》,《湖北文理学院学报》2017年第3期。

② H. G. Liddell, R. A. Scott, *Greek-English Lexicon*, New York: Oxford University Press, 1960.

③ A. S. Hornby, *Oxford English Dictionary* (6th Edition), New York: Oxford University Press, 2004.

世界上所有事物的认知，需要借助刻板印象将其转换为易消化的图像。”[①]刻板印象就像是影视剧中的标志符号一样的存在，比如《延禧攻略》中“大猪蹄子”的存在，它是一个形象代表物，具有象征意义，但并不是全部。

区域刻板印象是环境刺激与坚固的一种重要情况。有学者将其定义如下：地域刻板印象（即区域刻板印象）是一种涉及知觉者关于某个地区人群群体的知识、观念与预期的认知结构。[②]态度上，区域刻板印象分为积极刻板印象与消极刻板印象。积极刻板印象是人们对某一区域形成的正面认知，比如东北人豪迈直爽，广东人聪明伶俐；消极刻板印象则是人们对某一区域形成的反面认知，比如东北人低俗，广东人精明算计。这些积极与消极印象都是有迹可循的，但都有“以偏概全”的嫌疑。

---

① W. Lippmann, *Public Opinion*, New York: Macmillan, 1922.

② 参见陈文静：《东北网络直播使用情况对受众的东北人刻板印象的影响分析》，东北师范大学硕士学位论文，2019年。

法理学之性、化语用的意义

（2021年5月16日）

陈金钊*

本次讲座内容主要围绕法理学性、化语用展开。对法学来说，对性、化语用进行探究极有可能成为一种新的研究领域。法学、语言学这两个学科有很多共通之处，诸如都是在研究语用，可见语用与法学关联十分密切。语用研究与逻辑学研究不一样。运用逻辑学对法律进行探寻，是直接从逻辑层面上探寻法律是什么，但是语用研究或者说话语方式是一种侧面研究。法律的基础意义基本是在文义之中，但它的边缘意义需要在语境中探究。因此，法学语词的语用研究是十分重要的。对很多表达不能仅从文义的角度理解，比如，“徒法不足以自行”，从正面可以理解为只靠法律是不够的，但如果对这一命题听话听音，在具体语境中理解，它的言外之意就可能被挖掘出来。诸如在论述法律作用的场景中，“徒法不足以自行”的意义便可能消解法律的唯一性或者权威性。法律在人们心目中应当是权威至上的，但仅仅用一个漫不经心的、未经过逻辑命题论证的命题——“徒法不足以自行”就让大家对于法律的功能有了不同的认识。我国法理学关于性、化语用的正面专题研究很少，侧面论述比较多。因此，对法律性、化语用进行探究会发现诸多问题。

---

* 陈金钊，国内法律方法论研究代表学者之一，国家社科基金重大项目首席专家，先后在《中国法学》《法学研究》《法律科学》《法商研究》《政法论坛》《法学家》《比较法研究》等法学类核心刊物上发表论文300余篇，在法律出版社、山东人民出版社、上海译文出版社等出版专著、教材10余部。

一、法理学之“性”的语用与法治关系密切

法理学中性、化表述有很多。言说“性”的，有法律的一般性、规范性、体系性、社会性、自主性、科学性、历史性、人民性、道德性、民族性、可塑性、确定性、规范性、程序性等。从法治话语的角度，可以对性、化言辞或表述做一个基本分类，也就是捍卫法治与瓦解法治。从演说学术方式可分为正面论述与侧面论述。捍卫法治的属性主要包括法律的拟制性、一般性、体系性、自主性和稳定性等。德国法学家耶林(Rudolf von Jhering)曾对这几个属性进行了批判。在后现代法学理论中，这些属性也基本被逐一瓦解，从自由法学到后现代法学的基本思想脉络可称为反基础法学。自由法学传到美国后，出现了现实主义法学。现实主义法学有两大著名的怀疑论，一是规则怀疑论，二是事实怀疑论。规则怀疑论认为，法律一般性是不存在的，法律的自主性是神话的，法律的体系性是碎片化的。法律方法在很多国家叫作“法律思维规则”，我国对于法律思维规则基本持否定态度。规则怀疑论不承认法律是行为规则，认为是一种预测。卢埃林(Karl N. Llewellyn)是美国现实主义法学规则怀疑论的代表，他研究发现，每一个法律方法背后都有反方法，或者说每一个法律思维规则后面都有一个相反的规则；在具体语境中，一般性的作用并没有人们想像得那么大；法律自主性根本就是谎言；等等。因此，现实主义法学等怀疑论被称为玩世不恭的法学。虽然卢埃林在后来的研究中又回归传统，但是反基础法学的思潮并没有停滞。随着20世纪60年代哲学解释学的兴起，规则怀疑论等又融进了后现代法学。

原来的规则怀疑论缺乏哲学基础，只有逻辑上的怀疑，但西方哲学从20世纪开始向语言学转向，出现了哲学解释学。流传很广的后现代法学的哲学基础，在很多人看来就是哲学解释学。哲学解释学是如何被后现代法学利用的呢？哲学解释学是把辩证法的运动性绝对化了，认为一切皆变、一切皆在流动之中，因而不承认运动的相对静止性。后现代法学将其运用到对法律的分析中，否定了法律的稳定性、体系性以及一般性。后现代法学认为法律的意义是处在流动之中的，因为法律文本创立以后，产生的意义是由每个人的理解程度决定的。从解释学的角度看，作品完成以后作者就死了，作品的意义是由读者决定的。很多人借此认为，法律的意义是流动的、不确定的，而如此推演下去就将法律的一般性、稳定性、明确性全部推翻。法律的不确定性、意义的流动性是后现代法学所主张的。可以说，捍卫法治的一系列命题和性质，其所有的性都是对法律本体的探究，法律本体借用的是哲学概

念,也就是法律是什么的问题。但是捍卫法治的本体论属性基本上都被后现代法学解构了,而法律的这几个基本属性一旦被否定,法治命题就难以成立,法治话语建构的基础也就不存在了。就目前而言,对于法治可谓言之凿凿。但一旦有基于逻辑推理的追问——法律是不确定的、法律的意义是流动的,法治的前提就不存在了,法律推理也无法展开,法治命题的根基最终也会坍塌。在法律方法论上被解构的还有我们经常使用的一些词汇,诸如法律解释、法律适用、法律论证等,这也是难以成立的。

法律不是主体如何解释?法律不是人如何思维?实际上,否认法律思维,甚至否认法律人的这些批判可能是没有意义的,因为后现代法学,包括现实主义法学和其他法学,要揭开法律、法治的面纱,要看到法律的本质。但当他们揭开面纱以后,就会发现法律上所讲的那个明确性是假的,是虚构的,是神话。这种研究没有太大的意义,因为法律的属性原本就是假的,是拟制的。就像是要揭开公司的面纱,公司其实是一个法人,是拟制的人,没有意志。但是,对法律哲学属性的拟制是必要的。因为对社会进行调整必须要建构法律关系,这就要求必须有主体,必须拟制主体,甚至连自然人、公民、国家等都是一种拟制。法律的拟制性被很多人掩盖得很深,国家的拟制性被神秘化,谁都无法控制住国家的权力。我们必须承认立法或者法律是一种意向性活动,它反映的是人的意向,创立法律是带有人的目的的。法律会对纷繁复杂的社会进行抽象,概括出社会的一般性,只有承认法律的一般性,法治命题才能够成立。

对于性的研究,要意识到法律、法学的拟制性。法律认识、法律解释这样的概念都是拟制的。法律解释不可能解释,但是我们推定法律能够进行解释,这个推定能够解释的概念就叫作“法律的自主性”。法律是能够自主的,但是这是一个假定,性化使这个概念更加模糊,但它能够使理论成立。因为法律本身自主是不可能的,但是人可以通过对法律自主性的追求来实现法治,法律自主与人的自主性相对应。比如说,人要依法办事,实际上就限制了人的自主性,人并不是按照自己的想法行动。法律要求依法思考、依法裁判、依法办事,依法就是对我们思维的重要限制。我们越能接近依法,法律就越能自主。法律自主也是拟制的概念,法律是不可能自主的,但是它要求人在思考法律问题的时候使法律的意义在最大限度上得到释放,从而让法律意义得到诠释。化包括现代化、法治化等,法治化最主要的是一种思维方式。法学性、化研究所思考的问题主要涉及变化、规范、程序以及思维方式的转变等,这对于法治化有很大意义。

法的性、化描述的语用研究,包含法的体系性、拟制性、自主性等。研究发现了以下问题：中国法律受西方法律和后现代法律的影响，正面捍卫法治的多种属性被批判、被攻击。但是瓦解法治的很多属性如阶级性、社会性、人民性等却成为主流，成为正面认识，这样很可能会影响中国的法治建设。应该如何解决这一问题？我们要捍卫并发挥法治的作用。只有建立法治话语体系，法治才有意义；如果这些都不能建立，法律成为不确定的，法治也就没有了意义。这些虽然是拟制的，但对于法治化建构是有意义的，只有在这些基础上才能建立法治话语体系。

法律性、化语用问题可以概括为以下几点：一是性、化语用过剩，缺乏分类研究；二是缺乏基本定义，过度模糊使用的现象较为严重；三是目标指向不明，缺乏制模研究，跟实践难以衔接；四是法律性、化的误用，要结合方法。因此，对于性、化语用，要制模、要定义，只有这样才能够与实践相衔接。在结合方法的基础上，确定体系思维的要素，并探寻要素的逻辑运行。

二、法理学之"化"语用与思维方法关系密切

关于法律的性、化描述基本上是从正面或者侧面来揭示法律本体的，即法律是什么。而对于法律"化"的研究，主要针对方法。化强调的是变化，这个变化不是无常。无常的变化不是法治化，法治化是有常的，有规律可循的。"化"之第一要义强调变化；第二要义强调规范的重要性、程序的重要性；第三要义是法治化还包括思维方式的转变。从法学研究来看，什么化对法治化的影响最大？北洋海军建立的时候，我们知道了军事现代化的重要性，后来又细化为工业、农业、国防以及科技现代化。进入新时代后，党中央提出第五个现代化——国家和社会治理现代化。法律界普遍认为，国家和社会治理现代化就是法治现代化，但实际上法律界也没有搞清楚法治化究竟是指什么。有学者认为现代化就是法治化，现代化与"三院"有关，即医院、法院和法学院。这其实是从思维方式的角度认识现代化，现代化与思维方式有关，用三院表征现代化非常有特点。对中国人来说，真正的现代化可能是第五个现代化，因为其他四个方面（工业、农业、科技、国防）的现代化我们都做得不错。制度现代化的规范建设不是很难，但制度现代化背后的思维现代化转化比较难。说思维现代化跟"三院"相联系，实际上是指中西方思维的差异。医院代表什么？提及中西文化的区别，中国人思维方式的代表是中医，注重调理、强调辩证；西医则强调形式逻辑的推理。中国人的思维方式有三个特点：天人合一的整体性、对立统一的辩证性、实质主义。从哲学背景看，黑格尔的辩证法并不能代表西方文化，因为辩证思维在西方不是主流。我们在一百多年前向西方学习，西方人思维方式的

现代化就是重视形式逻辑。

除了国防、工业、农业、科技现代化以外,思维方式的现代化也非常重要。思维方式的现代化不可能完全否定传统。传统中国文化强调世界是一个整体,这是有道理的。其中的思维现代化意味着我们不能仅仅强调整体,还必须认识到部分和要素的重要性。其对逻辑的重视就是在整体观念之中加入体系,这样就能够改变对思辨的偏执。这样做是现实的,因为体系思维是逻辑思维。体系和整体都是在讲述整体,但它们的不同点在于整体中只有天和人;而体系思维中不仅有天和人,而且天、人之间还需要细化,例如政治、经济、文化、社会等要素。可以说体系是具有要素的,在对这些要素的关系进行思辨时,我们要去寻求它最基本的逻辑一致性,这就是体系思维。在整体思维方式或辩证思维方式中加入体系,既能吸收西方文明的优点,也能尊重、弘扬中国传统文化。

三、视角

从法律法学的性、化用语这样一个视角来看,主要就是法治体系、制度体系、思维体系在今天的中国如何去建构的问题。我考虑了这样一些视角。

一是现在我们有法治中国建设,我们法治建设的法治体系的语用基础在哪里,这是值得我们反思的。

二是中国的法理学的特点到底是什么?法理学的体系中国化,这个语用的困境在哪里?实际上我们没有自己的法理学,没有形成一套理论的体系。

三是实务部门的专家和学界的专家存在分歧,为什么会是这样的概念?理论应该是建立在实践基础上的理论。但是我们的理论家缺乏实践,这使理论成了文字游戏。实践部门没有太多的理论,他们将实际当作实践。其实很多问题早就被研究,但是没有做过分析,没有做体系化的研究,也没有确定概念,这就产生了理论和实践是两张皮的结果。这在我们现在的法治建设当中是一个大的障碍,因为从事理论研究的人与从事实践的人始终是不同的。法律实施过程中的语用要实现它的现代化,就要将两者结合到一起。

四是关于文化。我们中国是半部《论语》治天下,西方是一部《圣经》、民法典治天下,文化的思维差异到底在哪里?文化也会影响语用。中国几千年传统的儒家文化经营出来的是一个模糊概念思维的文化,这样的文化中实行法治是相当困难的。那如何解决这些问题?

五是方法。法治是人类迄今为止最好的、最文明的、最有价值的治国理政的方式，方法与语用之间是有很好的关联的。

六是立法的角度，特别是条约的角度。我按照立法的理想化模式去做两个立法项目，发现立法的过程就是一个不断修正自己语用的过程。我们欠缺的是一个制度体系和体系文化的表达。整个条文的表达、语义的表达以及语用是一个体系制度的构架，但是否构架得好，还有许多地方需要提升。

七是哲学的角度。性、化的语用表达的是一种哲学的思辨，在这种哲学思辨概念比较模糊的时候会产生一些误解，语用的效果与它实际效果相比也差很多。

八是社会学的角度。社会是多元的，要从多视角来理解。从语用的角度来看，普法也是有问题的。我们现在的普法是不管对象全部都讲给他，这样是没用的。比如用顺口溜把法律条文、政策重新来讲，反而比将一堆法条和解释列在上面效果更好。所以从社会学的角度，我们更应该关注这个社会需要什么样的语用表达。

九是政治学的角度。政治逻辑是语用的基础，我们所有的法治、法律、司法制度，都要符合我们的政治逻辑。我们体验的是政治与法律的结合，对于政治逻辑的要求更高一些，回到政治逻辑，我们的语用也要在这个层面上表达。

经济学也是一样的，现在的经济网络平台改变了很多，反垄断、反不正当竞争。原来很多内容的解释都有些偏颇，都要重新用一个含义赋予它新的内容。科技研究也是一样，包括算法，人工智能的算法也有很多专著值得我们关注。算法也是一种语用的态度，我们未来很多人工智能、科技的应用都是以算法为语用的。算法规制的拟制，可能会改变很多法律原有的性质和本能。

法院到法学院的距离有多远？我把一整套从实践中体验感受的东西带到法学院，但却发现法学院并不特别欢迎一个或者一群特别有实践经验的人到这个体系中来。比如教学方法、课程设置、论文写作等都是相互抵制的。很多毕业论文实际上就是一篇法学作业，而不是一篇真正的论文。你要解决什么问题？你的语用实践有什么改变？创新性是很重要的。从教育体制的角度来看，我们文字表达的水平和能力是欠缺的。怎样才能把一个法学院学生的思维很好地中西结合起来？

【现场问答】

提问：陈老师主要是从法律自主性和人的自主性关系上来讲解法律的自主性问题。现在有些学者研究常识、常理在司法中的地位，有些学者研究标准对法律的支撑作用，从法律的自主性这个问题来讲，可能科学方面的标准对法律的支撑作用非常明显。就像我们地方法院说的情与法融入地方审判，法律审判中所运用的人之常情。常理、常情、常识在司法中的运用可能也是一个很重要的方面，不知道这种理解是否合适?

回答:你这种理解应该说是合适的。情、理、法结合从思维方式上是没有问题的,但是过高地估计了三常,因为常理、常识、常情的含义不是很清楚。法律与常理明显地区分在两个阶段:一个在立法阶段。对于常理、常识、常情,每个人可能有不同的理解,不同语境中的常理、常识、常情也可能有非常大的差距。但是立法,尽管它是不确定的、模糊的、意义流动的,但在我看来,立法对法律总是有所定义,有所明确的,这比常理、常识、常情更清晰。另一个在司法阶段,后现代法学指出其模糊、流动,但只是把问题摆在这里,就不管了。实际上立法者的努力方向一定是朝着明确,但再明确也有后现代法学指责,关键在于指出不明确之后该怎么做,这应该是法律方法论发挥作用的场景。法律是模糊的、不确定的、流动的,但是司法和执法者不能总是处在流动意义的场景之中。法治要求给流动的意义,哪怕是暂时瞬间的确定。法学家可以随便指出刑法意义的流动性,但对犯罪分子宣判时,却不能说刑法意义是不确定的。思维的流动性并不意味着不能暂时地确定。不然如何执法、司法?民对法律意义的流动性,我们可以把执法、司法,从逻辑思维上叫作“再定义”。所谓再定义就是法律的一般性,是针对一般的。但是法官要解决个别的案件,在个别的案件中,后现代法学所揭示的所谓的弊端和法律的真相,都让它变成确定的了。从不确定到确定的思维方式是对执法、司法过程的描述,这构成了一个完整的、发挥法律方法功能的过程。而且,法律解释就是把不清楚的说清楚,法律论证就是找出可以接受的答案来解释结果。因为可接受的是需要理由的,所以法官的判决从方法论上看就是一个理由构建的过程。理由主要是把法律意义释放出来,并用适当的修辞表达清楚。法律修辞的重要任务,就是将模糊的东西说清楚。各种法律方法其实就是把一般的法律变为具体的法律。

人们为什么更愿意调解?实际上是没有运用法律方法论来解决问题的能力,这是用辩证思维来考虑问题的必然结论。解决案件完全用辩证思维是违背法治思维的。辩证就是你有理,他也有理。但是据法裁判不是你也有理,他也有理;你有理就是有理,无理就是无理;有罪就是有罪,无罪就是无罪。这种“一刀两断”的形式逻辑的思维方式有利于裁判,不利于调解,但整体思维方式是倾向于调解。我们国家的调解率越高,可能越接近秩序,但不一定是法律秩序。因此,常情、常理、常识在法律实施过程中不能反对。但如果用裁判方式解决问题,把常情、常理、常识作为办案的主要依据和理由是有问题的,“三常”只能是辅助性的理由。

另外,常情、常识、常理,包括社会主义核心价值观进入法律,应该是有路径和方法的。这个路径应该是法律的路径,而不应该是其他的。在西方法治社会里面,也讲常情、常识、常理的运用。他们用了一个我们可以借鉴的词——法律渊源。“法律渊源”简称“法源”,具有非常强烈的法治意识形态或法律意识形态。例如,把“三常”作为法源,你的思维根据法源寻找出来的理由可以称为“法”,但不是制定法,它属于广义的法。法治需要法。当制定法本身解决不了问题的时候,法官不能因为法律没有明确规定而拒绝审判案件,那如何解决?在制定法里找不到的时候,就拟制了一个新的名词——法源。法源是拟制的产物,强调的是用制定法解决问题,或者当用制定法解决问题会与社会公平正义发生严重背离的时候,我们就要寻求新的法源。新的法源可能是常理、常识、常情,也可能是法理。

第二编　天问:悠悠苍天　曷其有极

Graph Covering and Gallai's Conjecture*

（2021年6月17日）

范更华*

一、图覆盖问题的基础概念及相关问题背景

首先，简单介绍图论中的几个基础概念。一个图 G 由点集和边集构成，$V(G)$ 代表(G)的点集，$E(G)$代表 G 的边集。连接两个点 x 和 y 的边记为 $e=xy$，称边 e 与点 x 和 y 关联，也称点 x 和 y 相邻；若两点重合(即 $x=y$)，则称边 e 为自环(loop)。若图中任意两点之间至多只有一条边，且图中无自环，则称该图为简单图(simple graph)。设 x 和 y 为图中两个点，以 x 和 y 为端点的路(path)是一个连续的点、边序列，其中 x 和 y 在此序列构成的图中的度数为1，其余各点度数皆为2。端点重合($x=y$)的闭路称为圈(cycle)，若图中任意两点间都存在一条路，则称该图是连通的。设 v 是图 G 中的一个点，$e=xy$ 是图 G 中的一条边。删去点 v，是指删去 v 以及与 v 关联的所有边，记为 $G-v$；删去边 e，是指只删去边 e，两个端点 x 和 y 保持不变，记为 $G-e$。

---

* 原报告题目即为英文，此处不再进行翻译。

* 范更华，福州大学教授，博士生导师，离散数学及其应用教育部重点实验室主任，国际图论界权威刊物 *Journal of Graph Theory* 的执行编委(Managing Editor)。主要从事图论领域中的结构图论、极图理论、带权图、欧拉图、整数流理论、子图覆盖等方向的基础理论研究，以及图论在大规模集成电路设计中的应用研究，其关于哈密顿圈存在性的成果以“范定理”“范条件”等名称被广泛引用而出现于多种国际学术刊物中。范教授于1988年获加拿大滑铁卢大学博士学位；获2005年度国家自然科学二等奖(独立完成)。

子图覆盖的定义是图的一个子图覆盖是图的一个子图集合，使得原图中的每一条边都至少包含在子图集合的一个子图中，用符号语言表示为：图 G 可以被子图集合 $\{H_1, \cdots, H_i, \cdots, H_m \mid H_i\text{是}G\text{的子图}(i=1, 2, \cdots, m)\}$ 覆盖，当且仅当 $E(G)=E(H_1)\cup E(H_2)\cup \cdots E(H_i)\cup \cdots \cup E(H_m)$ 时成立。显然，一个图可以有很多个不同的子图覆盖，对子图加一定限制，进而考虑具体类型的子图覆盖是有意义的。比如，图 2 和图 3 均为图 1 的子图覆盖，其中图 2 称为图 1 的偶子图覆盖，这里指集合中每个子图都是偶图，即每个节点的度数均为偶数的图；图 3 称为图 1 的圈覆盖，即集合中的每个子图都为圈。

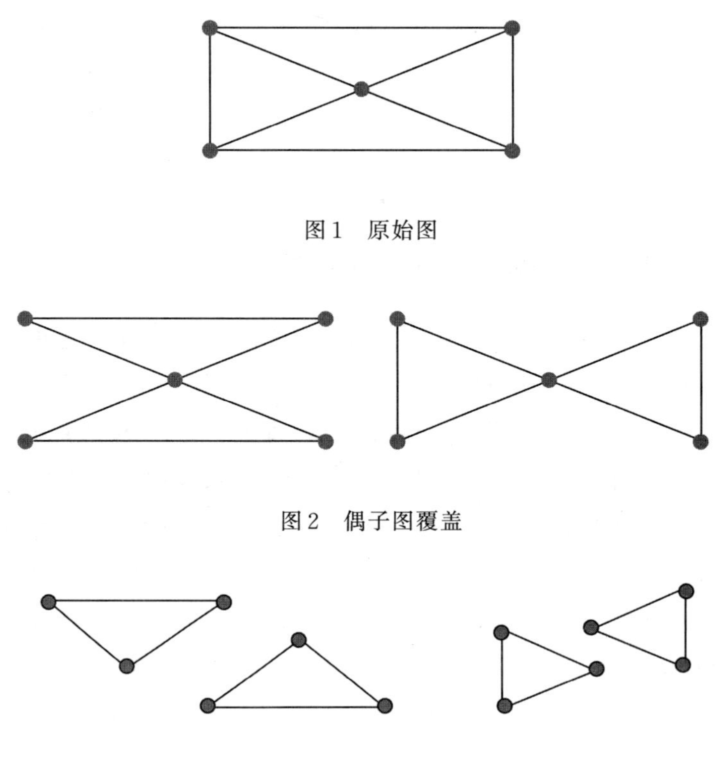

图 1　原始图

图 2　偶子图覆盖

图 3　圈覆盖

桥，即为割边(cut edge)，是指删去这条边会使得原图的连通分支增加。如图 4 中的边 e 即为一条桥(割边)。如果一个图没有桥，则称这个图是无桥的(或者称这样的图为 2-边连通图)。如果一个图有一条桥，那么这个图将不会有偶子图覆盖。

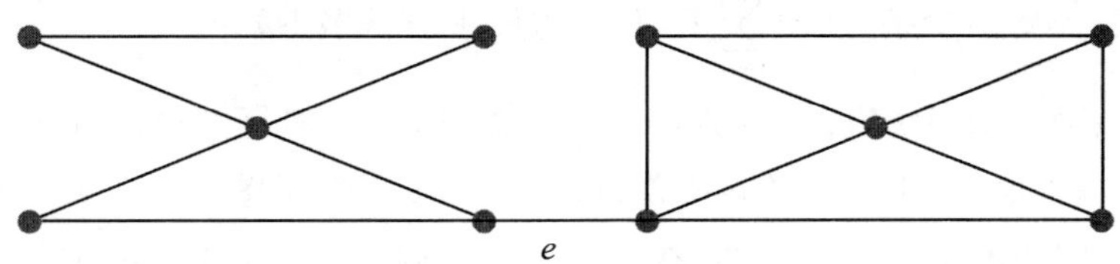

图4 边e为一条桥(割边)

彼得森(Petersen)图是一个由10个顶点和15条边构成的连通简单图,一般画作五边形中包含有五角星的形状(见图5),它有许多有趣的性质。从图5中容易看出,Petersen图是一个3-正则图,且是没有3-边染色的图,但是它可以由6个完美匹配覆盖每条边恰好2次(如果一个图的子图覆盖满足原图中的每条边都恰好只包含在k个子图中,那么称这个子图覆盖是原图的一个k-覆盖)。

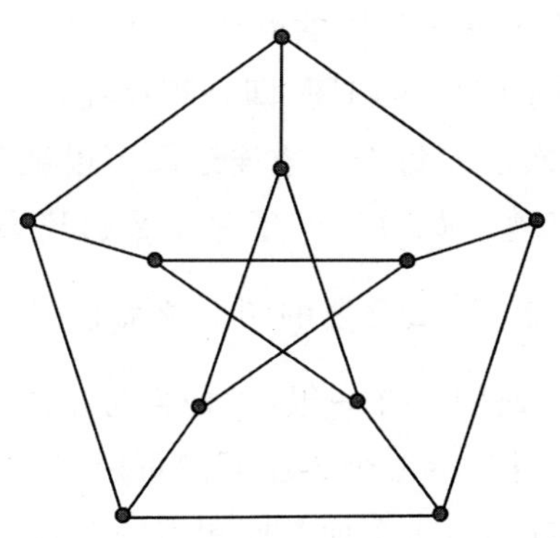

图5 Petersen图

著名的富尔克森(Fulkerson)猜想说:每一个2-边连通的3-正则图都有由6个完美匹配构成的2-覆盖。如果从3-正则图G中移除一个完美匹配,则得到一个2-因子图,同时它也是图G的一个偶子图。由此可知,当且仅当图G有由6个偶子图构成的4-覆盖时,它有由6个完美匹配构成的2-覆盖。从而得到Fulkerson猜想的一个等价猜想:每个2-边连通的3-正则图存在6个偶子图,覆盖该图的每条边恰好4次。

当一个图G被子图$H_1, \cdots, H_m$覆盖时,通常我们会考虑以下三个问题:

问题1:需要多少个子图(即m的最小值是多少)?

问题2:需要多少条边(即$\sum_{i=1}^{m}|E(H_i)|$的最小值是多少)?

问题3:对于哪些k值,图G会存在k-覆盖(即图G的每条边恰好出现在k个子图中)? 进一步地,对于图G的k-覆盖,最少需要多少个子图?

这三个问题不是凭空提出的,在图论中有实际意义,例如图论中的四色问题就与其密切相关。四色问题是数学史上最著名的问题之一,它不仅对图论的发展至关重要,对整个数学的发展也影响深远。四色问题源于1852年摩根(Morgan)教授的一位学生向他提出的一个问题:为什么只需要四种颜色就可以给地图上的每个国家着色,使得具有共同边界的国家得到不同的颜色? 这就是原始的四色问题。四色问题的关键点是“为什么”,而不是如何着色一个具体的地图。把地图看作一个平面图,国界看作边,相交处看作点,国家的区域称为面,四色问题就可以转化为典型的图论问题。对于任意的平面图,最多只能用四种颜色对该图的面进行着色,使得任意两个有公共边的面得到不同的颜色。对于问题1,这个图论中著名的四色问题等价于平面图的偶子图覆盖问题,即是否存在3个偶子图,覆盖一个2-边连通平面图的每条边恰好2次。而每个2-边连通图可以被3个偶子图覆盖问题等价于整数8-流定理。对于问题2,如果证明了每个2-边连通图可以被总边数不超过$\frac{7}{5}\left|E(G)\right|$的偶子图集合覆盖,那么著名的圈双覆盖猜想就是正确的。所谓圈双覆盖猜想,就是说每个2-边连通图存在一组圈,使得每条边恰好出现在2个圈上。实际上,它是嵌入猜想的一个特例:每个2-连通图可以嵌入某个表面,其中它每个面的边界都是一个圈(2-细胞嵌入:每个面都同构于一个开圆盘)。问题3对应福克尔森(Fulkerson)猜想,对每个2-边连通图,存在6个偶子图,覆盖该图的每条边恰好4次。更一般地,每个2-边连通的立方图都有由6个完美匹配构成的2-覆盖。

二、欧拉图的圈覆盖问题

通过解决哥尼斯堡七桥问题,欧拉创立了图论这一数学新分支。欧拉于1736年提交的有关哥尼斯堡七桥问题的论文被认为是图论领域的开篇之作,该论文给出的定理被后人称为欧拉定理,即一个连通图存在一条从一点出发经过每条边恰好一次后回到该点的闭迹的充分必要条件是该图每个节点的度数均为偶数。为纪念欧拉,后人将这种闭迹称为欧拉回路,存在欧拉回路的图称为欧拉图。显然,欧拉图就是连通偶图。欧拉图中的欧拉回路给出了图的一种分解:分解成边不交的圈,即欧拉图存在圈的1-覆盖,但没能回答圈的个数问题。欧拉图的圈1-覆盖需要多少个圈? 两百多年来,这个问题一直困扰着图论数学家们。哈约斯(Hajos)提出了著名的Hajos猜想。

Hajos猜想:n个节点的欧拉图最多可以被$\frac{n-1}{2}$个边不交的圈覆盖(也就是说最多可以分解为$\frac{n-1}{2}$个圈)。许多著名数学家,如厄多斯(Erdos)(沃尔夫奖得主)等都考虑过这个问题,他们认为Hajos猜想中的系数$\frac{1}{2}$太难实现了,于是1966年Erdos提出一个稍弱的猜想,即存在一个常数c,使得n个节点的欧拉图最多可以被cn个边不交的圈覆盖。但是这个问题至今也没有解决,匈牙利数学家派伯(Pyber)早年一直在研究这个猜想,后来放弃了,转去研究有限群理论。作为一种告别,Pyber在1991年发表了一篇有关这个问题的综述文献,认为Hajos猜想的解决目前是不可及的。1980年有学者[①]提出猜想:n个节点的欧拉图存在最多由$\frac{n-1}{2}$个圈构成的覆盖。这个猜想已被范更华[②]于2003年证明。是否存在一个常数k,使得每个含有n个节点的欧拉图有由至多$\frac{n-1}{2}$个圈构成的k-覆盖?

下面集中介绍圈覆盖中的几个基础概念:

圈覆盖:一个图的圈覆盖是图的一个圈子图集合,该集合覆盖原图的每条边。

圈的长度:等于圈中边的数目。

圈覆盖长度:圈覆盖中所有圈的长度之和。

最小圈覆盖长度:图的所有圈覆盖中圈覆盖长度最小的长度。一个2-边连通图G的最小圈覆盖长度记为$cc(G)$。

最小圈覆盖猜想:对每个2-边连通图G,有$cc(G)\leqslant\frac{7}{5}|E(G)|$。

实际上,最小圈覆盖猜想暗含了圈双覆盖猜想,它是嵌入猜想的一个特例。

欧拉图的圈覆盖问题与中国邮递员问题(Chinese postman problem,CPP)密切相关。中国邮递员问题:一个邮递员从邮局出发,选择一条尽可能短的路线走完他所管辖范围内的每一条街道至少一次,最后可以再次返回邮局。用图论语言叙述为:在一个连通图G中,找出一条最短长度的闭路,使得每条边至少被访问一次。可以看出,任意一个圈覆盖可以得到一条闭路,反之不一定成立。因此,中国邮递

① F. R. K. Chung, "On the Coverings of Graphs", *Discrete Math*, vol.30, no.2 (1980), pp. 89-93.

② G. Fan, "Covers of Eulerian Graphs", *Journal of Combinatorial Theory Series B*, vol.89, no.2(2003), pp.173-187.

员问题的最短闭路长度不大于图的最小圈覆盖长度。以图5为例,Petersen图的最小圈覆盖长度为21,而CPP的最优解为20。

定理1(BJJ[①],1983;Alon-Tarsi[②],1985):

$$cc(G)\leqslant\frac{5}{3}\left|E(G)\right|$$

对于2-边连通图 G 来说,CPP的最优解不超过 $\left|E(G)\right|+\left|V(G)\right|-1$。

定理2(Fan,1998):

$$cc(G)\leqslant\left|E(G)\right|+\left|V(G)\right|-1$$

考虑上面两个定理给出的两个界,可以看出,如果图 G 的平均度至少为3,那么第二个界是更好的;否则,第一个界更好。通常来说,第二个界更可能出现。

三、偶子图覆盖问题

在这一部分主要考虑2-边连通图 G 的偶子图 k-覆盖问题,如果 k 为奇数,那么这个问题等价于欧拉定理;如果 k 为偶数,这个问题还没有完全解决。

4-覆盖定理[③](BJJ,1983):每个2-边连通图都存在由7个偶子图构成的4-覆盖。

6-覆盖定理[④](Fan,1992):每个2-边连通图都存在由10个偶子图构成的6-覆盖。

由于任何大于2的偶数均可表示为4的倍数和6的倍数的组合,所以4-覆盖和6-覆盖定理给出:对任何大于2的偶数 k,每个2-边连通图 G 都存在由偶子图构成的 k-覆盖。唯独 $k=2$ 的情形没有解决,这就是图论领域著名的猜想,即偶图2-覆盖猜想,每个2-边连通图都存在由偶子图构成的2-覆盖。

偶图构成的2-覆盖也称为圈双覆盖,这是因为每个偶图均有由圈构成的1-覆盖(分解成边不交的圈)。因此,偶图2-覆盖猜想也称为圈双覆盖猜想:每个2-边连通图存在一组圈,使得每条边恰好出现在2个圈上。

Fulkerson猜想的原始形式是,每个2-边连通的3-正则图,都存在6个完美匹配

---

① J. C. Bermond, B. Jackson, F. Jaeger, "Shortest Coverings of Graphs with Cycles", *Journal of Combinatorial Theory Series B*, vol.35, no.3(1983), pp.297-308.

② N. Alon, M. Tarsi, "Covering Multigraphs by Simple Circuits", *SIAM Journal on Algebraic Discrete Methods*, vol.6, no.3(1985), pp.345-350.

③ J. C. Bermond, B. Jackson, F. Jaeger, "Shortest Coverings of Graphs with Cycles", *Journal of Combinatorial Theory Series B*, vol.35, no.3(1983), pp.297-308.

④ G. Fan, "Integer Flows and Cycle Covers", *Journal of Combinatorial Theory Series B*, vol.54, no.1 (1992), pp.113-122.

构成该图的一个2-覆盖。我们也可以从另外一个角度来看Fulkerson猜想。根据埃德蒙兹(Edmonds)[①]的匹配多面体理论，有下述结果：

定理3(Edmonds定理)：给定一个2-边连通图G，存在一个与图G无关的整数k，使得图G有一个含有$3k$个偶子图的$2k$-覆盖。

在这一节内容中，我也提一个开放问题：是否存在一个常数c，使得每一个2-边连通图有一个含有$3c$个偶子图的$2c$-覆盖？这样的话，Fulkerson猜想对应于$c=2$的情况，即每个2-边连通图存在由6个偶子图构成的4-覆盖。西摩(Seymour)证明了对于Petersen图，c不能取奇数。那么c是否可以取4呢？

四、路覆盖问题

根据欧拉定理，只有偶图才存在圈的1-覆盖，对于一般的图，若有奇度数的节点，则不存在圈的1-覆盖。但任何一个图一定存在路的1-覆盖，最简单的做法就是把每条边作为一条路，则任意m条边的图存在由m条路构成的1-覆盖。若寻求数目尽可能少的路所构成的1-覆盖，该覆盖含有多少条路呢？这是图论领域的一个基本问题。若以路的数目少为优，将每条边作为路的1-覆盖显然不是最优的。加莱(Gallai)认为在最优的情形下，n个点的连通简单图最多只需要$\frac{n+1}{2}$条路。

Gallai猜想：每一个含有n个节点的简单连通图存在由至多$\frac{n+1}{2}$条边不交的路构成的1-覆盖。

洛瓦斯(Lovasz)[②]研究过这个著名猜想。他证明了，若同时使用圈和路，则n个节点的简单连通图存在由至多$\frac{n}{2}$个圈和路构成的1-覆盖。前面提到的这些猜想是寻求圈或路最少的覆盖，关键是这些圈或路的边不能相交。因为难度太大，人们退而求其次，允许这些圈或路有公共边，将1-覆盖问题减弱为一般的覆盖问题。1980年，有学者[③]提出猜想：每一个含有n个节点的简单连通图存在由至多$\frac{n+1}{2}$

① J. Edmonds, "Maximum Matching and a Polyhedron with 0, 1-vertices", *Journal of Research of the National Bureau of Standards Section B Mathematics and Mathematical Physics*, vol. 69B, no. 1-2(1965), pp.125-130.

② L. Lovasz, "On Covering of Graphs", in P. Erdos and G. Katona, eds., *Theory of Graphs*, New York: Academic Press, 1968, pp.54-83.

③ F. R. K. Chung, "On the Coverings of Graphs", *Discrete Math*, vol.30, no.2 (1980), pp.89-93.

条路构成的覆盖。这个猜想已于2002年被范更华[①]证明。

Lovasz引理：对图G中的节点x，令X表示节点x的度数为偶数的邻点集合，令H为图G删去x与X之间连边的导出图。如果H存在由k条边不交的路和圈构成的覆盖，那么由此可以构造图G的k条边不交的路和圈的覆盖（见图6）。

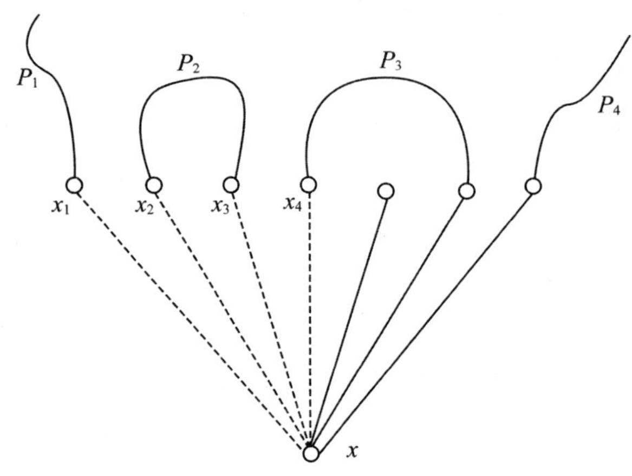

图6　图G的k条边不交的路和圈的覆盖

Lovasz定理：n个节点的简单连通图存在由至多$\frac{n}{2}$条边不交的路和圈构成的覆盖。

Lovasz推论：设G为有n个节点的简单连通图，如果在G中至多有一个节点的度为偶数，那么G存在由至多$\frac{n}{2}$条边不交的路构成的覆盖。

关于Gallai猜想的研究大致分为两个方向：

方向1：通过添加限制条件，证明某些特殊类型图下的猜想。

方向2：寻找尽可能接近猜想中$\frac{n+1}{2}$的界。

设G为一个简单连通图，记$EVEN(G)$为图G的偶子图，即G中所有度为偶数的节点的导出子图，或者相当于删去G中所有奇度数节点的子图。关于方向1，现有以下这些类型图上的Gallai猜想已被证明：

$EVEN(G)$图至多有一个节点（Lovasz，1986）。

$EVEN(G)$图是一个森林（Pyber，1996）。

① G. Fan, "Subgraph Coverings and Edge Switchings", *Journal of Combinatorial Theory Series B*, vol.84, no.1(2002), pp.54-83.

$EVEN(G)$图的每个块都是没有三角形结构的,并且节点的最大度至多为3。(Fan,2005)。

$EVEN(G)$图至多有一个块含有三角形结构,并且每个块中的节点的度数至多为3(Botler和Sambinelli, 2021)。

$EVEN(G)$为$2k$-正则图,其中它的围长要不小于$2k-2$,并且有两个边不交的完美匹配(Botler和Jiménezb, 2017)。

$EVEN(G)$为树宽不大于3的图(Botler,Sambinelli,Coelho和Lee, 2020)。

$EVEN(G)$为最大度至多为5的图(Bonamy和Perrett, 2019)。

$EVEN(G)$为最大度为6且度为6的节点构成一个独立集的图(Chu,Fan和Liu, 2021)。

设$p(G)$表示有n个节点的图G的所有路分解中的最小路径数。对于方向2的界主要有以下结论:

$p(G)\leqslant\frac{2}{3}n$(Yan,1998; Dean和Kouider,2000)。

$p(G)\leqslant\frac{g+1}{2g}n$,其中围长$g\geqslant 4$(Harding和McGuinness,2014)。

$p(G)\leqslant\frac{3}{5}n$,其中围长$g=4$(Chu等, 2019)。

$p(G)\leqslant\frac{n}{2}+o(n)$,其中$n$充分大,并且最小度与$n$成线性关系(Girao等, 2019)。

回顾Gallai猜想:对于每个含有n个节点的简单连通图G,有$p(G)\leqslant\frac{n+1}{2}$。那么对哪些图来说,猜想的等号是成立的呢?首先介绍半团的概念,半团是一类图,如果有$\left|E(G)\right|>\left[\frac{n}{2}\right](n-1)$成立,那么必有$n$为奇数且$p(G)>\left[\frac{n}{2}\right]$。如果Gallai猜想是正确的,那么对所有的半团都有$p(G)=\frac{n+1}{2}$成立。然而,实际上我们甚至不知道Gallai猜想是否对以下这类更特殊的半团成立:由n(n为奇数)个节点的完全图删去一个规模至多为$\frac{n-3}{2}$的匹配得到的图。但是,我们有以下结论。

定理4:如果简单连通图G的$EVEN(G)$图是一个三角形,那么此时Gallai猜想是正确的。

证明:设G是一个n个节点的简单连通图,且满足$EVEN(G)$是一个三角形,那么此时n必为奇数。设e为三角形$EVEN(G)$中的一条边，记$H=G-e$。此时H是连通的，并且恰好只有一个节点的度数为偶数。由Lovasz推论可知，$p(H)\leqslant\frac{n}{2}$。又因为n是奇数，有$p(H)\leqslant\frac{n-1}{2}$。再将单边$e$看作一条路，就可以得到$p(G)\leqslant\frac{n+1}{2}$。

代数连通度和谱半径在多智能体系统一致性研究中的应用

（2021年7月28日）

张胜贵*

一、多智能体系统

智能体(agent)指具有自治性、社会性、反应性和预动性等基本特性,具有感知能力、问题求解能力和与外界通信能力的实体。它可以看作是相应的软件程序或者实体(如人、车辆、机器人等),嵌入到环境中,通过传感器感知环境,利用效应器自治地作用于环境并满足设计要求。为了满足工程需要,美国麻省理工学院的明斯基(Minsky)提出了“智能体”的概念,并且把生物界个体社会行为的概念引入到计算机学科领域。

多智能体系统(multi-agent system,MAS)是由多个智能体及其相应的组织规则和信息交互协议构成的,能够完成特定任务的一类复杂系统。多智能体系统可以解决单个智能体难以或不可能解决的问题。不同的文献对多智能体系统有不同的定义,但是涵盖的内容大体相同。

在本次的报告中,多智能体系统的概念有如下定义:在生物种群中,存在个体

* 张胜贵,西北工业大学教授、博士生导师,陕西省教学名师。主要从事图论、网络控制和无人系统建模与算法研究,公开发表学术论文130余篇,主持6项国家自然科学基金,获3项省教学成果奖。现任中国工业与应用数学学会图论组合及应用专业委员会秘书长、中国运筹学会图论组合分会常务理事、中国数学会组合数学与图论专业委员会委员和中国高等教育学会教育数学专业委员会常务理事。

能力一般,但通过个体间的分工、协作,表现出突出的群体能力的现象。所以我们所研究的多智能体系统是基于生物种群的这个特征引入的复杂系统。

多智能体系统广泛存在于人们的生活之中,不仅自然界中存在多智能体系统,工业领域、农业领域、林业领域、环境监测领域和军事领域等领域中也存在多智能体系统。

在自然界中,鸟群内的分工、协作,如鸟群捕食、迁徙、躲避天敌、吓跑天敌;鱼群内的分工和协作,如鱼群捕食、迁徙、躲避天敌、吓跑天敌;蚁群和蚁群内的分工、协作,都是多智能体系统。

这些群体所表现出的分布、协调、自组织、稳定、智能涌现等特点,引起了生物学家的研究兴趣。在人类的社会生活中,像工业领域的无人化智慧工厂、智慧工业流水线、机械臂合作组装汽车、工业自动化系统等都是多智能体系统。在林业和农业领域中,智慧农业、智慧林业、无人机群喷洒农药、森林防火系统等也属于多智能体系统。现在多智能体系统也被应用于环境监测领域,如无线传感器网络监测活火山的地震数据。在军事领域中,海陆空天一体化作战系统、无人机蜂群作战系统、无人艇战术欺骗、弹群饱和攻击等都是多智能体系统。目前多智能体系统已在飞行器的编队、传感器网络、数据融合、多机械臂协同装备、并行计算、多机器人合作控制、交通车辆控制、网络的资源分配等领域广泛应用。

人们研究多智能体系统的目标是让若干个具备简单智能、便于管理控制的系统能通过相互协作实现复杂智能,在降低系统建模复杂性的同时,提高系统的鲁棒性、可靠性、灵活性。

多智能体系统是分布式人工智能(distributed artificial intelligence,DAI)的一个重要研究方向,是人工智能的学科前沿。多智能体系统的研究包括多个子问题,如一致性问题、蜂拥控制问题、编队控制问题、分布式优化问题、分布式跟踪问题等,这些问题既相互区别又相互联系,其中一致性问题是最基础的问题。

二、多智能体系统的一致性

多智能体协调控制的基本问题包括一致性控制、会合控制、聚结控制和编队控制等,其中后三者可视为一致性控制的推广与特例。多智能体系统达到一致是实现协调控制的首要条件,因此受到了学者们的广泛关注。

多智能体系统的一致性是指系统中的智能体在相互通信和局部协作下,不断调整自己的行为和更新自己的状态,最终使得每个智能体均达到相同的状态。在实际应用中,多智能体系统的一致性存在如下实例:

(1)平面上的聚集问题：平面上移动的多个质点，在某种运动规则控制下，最终聚集到一起，即所有质点的坐标一样。

(2)无人机编队问题：空中飞行的无人机，在编队算法控制下，形成期望的队形，即所有无人机的飞行速度和飞行姿态都一样，空间坐标的差值保持不变。

由上述信息可得多智能体系统一致性的数学描述。智能体的状态是一组表征智能体特征、随时间变化的物理量。通常用向量$\boldsymbol{\xi}_i(t)$表示第i个智能体在t时刻的状态，如：

(1)对于平面上移动的质点，用二维坐标位置表示其状态，状态向量记为$\boldsymbol{\xi}_i(t)=\begin{bmatrix}x_i(t) & y_i(t)\end{bmatrix}^{\mathrm{T}}$。

(2)对于无人车在平面上的运动，用二维坐标位置和速度表示其状态，状态向量记为$\boldsymbol{\xi}_i(t)=\begin{bmatrix}x_i(t) & y_i(t) & vx_i(t) & vy_i(t)\end{bmatrix}^{\mathrm{T}}$。

(3)对于无人机的飞行，用三维坐标、速度、偏航角、俯仰角和滚转角表示其状态，状态向量记为$\boldsymbol{\xi}_i(t)=\begin{bmatrix}x_i(t) & y_i(t) & z_i(t) & vx_i(t) & vy_i(t) & vz_i(t) & \boldsymbol{\Psi}_i(t) & \theta_i(t) & \boldsymbol{\Phi}_i(t)\end{bmatrix}^{\mathrm{T}}$。

多智能体系统达到一致：假设多智能体系统中有n个智能体，第i个智能体在t时刻的状态用$\boldsymbol{\xi}_i(t)\in R^P$表示，其中$i=1,2,\cdots,n$。如果对任意$i,j=1,2,\cdots,n$，当$t\rightarrow\infty$时，有$\|\boldsymbol{\xi}_i(t)-\boldsymbol{\xi}_j(t)\|\rightarrow 0$，则称多智能体系统达到一致。

多智能体系统的一致性问题(the consensus problem)主要是研究如何基于智能体之间有限的局部信息交换，为智能体设计控制算法，使得多智能体系统达到一致。这个控制算法也被称为一致性协议(consensus protocol)。多智能体系统的收敛速度是系统从初始状态开始，在一致性协议下达到一致的速度，它是度量一致性协议性能的重要指标。多智能体系统的一致性问题包含三个基本要素，分别是：

(1)具有动力学特征的智能体个体。

(2)智能体之间用于信息传输的拓扑网络(network)。

(3)智能体个体对输入信息的响应，即一致性协议。

三、一些基本图论概念和术语

多智能体系统用于信息传输的拓扑网络用图论中的图来表示：单个智能体用图中顶点(vertex)表示，两个智能体间的信息传递用一条边(edge)表示。如果两个智能体i和j之间能相互通信，则使用无向边$\{i,j\}$表示其通信关系。如果两个智能体i和j之间单向通信，则使用有向边(i,j)表示智能体i能向智能体j发送信息，而不能接收智能体j的信息。

图$G=(V,E)$：$V=\{1,2,\cdots,n\}$表示顶点集合，E表示图G边的集合。令$\{i,j\}\in E$，表示连接顶点i和顶点j的一条边。

顶点i的邻集(neighbour set)：与顶点i相邻的顶点集合，记为$N_G(i)$。

顶点i的度(degree)：图G中与顶点i相邻的顶点个数，记为$d_G(i)$。显然，$d_G(i)=|N_G(i)|$。

图$G=(V,E)$的邻接矩阵(adjacency matrix) $\boldsymbol{A}=(a_{ij})_{n\times n}$：如果$\{i,j\}\in E(G)$，则$a_{ij}=1$；否则，$a_{ij}=0$。显然，顶点$i$的度等于邻接矩阵$\boldsymbol{A}$第$i$行元素之和，即$d_G(i)=\sum_{j=1}^{n}a_{ij}$。

图$G=(V,E)$的拉普拉斯矩阵(Laplacian matrix) $\boldsymbol{L}(G)=\boldsymbol{\Delta}(G)-\boldsymbol{A}(G)$：$\boldsymbol{A}(G)=\mathrm{diag}\{d_G(1),\cdots,d_G(n)\}$，$d_G(i)$是顶点$i$的度。

对无向图G，邻接矩阵和拉普拉斯矩阵都是对称矩阵，特征值为实数。用$\lambda_1(G)\leqslant\lambda_2(G)\leqslant\cdots\leqslant\lambda_n(G)$表示图$G$的拉普拉斯矩阵的特征值。

拉普拉斯矩阵的行和为0，因此0是其特征值，对应的特征向量为$\mathbf{1}=[1\ \cdots\ 1]^{\mathrm{T}}$。并且，0也是最小特征值，即$\lambda_1(G)=0$。特征值0的重数等于图的连通分支的个数。特征值$\lambda_2(G)$被称为图$G$的代数连通度，最大特征值被称为图的拉普拉斯矩阵谱半径。①

四、代数连通度和谱半径与一致性收敛速度的关系

（一）一阶系统的一致性收敛速度与代数连通度

1. 一致性②

假设一阶多智能体系统有n个智能体，在一阶一致性协议下，智能体i的动力学方程为$\dot{\boldsymbol{\xi}}_i(t)=\sum_{j\in N_G(i)}[\boldsymbol{\xi}_j(t)-\boldsymbol{\xi}_i(t)]$，其中$\boldsymbol{\xi}_i(t)$是第$i$个智能体的状态向量(如位

---

① M. Fiedler, "Algebraic Connectivity of Graphs", *Czechoslovak Mathematical Journal*, vol. 23, no. 2 (1973), pp.298-305.

② A. Jadbabaie, J. Lin, A. S. Morse, "Coordination of Groups of Mobile Autonomous Agents Using Nearest Neighbor Rules", *IEEE Transactions on Automatic Control*, vol. 48, no. 6(2003), pp. 988-1001; R. Olfati-Saber, R. M. Murray, "Consensus Problems in Networks of Agents with Switching Topology and Time-delays", *IEEE Transactions on Automatic Control*, vol.49, no.9(2004), pp.1520-1533.

置坐标向量），$N_G(i)$是第i个智能体的邻集，$i=1,2,\cdots,n$。一阶多智能体系统在一致性协议下，当$t\to\infty$时，如果对任意的$i,j=1,2,\cdots,n$，都有$\|\boldsymbol{\xi}_j(t)-\boldsymbol{\xi}_i(t)\|\to 0$，则称系统达到一致。一阶多智能体系统动力学方程组的矩阵表示如下：

$$\dot{\boldsymbol{\xi}}(t)=-\boldsymbol{L}\boldsymbol{\xi}(t)$$

式中，$\boldsymbol{\xi}(t)=\left[\boldsymbol{\xi}_1(t)\quad \boldsymbol{\xi}_2(t)\quad \cdots\quad \boldsymbol{\xi}_n(t)\right]^{\mathrm{T}}$，$\boldsymbol{L}$是拓扑网络$G$的拉普拉斯矩阵。

由此在给定多智能体系统的初始状态$\boldsymbol{\xi}(0)$后，微分方程的解为：

$$\boldsymbol{\xi}(t)=\mathrm{e}^{-\boldsymbol{L}(G)t}\boldsymbol{\xi}(0)=\mathrm{e}^{-\lambda_1 t}\left[\boldsymbol{u}_1^{\mathrm{T}}\boldsymbol{\xi}(0)\right]\boldsymbol{u}_1+\mathrm{e}^{-\lambda_2 t}\left[\boldsymbol{u}_2^{\mathrm{T}}\boldsymbol{\xi}(0)\right]\boldsymbol{u}_2+\cdots+\mathrm{e}^{-\lambda_n t}\left[\boldsymbol{u}_n^{\mathrm{T}}\boldsymbol{\xi}(0)\right]\boldsymbol{u}_n$$

式中，$\boldsymbol{u}_k$表示特征值λ_k对应的单位化特征向量，$k=1,2,\cdots,n$。

所以多智能体系统状态方程组的解为：

$$\boldsymbol{\xi}(t)=\mathrm{e}^{-\boldsymbol{L}(G)t}\boldsymbol{\xi}(0)=\mathrm{e}^{-\lambda_1 t}\left[\boldsymbol{u}_1^{\mathrm{T}}\boldsymbol{\xi}(0)\right]\boldsymbol{u}_1+\mathrm{e}^{-\lambda_2 t}\left[\boldsymbol{u}_2^{\mathrm{T}}\boldsymbol{\xi}(0)\right]\boldsymbol{u}_2+\cdots+\mathrm{e}^{-\lambda_n t}\left[\boldsymbol{u}_n^{\mathrm{T}}\boldsymbol{\xi}(0)\right]\boldsymbol{u}_n$$

最小特征值$\lambda_1=0$对应的特征向量为$\dfrac{1}{\sqrt{n}}\mathbf{1}$。

2. 收敛性

（1）图连通时一阶系统一致性的收敛性分析

如果图G是连通的（$\lambda_2>0$），当$t\to\infty$时，$\boldsymbol{\xi}(t)\to\left[\boldsymbol{u}_1^{\mathrm{T}}\boldsymbol{\xi}(0)\right]\boldsymbol{u}_1=\boldsymbol{a}\mathbf{1}$。其中$\boldsymbol{a}=\dfrac{1}{n}\sum\limits_{i=1}^{n}\xi_i(t)$为初始状态的平均值，$\mathbf{1}$为全1向量，即系统可达成一致。

（2）图不连通时一阶系统一致性的收敛性分析

如果图G不连通且有$\omega(G)>2$个连通分支，即$\lambda_2=\cdots=\lambda_k=0$，当$t\to\infty$时，$\boldsymbol{\xi}(t)\to\boldsymbol{a}\mathbf{1}+\sum\limits_{k=2}^{\omega(G)}\left[\boldsymbol{u}_k^{\mathrm{T}}\boldsymbol{\xi}(0)\right]\boldsymbol{u}_k$，此时系统收敛。但由于求和项中$\boldsymbol{u}_k$与$\mathbf{1}$正交，求和项得到的向量的各个分量一定不相等，系统不能达成一致。

3. 收敛速度

多智能体系统状态方程组的解为：

$$\boldsymbol{\xi}(t)=\mathrm{e}^{-\boldsymbol{L}(G)t}\boldsymbol{\xi}(0)=\mathrm{e}^{-\lambda_1 t}\left[\boldsymbol{u}_1^{\mathrm{T}}\boldsymbol{\xi}(0)\right]\boldsymbol{u}_1+\mathrm{e}^{-\lambda_2 t}\left[\boldsymbol{u}_2^{\mathrm{T}}\boldsymbol{\xi}(0)\right]\boldsymbol{u}_2+\cdots+\mathrm{e}^{-\lambda_n t}\left[\boldsymbol{u}_n^{\mathrm{T}}\boldsymbol{\xi}(0)\right]\boldsymbol{u}_n$$

图连通时一阶系统一致性的收敛速度：如果图G连通（$\lambda_2>0$），上式从第二项开始，当$t\to\infty$时，$\mathrm{e}^{-\lambda_k t}\to 0\ (k=2,3,\cdots,n)$，系统可达成一致。由于第二项$\mathrm{e}^{-\lambda_2 t}$是收敛到0最慢的项，因此用$\mathrm{e}^{-\lambda_2}$代表系统的收敛速度。

（二）二阶系统的一致性收敛速度与代数连通度和谱半径

假设多智能体系统有n个智能体，在相关学者提出的二阶一致性协议①下，智能体i的动力学方程如下：

$$\begin{cases}\dot{\xi}_i=\zeta_i\\ \dot{\zeta}_i=\sum\limits_{j\in N_G(i)}\left[(\xi_i-\xi_j)+\gamma(\zeta_i-\zeta_j)\right]\end{cases}$$

式中，$N_G(i)$是第i个智能体的邻集；参数$\gamma>0$是耦合强度；$\xi_i(t)$和$\zeta_i(t)$分别表示智能体i在t时刻的位置和速度向量。当$t\to\infty$时，如果对任意的$i,j=1,2,\cdots,n$都有$\|\xi_j(t)-\xi_i(t)\|\to 0$和$\|\zeta_j(t)-\zeta_i(t)\|\to 0$，则称多智能体系统达到一致。

1.二阶系统一致性动力学方程组的矩阵形式

令$\xi(t)=\begin{bmatrix}\xi_1(t) & \xi_2(t) & \cdots & \xi_n(t)\end{bmatrix}^{\mathrm{T}}$，$\zeta(t)=\begin{bmatrix}\zeta_1(t) & \zeta_2(t) & \cdots & \zeta_n(t)\end{bmatrix}^{\mathrm{T}}$，则二阶多智能体系统动力学方程组的矩阵表示为：

$$\begin{bmatrix}\dot{\xi}\\ \dot{\zeta}\end{bmatrix}=\boldsymbol{\Gamma}\begin{bmatrix}\xi\\ \zeta\end{bmatrix}$$

其中$\boldsymbol{\Gamma}=\begin{bmatrix}0_{n\times n} & \boldsymbol{I}_n\\ -L & -\gamma L\end{bmatrix}$，$L$是拓扑网络的拉普拉斯矩阵。

方程具有与一阶系统相同的形式，可以利用矩阵$\boldsymbol{\Gamma}$的特征值和L的特征值关系分析其收敛性，拉普拉斯矩阵L的每个特征值λ_i对应$\boldsymbol{\Gamma}$的两个特征值：

$$\mu_{i\pm}=\frac{\gamma\lambda_i\pm\sqrt{\gamma^2\lambda_i^2+4\lambda_i}}{2}$$

当多智能体系统的拓扑网络为连通无向图时，在二阶一致性协议下，多智能体系统能够达到一致。

当二阶一致性协议中的参数γ取值为$\gamma^*(G)$时②，二阶一致性协议获得最大的收敛速度$\mathrm{e}^{v^*(G)}$，其中

$$\gamma^*(G)=\sqrt{\frac{4\lambda_n}{2\lambda_2\lambda_n-\lambda_2^2}}，v^*(G)=-\sqrt{\frac{\lambda_2\lambda_n}{2\lambda_n-\lambda_2}}$$

式中，λ_2和λ_n分别为图G的代数连通度和谱半径。

① W. Ren, E. M. Atkins, "Distributed Multi-vehicle Coordinated Control via Local Information Exchange", *International Journal of Robust and Nonlinear Control*, vol.17, no.10-11(2007), pp.1022-1033.

② J. Zhu, "On Consensus Speed of Multi-agent Systems with Double-integrator Dynamics", *Linear Algebra and Its Applications*, vol.434, no.1(2011), pp.294-306.

五、提高一致性收敛速度的图论方法

(一)构建收敛速度最优的网络拓扑

多智能体系统的收敛速度由网络拓扑决定,要求代数连通度越大越好,谱半径越小越好。当没有连边限制时,完全图是最优的。当多智能体系统中智能体规模较大时,由于受通信能力(如带宽、通信距离)的约束和通信成本(如能量消耗)的限制,不可能让任意两个智能体都进行信息交互。对包含n个智能体的系统,研究如下问题:

(1)给定顶点数n和相关约束,如何构建一个具有最大代数连通度λ_2的图?

(2)给定顶点数n和相关约束,如何构建一个图,使得该图对应的v^*绝对值最大?

(3)给定顶点数n和相关约束,如何构建一个具有最小谱半径λ_n的图?

问题1.1:给定顶点数n和边数m,如何构建一个具有最大代数连通度λ_2的图?

答:荻原(Ogiwara)等人[①]研究了在给定顶点数和边数情况下,代数连通度最大的一些图,发现星图、圈、完全二部图和循环图都是代数连通度最大的图。目前,人们研究的特殊图类主要有树、单圈图、循环图、二部图等[②]。实际应用中,单个智能体的通信能力是有限的,如智能体的最大通信链路数、最大通信半径等是有限的。因此,多智能体系统的网络拓扑中,顶点的度也有限制。

问题1.2:给定顶点数n和每个顶点的最大度(或某些顶点间禁止连边限制),如何构建一个具有最大代数连通度λ_2的图?[③]

---

① K. Ogiwara, T. Fukami, N. Takahashi, "Maximizing Algebraic Connectivity in the Space of Graphs with a Fixed Number of Vertices and Edges", *IEEE Transactions on Control of Network Systems*, vol.4, no.2 (2017), pp.359-368.

② O. Rojo, L. Medina, N. Abreub, et al, "Maximizing the Algebraic Connectivity for a Subclass of Caterpillars", *Electronic Notes in Discrete Mathematics*, vol.35(2009), pp.65-70; N. Abreu, L. Markenzon, L. Lee, et al, "On Trees with Maximum Algebraic Connectivity", *Applicable Analysis and Discrete Mathematics*, vol. 10(2016), pp. 88-101; T. Kolokolnikov, "Maximizing Algebraic Connectivity for Certain Families of Graphs", *Linear Algebra and Its Applications*, vol. 471(2015), pp. 122-140; Z. Lin, S. G. Guo, "Maximizing Algebraic Connectivity for Quasi-c-cyclic Graphs", *Ars Combinatoria*, vol.146(2019), pp.97-113.

③ S. Fallat, S. Kirkland, "Extremizing Algebraic Connectivity Subject to Graph Theoretic Constraints", *The Electronic Journal of Linear Algebra ELA*, vol.3, no.1(1998), pp.48-74; G. Li, F. H. Zhi, H. Han, et al, "Maximizing Algebraic Connectivity via Minimum Degree and Maximum Distance", *IEEE Access*, vol. 99 (2018), pp.41249-41255.

答：针对最大代数连通度的图构建问题，有学者将该问题转化为数学优化问题来求解（边数和度等限制可以转换为约束条件）。[①]

（二）加边优化给定网络的拓扑

对于给定的一个多智能体系统，对其网络进行优化，使得系统获得更快的收敛速度，可以通过加边或调整连边方式等方法对网络进行优化。对给定网络的多智能体系统，研究如下问题：

（1）对于给定图 G，如何在图 G 中添加若干条边，使得图的代数连通度 λ_2 最大？

（2）对于给定图 G，如何在图 G 中添加若干条边，使得图对应的 v^* 绝对值最大？

（3）对于给定图 G，如何在图 G 中添加若干条边，使得图的谱半径 λ_n 最小？

代数连通度扩充问题定义如下：给定无向图 $G=(V,E)$、一个非负整数 k 和一个非负阈值 r。

问题：是否存在一个大小不超过 k 的边集 $A\in E^c$，添加这些边到图 G 得到图 $H=(V,E\cup A)$，使得 $\lambda_2(H)>r$？

答：Mosk-Aoyama[②]证明了这个问题是NP-hard的。任意给定一个图 G，在图 G 上增加一定数量的边，使得代数连通性最大化是NP-hard的。

所以，在以往的研究内容里[③]研究了对给定的图，在只添加一条边的情况下，如何添加使代数连通度增加最多。

① Y. Kim, M. Mesbahi, "On Maximizing the Second Smallest Eigenvalue of a State-dependent Graph Laplacian", *IEEE Transactions on Automatic Control*, vol. 55, no. 1(2006), pp. 116-120; A. Ghosh, S. Boyd, "Upper Bounds on Algebraic Connectivity via Convex Optimization", *Linear Algebra and its Applications*, vol.418, no.2(2006), pp.693-707; A. Clark, Q. Hou, L. Bushnellb, et al., "Maximizing the Smallest Eigenvalue of a Symmetric Matrix: A Submodular Optimization Approach", *Automatica*, vol.95(2018), pp.446-454; H. Zhang, J. Wei, P. Yi, et al., "Projected Primal-dual Gradient Flow of Augmented Lagrangian with Application to Distributed Maximization of the Algebraic Connectivity of a Network", *Automatica*, vol.98(2018), pp.34-41.

② D. Mosk-Aoyama, "Maximum Algebraic Connectivity Augmentation is NP-hard", *Operations Research Letters*, vol.36, no.6(2008), pp.677-679.

③ Y. Kim, "Bisection Algorithm of Increasing Algebraic Connectivity by Adding an Edge", *IEEE Transactions on Automatic Control*, vol. 55, no. 1(2010), pp. 170-174; A. Sydney, C. Scoglio, D. Gruenbacher, "Optimizing Algebraic Connectivity by Edge Rewiring", *Applied Mathematics and Computation*, vol.219, no.10 (2013), pp.5465-5479; G. Li, Z. F. Hao, H. Huang, et al., "A Maximum Algebraic Connectivity Increment Edge-based Strategy for Capacity Enhancement in Scale-free Networks", *Physics Letters A*, vol. 383, no. 17(2019), pp.2046-2050.

（三）减边优化给定网络的拓扑

一个运行中的多智能体系统，其网络中可能存在冗余边，即删除之后，保持多智能体系统收敛速度不降低的边。

对给定网络的多智能体系统，研究如下问题：

(1)对于给定图 G，如何识别并删除图 G 中的冗余边，使得图的代数连通度 λ_2 保持不变？

(2)对于给定图 G，如何识别并删除图 G 中的冗余边，使得图对应的 v^* 绝对值不减小？

(3)对于给定图 G，如何识别并删除图 G 中的冗余边，使得图的谱半径 λ_n 最小？

答：研究结果如下。

(1)一阶一致性协议：删除冗余边，保持收敛速度不变(代数连通度不变)。

(2)二阶一致性协议：删除冗余边，收敛速度还有可能提高(代数连通度不变，谱半径减小)。

如图1所示，对一阶和二阶多智能体系统，图 G_a 中除了与度为 $N-1$ 的顶点相关联的边，其余的边都是冗余边。小规模图类中含冗余边的图的比例如表1所示。

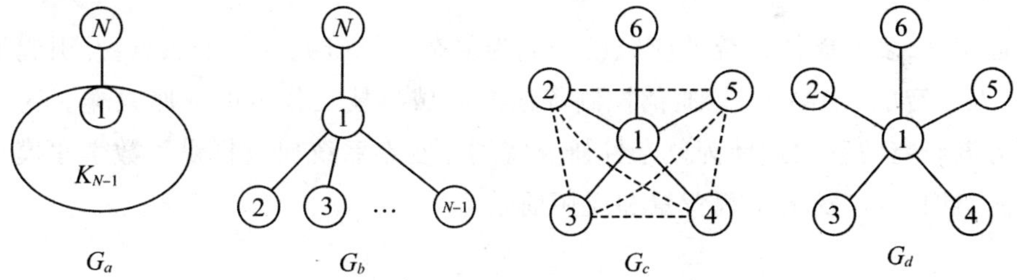

图1　图 G 示意图

表1　小规模图类中含冗余边的图的比例

N	N_c	N_r	P_r/%	P_{imp}/%
5	21	14	66.67	16.67
6	112	79	70.53	16.17
7	853	536	62.84	18.31
8	11 117	5759	51.80	15.53
9	26 1080	91 598	35.08	14.03

注：N_c：顶点数为 N 的不同构的连通图个数；N_r：一阶一致性协议下，含有冗余边的图的个数；P_r：一阶一致性协议下，含有冗余边的图的比例；P_{imp}：二阶一致性协议下，删除冗余边，收敛速度增加的图的比例。

求冗余边的步骤如图2所示。

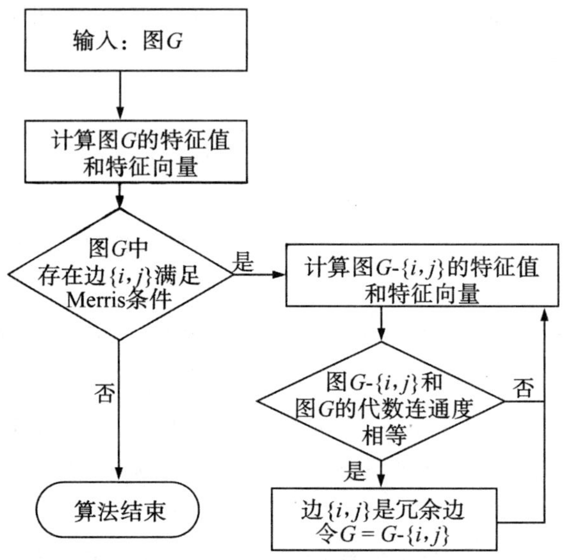

图2 求冗余边的步骤

近年来,多智能体系统的研究已经成为复杂系统研究的一个热点,并引起了计算机、人工智能、生物生态、通信控制等诸多领域科技工作者的浓厚兴趣。这主要是因为该研究的重大进展为复杂性研究特别是复杂系统研究提供了数学建模及分析方法,且具有广泛的工程背景和应用前景。

超重核研究

（2021年5月19日）

甘再国*

当前，原子核物理研究的一个重要前沿是探索原子核的电荷与质量极限、研究超重原子核与超重元素的性质以及合成超重原子核。20世纪60年代，基于量子壳效应，理论预言了质子数为114、中子数为184的原子核及其相邻核具有较长的寿命，甚至可能是稳定的，会形成一个超重稳定岛。这个理论预言促进了重离子加速器及相关探测设备的建造，推动了重离子物理的发展。到目前，已经合成到了118号元素，填满了元素周期表的第7行。然而，合成更重的超重元素或包含更多中子的超重原子核仍面临着很多挑战，这需要理论与实验密切结合，探索超重原子核的性质与合成机制，以登上超重稳定岛。本报告主要介绍了有关超重核及其合成的基本知识，并展示了中国科学院近代物理研究所超重核研究的成果以及未来的发展方向。

中国科学院近代物理研究所主要的研究方向包括三个大方面：基础研究、应用研究和装置研发。基础研究包括原子核物理、原子物理、核化学与放射化学、材料科学、强子物理、高能量密度物理以及加速器物理；应用研究包括先进核能、辐射生物、辐射医学、辐照材料以及核探测技术；装置研发则包括离子加速器研制、大型实验装置以及专用装置。在这些研究中，中国科学院近代物理研究所都有着专业的

* 甘再国，中国科学院近代物理研究所研究员。1989年毕业于中国人民解放军国防科学技术大学，2000年在中国科学院近代物理研究所获得博士学位。甘再国研究员主要从事远离β稳定线核素的合成及衰变性质研究，合成了我国首个超铀区新同位素^{235}Am和首个原子序数为105的超重核新同位素^{259}Db，从实验上第一次确定了镎元素质子滴线位置；完成了充气反冲谱仪的建造，并使用该装置合成了^{205}Ac、^{215}U、^{216}U、$^{219-224}$NP等新核素；参加了^{208}Hg、^{175}Er、^{239}Pa等中等质量区核素的合成鉴别及核结构的研究。

人员与设备。并且研究所拥有几个大型加速器,分别是SFC("一五"时期由苏联援助建成,后又经过了许多改造)、SSC("七五"时期)以及CSR("九五"时期),刚才介绍的研究方向也都是基于这些装置进行的。另外,研究所的LEAF平台的粒子能量较低,大概每核子的粒子能量为0.5 MeV,但流强很高,最大可达1 emA,主要用于材料、辐照以及天体物理。研究所还有一个ADS的直线加速器,目前只能用于加速质子和α粒子,流强非常强,可达20 emA。与这些装置相对应,研究所还有许多实验终端,例如在束γ实验终端、充气反冲核分离器、辐照终端TR5、浅层治疗及生物辐照终端、核孔膜终端等。下面对几个方向进行简单的介绍。

重离子治疗癌症:现在正在全国推广,其基础也是核物理,主要利用的是布拉格峰。辐照材料研究:这里主要介绍一个单粒子效应,高能粒子与半导体器件相互作用会引起各种各样的效应(单粒子翻转/多位翻转、单粒子瞬态脉冲、单粒子功能中断等),而这会引起卫星的许多故障。美国国家地理统计了39颗同步卫星出现过的异常,由空间辐射造成的异常占71%,其中单粒子效应造成的异常占53%,因此在卫星发射前研究人员会进行各种检验以避免发生故障。中国科学院近代物理研究所自己研制的一些探测器已被成功应用在"悟空"、Mars1等探测卫星中,并且运行状况稳定,未发生任何异常。接下来介绍我主要从事的工作——超重核研究。

首先是超重的概念。现实生活中人们想知道物体的质量就要找一个秤称一下,与标准质量表对比,比标准质量大则说明超重。但在核物理中,超重的概念显然不同,它主要的依据是液滴模型。水滴加水滴可以得到一个大些的水滴;大水滴加水滴又可以得到一个更大的水滴,那么它是否可以无限增加?不可以。我们做原子核的时候也是同理,在一个原子核中加质子就可以得到一个新的元素,那么我们是否可以一直加质子,使其成为一个很重的元素?液滴模型预言,当原子核足够重时就会发生自发裂变,从而导致质子无法一直增加。因此,液滴模型预言Z小于105。但是由于壳效应,壳模型预言会存在Z大于105的元素,因此之后我们称Z大于104的元素为超重元素。且因为Z等于104的元素是锕系的最后一个元素,所以我们又把超重核素称为超锕元素。超重元素英文全称为super heavy element,简称SHE。

我们具体从事的工作可以从核素图说起,核素图的纵坐标是质子数,横坐标是中子数,每一个质子数与一个中子数对应的点就代表一个核素。根据理论预言,共存在约8000个原子核(不同理论的预言会稍有差别),天然存在的核素约为280个,目前已经合成的核素有3200多个。核素图上标出来的数为幻数(2、8、20、28、50、82等),在这些位置的核素都比较稳定。目前已知的最重的质子幻数是82,最重的中子幻数是126。理论预言的下一个中子幻数为184,对这点大家基本都认同,但是对于下一个质子幻数的位置目前还存在较大争议。双幻数附近的核素都比较稳定,半衰期较长,因此根据理论预言,我们认为下一处中子质子幻数交汇点存在一片半衰期较长的超重稳定岛。

我们目前的工作是不断合成新的核素,研究这些核素的性质,探究下一个幻数的位置并向超重稳定岛进发。我们当下最想做的事是合成新元素。到目前为止,元素周期表中的元素已到118号,刚好填满第七周期。在这些元素的合成中,苏联/俄罗斯、美国、德国、日本学者都做出了很大贡献,其中德国学者合成了107~112号元素,日本学者合成了113号元素,俄罗斯学者合成了114~118号元素。合成新元素所用的方法是熔合蒸发反应,即用一个弹核去打靶,熔合后得到一个复合核,之后复合核经过蒸发少量核子就有可能得到新元素。从93号元素开始一直到118号,都是在实验室中合成的。德国学者主要是通过不同的束流去轰击双幻的靶来合成元素,这种方法叫作冷熔合;再往后的元素则是通过双幻的束流^{48}Ca去轰击靶材,我们把这种方法叫作温熔合。目前我们在119号和120号元素的合成中遇到了很大的困难,如果使用冷熔合,那么到119号元素的截面只有fb量级,截面太小;而如果使用温熔合,虽然截面变化不大,但是实验所需要的靶材产量太少,很难进行实验。目前最有效的解决方法就是增加流强,但从长远来看,最好的方法还是寻找新的反应方法和机制。新方法的出现需要积淀与灵感,我们并不能确定其出现的时间,因此目前来讲最好的办法还是增加流强。

目前我们还未确定超重稳定岛的位置,即使确定了我们也没有方法可以顺利抵达。从117号元素合成到现在已经过了大约10年,且目前并没有太大的进展。历史上也出现过这样的时期,很多年没有成果,但是随着技术与方法的进步,突然又有大量的新元素被发现。我认为这其中最大的原因是人的思想受限,一旦有了想法,就会出现很大的进步。现在可能是有史以来最长的停滞期,目前人们的主要解决方法还是提高束流强度以及装置的效率,俄罗斯、日本、美国、德国以及我国学者都在朝着超重稳定岛的方向努力。俄罗斯学者建造了一个为超重元素合成专用的加速器,同时日本学者也在其申请的直线加速器上进行了相关实验,它们目前的束流强度都可以达到10 pμA(以前大概是2 pμA)。

从21世纪初开始,我们就计划做新元素,所以要从头开始一点一点地做。首先,我们做了一个充气谱仪。合成新元素的技术需求有很多,我们这些年就在大力发展这些技术(包括分离仪器、获取系统等)。因为新元素的寿命可能很短,所以我们发展了一个数字化的获取系统对其进行鉴别,可以做到无死时间测量,输入信号计数率可达1 MHz。除此之外,我们还发展了单原子探测技术。合成新元素时,经常会出现一两个月只有一个衰变的现象，因此该技术的发展是必不可少的。现在我们做过最重的一个元素是 $Z=110$，就是用该技术进行鉴别的(2011年)。从1993年开始我们大概合成了30多种新元素，其中包含两种超重的同位素。在掌握充气反冲谱仪技术之前，我们所使用的单原子探测技术主要是氦喷嘴传输技术，直到2014年充气谱仪才投入使用(2008年开始建造)。研究所目前在建的仪器是基于"十二五"规划的强流重离子加速器(HIAF)，其流强很强，大概于2025年建成。另外还有在广东惠州建设的大科学装置，项目估算总投资23.54亿元，装置区和总部区总用地面积72.67万平方米，总建筑面积10万平方米。其次还有中国超重元素专用加速器，目前该加速器只能加速质子和α粒子，现在正在改造。HIAF建成后计划流强范围为10～20 pμA，达到世界先进水平，对我们来说也是一个机遇。自从117号元素合成以来，也已经有很多人尝试合成119号元素和120号元素，各种的反应道也已经被应用，不论是哪种反应道，只要我们去做就有机会。目前来说，如果束流强度为1 pμA，那么100 nb的截面每小时可以产生100个事件；1 pb的截面，1周可以产生1个事件；1 fb的截面，20年可以产生一个事件。目前产生新核素的量级都在fb，我们的流强如果涨到20 pμA，则一年可以产生一个事件。

现场问答：

1.问：我看到最近日本和俄罗斯合成新元素所用束流都是 ^{48}Ca，它相对于其他的束流有什么优势？

答：因为它是双幻核，所以激发能比较低，可以降低复合核的裂变概率，使之更容易生成目标核。

问：我听说 ^{48}Ca 目前只有美国可以生产且量很少，那么它附近有没有替代的元素？

答：首先 ^{48}Ca 目前是只有俄罗斯在生产，不是美国，大概一年生产10 mg，但是现在我们研究所有相应的储备。

2.问：119号、120号元素反应道的截面都类似吗？

答：目前没有具体的实验数据，都是理论计算，但是截面肯定是有大有小。

问：刚才提到的多久产生一个事件都是平均的吗？

答：对，都是一个平均产量，是一个概率问题，不是一个定数。

3.问：刚才提到的截面有没有考虑到仪器以及探测效率的影响？

答：目前效率大概都在百分之七八十，且对于如此小的截面，效率在这里也不是主要因素了。

问：目前合成新元素用的都是充气谱仪吗？

答:对,充气谱仪在所有的方法中是效果最好的。

4.问:合成元素需要很久的时间,在这么久的时间内我们需要一直在实验室等吗?

答:以前是这样的,但是现在随着技术的发展,我们已经基本可以实现自动化,有问题就会自动打电话进行通知,不需要一直有人值班。

5.问:研究新元素有什么意义?

答:主要还是科学意义,可以向着超重稳定岛进发,发现新的衰变模式等。但如果真的要达到应用的水平可能还需要很长的时间,比如现在放射性医药就在不断地发展中。不是每个核子都有特别大的用处,但是有一些特殊核子会有很大的用处,这也都是建立在我们合成出它的基础上。

6.问:如何提高粒子流强,流强受装置的什么因素限制?

答:我对加速器这方面了解不多,但是据我个人了解主要是离子源,目前我们做的超导离子源流强就很大,其余部分对流强的影响可能都不如它大。

报告总结及展望:未来合成超重元素将要使用的HIAF已于2018年开工建造,预计2025年建成并投入运行。基于HIAF,我们组制订了大致的研究计划:①在2019—2025年期间,研发新一代高效率充气反冲核分离器和单原子核灵敏的测量装置;针对重锕系核间多核子转移反应特点,解决丰中子超重核素分离关键技术问题,发展超重核素质量数和电荷数鉴别方法,设计并建造一台丰中子超重核素分离器。②在2025—2035年期间,依托HIAF,以超重新元素合成为重点,开展超重新核素合成、超重核素质量精确测量、超重元素化学性质、超重原子和超重核素结构研究,力争取得超重核研究的重大突破。在此期间,将CiADS超导质子直线加速器作为驱动器,利用高能、强流离子束轰击铀靶,通过靶核散裂反应产生丰中子核素,并与HIAF相结合,建造新一代ISOL型装置,形成在国际上性能优异的放射性束装置。③在2035—2050年期间,打造国际上高水平的研究团队,改进或新建实验测量装置,以攀登超重核稳定岛为重点,持续开展超重新元素合成、超重元素化学性质等研究工作。

在超重核研究领域,合成新元素扩展化学元素周期表和攀登超重核稳定岛是两个核心科学研究目标。自1939年发现铀核裂变现象以来,世界科技强国持续投入极大的人力和物力,以巨大的热情开展原子核电荷数和质量数存在极限的探索。他们在激烈的国际竞争中不断取得重大突破,合成了$Z=93\sim118$的25种元素和它们的数百种同位素,极大地拓展了元素周期表和重核素的版图,这些研究成果产生了巨大的科学价值和社会影响。然而,尽管研究人员取得了如此重大的进展,但超重核研究领域仍然存在以下重大科学问题:化学元素周期表是否存在终结点?超重元素的化学性质是否符合已建立的元素周期律?是否存在稳定或者寿命与宇宙年龄相近的超重原子核?存在一个还是若干个超重核稳定岛?最大的核幻数是什么?超重原子核是否具有奇特的结构和性质? 如果能够合成一定数量的超重元素同位素特别是长寿命的同位素,将有望在原子物理、化学、材料等研究领域开辟新的研究方向,形成新的前沿交叉学科。此外,在超重核研究的驱动下,发展的强流加速器技术、研发的先进实验技术和方法、建立的核理论能够为未来核能开发、核安全及核技术应用提供理论、方法、技术支撑。

在重大科学目标的牵引下,俄罗斯、美国、德国、法国、日本等科技强国制定了超重核研究规划,正在建造新一代强流加速器装置,研制高效率电磁分离器,研发高效率、高灵敏度、高精度超重核鉴别和测量实验技术。与此同时我国也在不断努力。在21世纪初期,依托兰州重离子加速器装置,部署了超重核实验研究计划,研制了充气反冲核分离器和单原子核鉴别测量装置,取得了以合成两种超重新核素为代表的研究成果。然而,受制于国内加速器装置束流条件限制,我国尚不具备合成超重新元素的实验条件,未能进入超重核研究的国际主流竞争行列。HIAF的超导直线加速器能够提供极强的重离子束流,有望成为世界上利用熔合反应合成超重元素、利用多核子转移反应产生丰中子超重核素的最佳装置之一。

探测气辉辐射，捕捉大气脉动

（2021年10月16日）

徐寄遥*

一、中高层大气的天然显示屏：极光与气辉辐射

中高层大气研究是空间物理学的一个重要组成部分，今天我将从中高层大气研究的视角，跟大家分享和回顾空间物理学研究近百年来的探索历程。

在中高层大气中，极光和气辉是极为重要的辐射过程，与中高层大气各种物理和化学的相互作用过程密切相关，因此也被视为空间天气的“天然显示屏”。我将从极光与气辉的背景介绍开始，回顾历史上的极光与气辉研究，并对如今的极光与气辉研究方法（如极光与气辉观测仪器等）进行一系列讲解。最后，我们将通过讲述我国气辉探测的前沿进展以及正在开展的“子午工程二期”建设，开阔大家关于空间物理和空间天气研究的视野。

要介绍中高层大气的极光与气辉现象，首先要回到最基本的问题上：什么是中高层大气？在地球大气中，学者们通过不同的分层标准从低到高将其笼统地分为低层大气、中层大气和高层大气，而对应的更加细致的分层则是对流层、平流层、中

* 徐寄遥，中国科学院国家空间科学中心研究员，空间天气学国家重点实验室副主任，博士生导师。2002年度国家基金委杰出青年基金获得者。研究专业是空间物理学，研究方向为中高层大气物理学。在空间物理学研究领域主要从事的研究工作包括：①中高层大气光化学、动力学以及辐射过程的研究和建模；②中高层大气遥感探测技术、信息处理以及分析方法的研究；③中高层大气遥感探测设备的研发和实验方案的设计。多年来负责和参加了国家自然科学基金委和中科院重大、重点和面上研究项目、“子午工程一期”以及国家重点基础研究973项目等多项研究课题。目前担任“子午工程二期”总师。

间层和热层，人类的生活区域主要位于对流层以下。从对流层底部即地面开始，随着高度的升高，温度会逐渐降低，每千米降低6～7 K（开尔文，温度单位，1 K=1 ℃）；当到达对流层顶后，随着高度的上升，温度受到臭氧光化学过程加热的影响，转而逐渐升高。当高度上升至50 km左右，温度达到260～270 K时，大气层被称为平流层顶。再向上随着加热源逐渐减少，温度就会再次降低。当高度到达90～100 km，此时大气温度达到最低值，这是地球大气温度最低的区域，且极区夏季90 km附近温度最低。德国的探测火箭曾经在夏季北极上空90 km附近探测到大气温度低于100 K。在高度超过100 km后，大气密度极低，太阳紫外辐射、X射线吸收影响非常显著，大气温度会急剧上升，可以达到800～1000 K，而在太阳活动较高的时期温度甚至高达2000 K。总的来说，人类主要生活在低层大气中，也就是对流层，而对流层以上的各个大气圈层综合起来就是中高层大气，因此中高层大气的分布范围在十几千米到几百千米。

前面主要介绍了温度随高度的变化，如果按照密度来看的话，我们会发现气压和大气密度会随高度的上升呈指数型衰减。15 km以下的大气密度约占总密度的88%，是大气高度集中的区域；而中层大气到100 km以下的大气密度约占总密度的10%；最后极少一部分大气则分布在100 km以上的高层大气中，这些大气是部分电离的，随着高度的增加，到磁层则变为完全电离。300 km附近是电离层F层，也是电离层电子密度最高的区域。然而电离部分与中性大气相比仍微乎其微，仅占其1‰～1%。但就是这么小的一部分电离成分，就能给卫星、飞行器的导航和通信带来极大影响。

总体来说，从地面开始，随着高度的上升，大气温度和密度逐渐降低。前面提到高度每上升1 km气温下降6～7 K，因此可以算得海拔4 km左右温度会下降到0 ℃，这也是高于4 km的山顶会终年积雪的原因。而大气密度的下降会造成生活在这一高度及以上区域的人呼吸困难，产生高原反应，甚至危及生命。

下面我们介绍中高层大气中最为显著的光学现象。当我们从国际空间站观察地球大气时，会发现地平线上存在一层非常均匀的发光结构，该结构被称为气辉。而在高纬地区存在的是我们更熟悉的极光，极光的变化非常快且较为剧烈和明亮。从空间站可以观测到全球夜间光学环境的空间分布，在低层大气和地表可以观测到闪电、灯光等光源。目前国际上对大气光学背景的两个方面特别关注，一是科学意义，二是军事应用。*PNAS*在2012年就专门发表了一篇相关的综述文章，其中就提到城市灯光、闪电、月光、星光、气辉和极光等光学背景的科学意义和应用价值。

由于气辉与极光的很多光谱是相似的,我们先简要介绍极光的相关背景知识。极光是空间物理研究中第一个不借助任何仪器,仅凭肉眼就可以观测的空间物理现象,它也被视为日地耦合过程的重要窗口。在中国古代和古希腊的书中都有极光的相关描述。然而更为深入的科学研究则是近几个世纪才逐渐开展的,例如伽利略的天文观测研究,其中的极光研究也极为著名;直到1770年,欧洲的科学家在研究极光的观测结果时给出了不同的物理解释。从那以后,对极光的研究一直持续至今。

然而对于气辉而言,由于辐射强度非常弱,其发现时间比较晚。在1868年一个没有极光的平静时段,一次偶然的机会,科学家发现有绿光和红光出现。然而之后数十年关于气辉的研究基本没有进展,直到1923年,科学家发现其中的绿光是由氧原子产生的,这认证了气辉的存在;随后,科学家发现了钠原子的气辉辐射。1930年之后,著名科学家查普曼(Chapman)研究并提出了气辉与极光是完全不同的,它起源于光化学过程。同时他也提出了一系列能引起气辉辐射的光化学过程,并指出了产生气辉辐射的物理机制。

后来国际上就开始对气辉进行系统性的观测和研究。20世纪50年代前,科学家主要是利用分光器在照相机底片上长时间感光来研究大气的气辉辐射光谱,发现了氧原子、钠原子、氧气等形成的气辉。总的来说,气辉的研究可分为三个阶段:第一个阶段是发现并认证各种气辉辐射,第二个阶段是建立气辉辐射的基本物理和化学框架,第三个阶段是利用气辉辐射作为大气的示踪剂对大气开展研究。尤其是1957年国际地球物理年以后,国际科学家们开展了一系列气辉和极光的研究。21世纪则是重新审视和观测气辉和极光过程的阶段。目前对各种大气物质产生的气辉和极光的能级跃迁、光谱特征以及激发源的研究仍然是非常重要的研究方向。

前面我们也提到气辉的光化学过程是由Chapman提出的,Chapman不仅在气辉的光化学过程中颇有建树,而且建立了平流层的纯氧光化学理论。这一理论至今仍能较为准确地描述出臭氧的整体结构。后来的中高层大气光化学理论是在Chapman理论的基础上不断丰富和完善而成的。同时,Chapman在电离层物理与化学、太阳活动对地磁影响等研究方面也做出了非常重要的贡献。由于Chapman对空间物理的贡献卓著,学界对他给予了很高的评价,称他为日地物理的先驱者。

本文重点讲述中高层大气的气辉辐射。大家从国际空间站对大气的临边观测上可以看到,在大概90 km和250 km左右的高度上存在非常均匀的气辉辐射带,这主要是因为临边观测无法观测到气辉辐射中非常丰富的水平扰动结构。实际上,大气的气辉辐射层中存在许多丰富的波动结构。例如我们观测到北京上空90 km左右高度有大量的大气波动,而在250 km高度处这些波动同样存在,这被称为电离层行进式扰动。该结构在我国海南上空也经常发生。因此,大气的气辉辐射层被称为大气波动的显示屏、光化学过程和动力学过程的示踪剂。另一个重要的大气波动显示屏则是极光,它处于地球的高纬极区。与相对平静的气辉相比,它的表现更加剧烈。

下面总结一下气辉和极光的异同。第一,两者的机制不同,极光主要是由能量粒子激发造成的,而气辉则是由光化学造成的;第二,两者的分布不同,极光主要分布在高纬地区,气辉分布在全球各个纬度上,为了避免极光的干扰,中低纬地区是观测气辉的最佳区域;第三,两者的变化不同,极光的变化较为剧烈,而气辉则是相对均匀的,但也会受到大气波动、磁暴等影响;第四,两者的强度不同,极光亮度较高,气辉亮度较低,所以极光观测的时间分辨率通常能达秒极,而中低纬地区的气辉则通常是百秒级;第五,两者的光谱有相同点也有不同点,有很多高能的谱线仅存在于极光中,而在气辉中则极少出现。

现有的气辉观测手段主要为地基和卫星观测。那为什么氧元素有那么多谱线?这是因为大气窗口基本就在可见的近红外波段和射电波段之间,这种特点使得我们只能在可见的近红外波段进行地基观测。而到了远红外波段,由于存在较强的吸收效应,很难开展地基观测,直到射电波段才能继续开展地基观测。射电波段是透明的,所以我们做日地耦合研究时,F10.7就是太阳的射电波段,可以用来做地基观测。在短波波段,X射线、紫外射线、伽马射线等辐射光谱只有在卫星上才能开展观测。这也造成了地基观测的局限性。因此我们在做研究时,要将全球视野的卫星观测和对一个地点的长时间、连续的地基观测相互配合,针对研究目标选取不同的观测手段来开展观测研究。

二、极光和气辉地基探测的重要方法:全天空相机

极光和气辉的地基观测设备主要是全天空相机。它的主要光学部件为鱼眼镜头,可以看到−90 ℃到90 ℃的整个半空间,能够获得更大的视野范围。然而其缺点是存在高畸变,例如用鱼眼镜头看森林时,中间的树木非常正常,而边缘的树木则会发生显著的扭曲。因此通常情况下,全天空相机主要是由鱼眼镜头、准直系统、滤光系统、成像系统以及CCD阵列探测器组成。进行数据采集时,整个观测过程由计算机自动控制。我们可以看到在90 km高度的事例中存在许多大气波动和

畸变,因此我们要使用数据处理方法将畸变消除。目前有多种数据分析方法,例如扣除本底、2-DFFT、时间差分、Keograms等。国外的全天空相机技术开始于20世纪80年代,到了20世纪90年代就非常成熟了。THEMIS是从事磁层研究的一组卫星,它们对于研究极光也非常重要。THEMIS在北美地区排布了20个全天空相机对极光进行拍摄,并与卫星数据进行结合研究,其提供的观测结果对于磁层观测和日地耦合研究十分重要。

三、我国地基气辉探测研究的进展——气辉探测网

我国的气辉观测始于“子午工程”。“子午工程”于2008年开工,是国家重大科技基础设施建设。“子午工程”分为两期,一期从2008年开始建设,到2012年结束,该工程建立了一系列的地基观测台站,是我国空间环境地基观测的重要起步和里程碑。在“子午工程一期”的建设中,我们从加拿大进口了两台全天空气辉成像仪,于2010年分别安装在河北兴隆和海南。

我国地形具有得天独厚的优势:东西向覆盖了四个时区,南北向覆盖中纬到低纬,还有青藏高原、漫长的海岸线以及最深的内陆。我国学者,例如北京大学的萧佐教授、中科院地质地球所的万卫星院士,发现了沿海和新疆内陆的电离层扰动存在差异,青藏高原对电离层有显著影响。这证明了地理地形对中高层大气具有显著的影响。目前,地理地形对中高层大气的影响已成为空间物理学研究的重要前沿领域。

我国广袤疆域和复杂的地形特别适合开展气辉的网络化探测。为此,我们自主研制了多种波段的全天空相机和其他光学探测系统,并开始在全国布站。从2010年到2016年,我国总共布局了16个台站,40余台全天空相机,建成了国际上第一个气辉观测台网。该气辉观测台网具有双层观测功能:一个是观测87 km高度中层顶附近的OH气辉,另一个是观测250 km高度附近的氧原子的红线气辉。按照科学目标,我们的台网已在重要区域进行加密布局。例如,在电离层赤道异常区的驼峰位置,也就是北纬25°,约在昆明—广西—福建纬度带附近,布局了一系列红光谱段的观测台站;在青藏高原布局多波段的观测;在华北地区布局密集的无缝隙的OH气辉台网。

建立覆盖我国上空的气辉观测台网的科学目标是:①开展地理和地形对中高层大气的影响的研究;②开展对大气各种波动的产生、演化、消亡过程研究;③开展下层大气强烈扰动对中高层大气的影响研究;④开展对中纬度和低纬度电离层的

不规则体的研究，研究它们形态特征的演化过程以及相互作用过程。通过大家的努力，当初我们建设台网的科学目标也在一一实现。这里我们举三个例子：第一个是地形对中高层大气的影响，第二个是中高层大气中的潮涌现象，第三个是雷暴和台风对中高层大气的影响。

首先我们来看地形对中高层大气的影响。我国最具特色的地形是青藏高原。在昆明附近我们架设了一台全天空相机并做了长时间观测，这可以对大气重力波的发生和传播特性开展研究。按照夏季和冬季的不同时间段来分析波动，可以看到同纬度带存在两个相反的传播方向，也就是夏季向东北方向传播，冬季向西南方向传播。但是昆明的观测结果则完全不同，在夏季仍是向东北方向传播，而冬季则是转了90°向西传播。这是第一次给出定量证据说明青藏高原对于上百千米的大气波动存在重要影响。

其次看潮涌对中高层大气的影响。钱塘江大潮是一种海洋潮涌，我们可以看到潮水过来之前很平静，然而在潮水线之后有一系列的波动，这就是潮涌。其实在陆地上也有类似的结构，例如沙尘暴，实际上也就是下边的气流带动沙子向前运动。而在大气中，这种潮涌可以达到上千千米的尺度。在兴隆站附近，激光雷达观测发现大气波动过来之后，Na层的密度峰值高度从90 km降到了85 km，等波动过去之后，密度峰值高度又恢复到90 km，这就是中高层大气潮涌现象。这一现象目前还未完全解释清楚，仍遗留非常多的问题。我们在拉萨台站的气辉观测还发现一次拉萨上空也能看到绵延上千千米的潮涌现象，并且卫星也同时观测到了同一现象。

最后看雷暴和台风对中高层大气的影响。从发生于2013年8月13日的雷暴事件，我们可以看到雷暴发生后大气波动从山西一直传到了朝鲜半岛，有上千千米之远，这与我们实际环境中波的理论是相悖的。我们的观测表明波导在大气波动传播中起了非常大的作用。而2013年8月9日的多源雷暴，则能在北京上空看到电离层扰动，并且其中包含各种不同的空间尺度。

在低层大气中，台风是一个重要的物理过程。我国南方经常受到台风的侵扰。2014年3月9日台风对电离层产生影响，其中等离子体泡的形成与之密切相关。2013年10月4日的台风非常强，并且沿着海岸线向上海运动，在30 km、40 km、50 km等高度都引起了大气活动。我们把相关参数提取出来，就能看到里面的大气波状结构，这就找到了台风与中层大气的对应关系。我们的文章指出了台风在地面也就是低层大气的扰动，是如何从赤道附近产生，再从我国西侧向东侧运动，并传到了上百千米上空的，并且在这一过程中引起了电离层不规则体的产生。

总之，我们利用气辉观测取得了关于地形、电离层扰动、大气震荡、台风和雷暴等一系列的研究结果，显示出我国中纬度地区的气辉观测特征，涉及的研究领域包含了电离层不均匀体等，研究手段包括机器学习等新的研究方法。

四、“子午工程二期”地基气辉探测

最后是关于我们正在建设的“子午工程”的介绍。之前我们完成了“子午工程一期”的建设工作，在这期间我们团队开始了气辉观测工作，并初步完成了我国气辉观测台网的架设。2019年年底，“子午工程二期”开始建设，在这一阶段我们不仅将在国内增设十多个台站，还要在南北极建设相关台站来进行极区研究。总体算来，“子午工程”共建有31个台站，并且“子午工程”中还建有地磁网、中高层大气网与电离层网，这三个网络与气辉观测密切相关。其中在中高层大气网中，流星雷达有12部，全天空相机有12台，全国各地还架有多部激光雷达。我们将这些地面观测与气辉观测相结合，尝试回答以下重要科学问题：①电离层行扰（我国中纬地区主要的电离层扰动）的溯源、传播和耗散效应；②等离子体泡（我国低纬和南海地区主要的电离层扰动）的产生、传播效应；③中高层大气剧烈事件的产生、传播效应以及波导的相关作用。

我今天报告的主要内容就讲到这里。最后，祝贺山东大学120周年华诞。在此，将山东大学的办校宗旨“为天下储人才，为国家图富强”与各位年轻朋友共勉，希望在座的各位年轻朋友能够为报效祖国、服务人民而奋斗在科研第一线。

提问环节：

学生提问：徐老师您好，我有个问题请教您。您提到气辉的形成是光化学过程，因为我本身是学物理的，不太清楚光化学是一个怎样的过程，能请您举个例子解释一下吗？

徐寄遥老师：这个问题问得很好，光化学反应用一句话概括就是有太阳辐射参与的化学反应。大气里面的化学通常都叫作光化学，原因是都有太阳辐射的参与。氧分子是如何变成氧原子的？通常情况下，光子把氧分子的化学键打破，氧分子在吸收了光子的能量后变成两个氧原子，氧原子在跟氧分子相互反应时，就产生了臭氧。这就是Chapman教授在20世纪30年代提出的纯氧光化学里面最重要的一个产生臭氧的过程。在这些反应之前是需要光子参与的，所以这个过程叫作光化学过程。

行星科学120周年

（2021年10月22日）

魏 勇*

行星科学的兴起与发展是20世纪人类文明进程中的一件大事。1901年无线电波跨越了大西洋,标志着人类具备了行星尺度的主动探测能力。1969年,美国宇航员首次在月球上踩下脚印,带回月壤。2021年,中国和美国的巡视车在火星上并驾齐驱。一百多年来,人类探索太阳系的步伐从未停歇,行星科学逐渐走到技术创新的顶端和自然探索的前沿。本报告以120年行星科学的发展为背景,评述中国行星科学的研究现状、前瞻深空探测国家战略牵引下的发展远景。

此次,借山东大学建校120周年与大家一起学习交流行星科学史,它的内容研究很有意思。今天的报告"行星科学120周年"就是为了契合山东大学建校120周年的庆祝活动,我尝试以行星科学120年来的主要发展为脉络,来跟大家共同交流探讨我国的行星科学是怎么发展的。

我的报告分为三个部分:第一部分是行星科学发展脉络的梳理,第二部分是行量科学最近120年的发展,第三部分是对未来的展望。

行星科学的发展有三个比较公认的阶段,这个是按照观测研究的工具来划分的。在1609年之前,没有任何工具,只有裸眼,这个时期我们把它叫作裸眼时代。这个时期我们对行星只是观察,学科刚刚产生萌芽但并没有真正建立起来。这一

* 魏勇,教授,国家杰青基金获得者,长期从事地球与行星空间环境、临近空间探测与实验、行星科学史等方面的研究,致力于行星科学一级学科的建设。担任中国科学院与地球物理研究所副所长,中国科学院大学地球与行星科学学院副院长、行星科学教研室主任,中国首次火星探测计划"天问一号"首席科学家助理,中科院A类先导"鸿鹄专项"首席科学家,中国高校行星科学联盟秘书长。

时期主要观察行星的运动规律,其主要用途是星占术,它在现代科学建立之前主要用于宗教活动。它的背景跟古希腊、古罗马时期的科学精神的起源以及地心说的形成等有着比较密切的联系。第二个阶段从1609年伽利略改进望远镜开始。伽利略不是发明而是改进了望远镜,他是先听说有人发明了一个三倍的望远镜,然后将其改进到了十倍。这样我们就第一次有了观测工具,能够观测行星的运动规律和表面特征。这个时期的主要背景是文艺复兴、科学和人文精神的复苏。第三个阶段从1957年进入空间时代开始。这个时期开始有了人造卫星,其发展得益于二战之后科技水平的整体飞跃,随后各个自然学科都迎来了大的发展。这三个阶段里边有个比较有意思的点,即行星科学为什么没有在中国诞生?也就是说,现代科学为什么没有在中国诞生?这是从最开始的轴心时代就注定的发展脉络。

什么是轴心时代?轴心时代就是公元前800年到公元前200年的600年时间,其间现代人类文明的大框架格局全部奠定,同时东西方著名的哲人都已出现。在东方出现的哲人是孔子,在西方出现的哲人是亚里士多德。这两位先贤的思路是完全不同的,中国人注重的是人,是人与人的关系;而古希腊亚里士多德注重的是自然,是人与自然的关系。所以我们中华文明的注意力没有放在天体上,这也是为什么行星科学没有在中国诞生。孔子提出来的思想叫作“天人感应”,他认为人跟天有一种感应存在,但是他没有说这种感应具体是什么以及怎么使用。一直到汉武帝时期,董仲舒把孔子的“天人感应”变得工具化,使它能够被应用,这就是“天人合一”的思想。董仲舒用它来约束汉武帝的皇权,意思就是天人是合一的,如果天上出现了异象,那么皇帝就应该反省,所以在中国古代对行星的观察主要应用于此。在西方,亚里士多德等学者强调的是理性思维,这提倡我们要抛弃用感觉去理解这个世界的传统思维模式,而要尝试用理性去理解世界。那么,文艺复兴的是什么?其实就是理性思维。亚里士多德和托勒密这两代人接力发展了地心说,这为我们提供了一个理解太阳系行星运转的模型。

举一个东西方差异的例子。在汉语里面,行星为什么叫作行星?这是因为Wandering Star指的就是火星运行过程中能够后退的现象。它后退的时候画出来的圆圈住了星宿,这个星宿中的三颗星在中国古代分别代表着皇帝、太子以及庶子。如果火星画出的圆圈住了某一颗星,这颗星对应的人就要死,这个现象在古代中国是最凶的天象,叫作“荧惑守心”。因此,我们古人观察天象是用来制约皇权的。据考证,“荧惑守心”这个现象在中国古代发生过很多次,且它对应的一些现象有时也令人诧异。例如,在绥和二年发生的“荧惑守心”,就让汉成帝很惶恐,他让丞相自杀来代替自己去死,丞相迫于无奈自杀了,但一段时间后汉成帝还是死了。

这也是中国文化对行星观察的一种运用。

欧洲人尝试用一个理性的模型去解释火星后退现象,这个理性的模型就是"地心说"。在亚里士多德时期,"地心说"认为八大行星围绕地球运转,但是都围绕地球运转就不能解释火星后退现象,那怎么办?托勒密就在它的基础上又加了一个"轮",他把一个白色的轨迹和一个红色的轨迹分别叫作"本轮"和"均轮",这样这两个"轮"叠加起来就能够解释火星为什么会有后退现象,这就是"地心说"的解释。

后来哥白尼觉得这样解释太麻烦,就换成了"日心说",这就更容易解释火星为什么会后退。因为地球转得快,火星转得慢,因此在地球上去看火星的时候就会发生这种后退的现象,这可以理解为地球在运转的时候超过了火星。

所以文艺复兴时期哥白尼、伽利略、开普勒三个人促进了行星科学萌芽的产生。文艺复兴复兴的是什么?在经过了漫长的中世纪之后,它复兴的是多年前的古希腊的科学精神。文艺复兴时期,巨匠们认为万物必须是可测量的,只有可测量的才是美的。文艺复兴时期的雕塑、绘画全部都运用了笛卡尔的几何,笛卡尔几何是在哥白尼、伽利略、开普勒之前创立的几何学。他们运用几何学来进行艺术创作以及观察自然。

1609年,开普勒和伽利略达到了一生辉煌的顶点,两个人同时做出了重大的贡献。开普勒出版了《新天文学》,发表了开普勒三大定律的前两条,后来在1618年又发表了第三条行星运动定律。1609年6月,伽利略改进了望远镜。所以,既有了理论又有了观测的工具,这使得行星科学正式地进入萌芽时期。那么这个理论有多伟大?大家可以想像在1609年的时候,突然有人告诉你天上的星星的运动是可以用公式来描述的,是可以用数学来进行精确预测的,这对当时经历过中世纪的压榨的民众来说是一个非常不可思议的事情,因此它也在文艺复兴中起到了非常重要的作用。

伽利略在1609年改进了望远镜之后,在1610年便开始使用望远镜去观察行星,他看到了太阳黑子还有月球。他也观察了木星,发现木星有四颗卫星,现在叫作伽利略卫星,即木卫一到木卫四。如果我们连续几天去看这几颗卫星,就可以看到这几个卫星相对于木星的位置一直在变化。这几个卫星是围绕木星在转的。如果"地心说"是正确的,那么为什么这几个星星要围绕木星转?所以这提供了"日心说"的一个最直接的证据,也是第一个证据。

随后望远镜发展了300年,有钱人都加入到望远镜的建造中。其中最成功的是洛厄尔(Lowell),Lowell建立的天文台现在还在使用。这个天文台于1894年建成,现在已经成为空间物理的一个很重要的单位,我国有几位教授就曾在Lowell

天文台工作过。Lowell把望远镜的口径发挥到了极致。他有一个追求,就是寻找火星人,他一直相信火星上有火星人。他出版了好几本书来说明火星上有运河,并对每一条河道都进行了命名。他还坚称火星上有海洋,但到最后自相矛盾了。有人指出,运河在海洋里面,而海洋里面怎么会有运河?Lowell无法回答这个问题,于是从他之后,做行星观测的人的名声都变得特别差。这是因为他们一心只寻找外星人,没有提出真正的科学发现,所以在Lowell时期行星科学就开始衰落了。这个衰落持续了几十年,一直到20世纪中期才逐渐恢复声誉。那么Lowell当年看到的东西是否存在呢?从我们现在的卫星拍摄到的高分辨率图片来看,一些看起来像运河的东西确确实实是存在的,这也证明当年Lowell并没有说谎,他的望远镜确实能够看到这些。

1901年,也就是120年前,望远镜衰落之后,无线电技术兴起了。没有人会想到这个跨越大西洋的实验将来会给人们探测太空带来巨大的帮助,也想不到会对现代人的生活方式产生多大的影响。如果没有无线电工具,我们怎么可能发射火箭,怎么可能与火星上的火星车进行通信呢,这些全部都需要无线电技术。而且我们现在都很依赖手机,如果没有无线电技术,我们怎么可能有现在的生活。这也是我将报告的题目定为“行星科学120周年”的原因之一。1901年的无线电实验还有一个更重大的意义。我们人类长期以来都在一个二维空间内生存,也就是在地球表面。第一个跑到三维空间内的就是加加林,他第一次到达400 km的高度;再后来就是阿姆斯特朗到达月球轨道,这是人类在第三维度上能到达的极限。如果没有无线电技术,人类将一直在二维平面内生存。所以无线电技术是探索太空的最重要的技术之一,它也改变了人类的生活方式。

探测技术的进步促进了行星科学的研究。1609年伽利略改进了望远镜;1940年出现了红外望远镜,这时候我们可以观测行星大气;1960年研究人员发明了飞船着陆器,我们甚至能够从月球上采回月壤;1969—1972年,美国进行了六次成功的阿波罗登月计划,一共采回了382 kg的月壤;20世纪90年代,我们发现了系外行星,这时的天文和地学就已经开始相互交叉,分不开了;2000年,我们发明了主动采样的巡视器。在包括小行星以及彗星的采样返回任务中,地学逐渐变成了主导,其分析方法和思维已经超过了天文学。现在的行星科学基本上是地学占的份额比较大,这就是我们学院叫作(中国科学院大学)地球与行星科学学院的原因,现在行星科学跟地学的结合是非常紧密的。

以上是第一部分,我们通过梳理400年的行星科学发展脉络,了解了行星科学是怎么来的。那么最近120年行星科学的发展态势是怎样的?我们实现了从“西学东渐”逐渐到“自立自强”的转变,接下来将详细介绍这个过程。

1901年,也就是120年前,除了马可尼发明的无线电获得了1909年诺贝尔奖之外,还有一个伟大的突破就是首届诺贝尔奖的颁发,这开启了崇尚科技的新时代。在过去从未有一个时代对科学家以及人类探索科学前沿或进行技术突破如此重视。另外,在这个时期科学领域还实现了一系列的突破,1901年科学家提出了量子理论,1903年莱特(Wright)兄弟的飞机首飞成功,1905年科学家提出了狭义相对论等。

那个时期的中国在做什么?鲁迅在1898年进入南京陆师学堂,半年后转入矿路学堂去学矿,1903年10月10日他在《浙江潮》第八期以索子的笔名发表了《中国地质略论》的长篇论文,也有人把它称为专著,这是中国最早期的地质学论文之一。提及此是因为当时的中国没有科学。《辛丑条约》签订之后,欧美列强抢夺了当时中国已知的90%以上的矿产,中国人想开矿要向列强申请。有识之士认为这些做法不可行。鲁迅说:“中国者,中国人之中国。可容外族之研究,不容外族之探险;可容外族之赞叹,不容外族之觊觎者也。”这是鲁迅当时比较有代表性的一个思想。他们也注意到一个事实,就是我们要自己去找矿路,“而不知矿产之所在,则犹盲人瞎马,半夜之临深池,纵欲多方摸索,必无一得”。这意味着如果我们没有科学也没有科学技术,那么我们的矿产即使不被其他国家掠夺去,我们自己也找不着。因此,我们必须要学习科学,所以鲁迅就去了日本,《浙江潮》就是在日本发行的。

鲁迅在很早的时候就对行星探索产生了兴趣。凡尔纳(Verne)在1865年写了首部太空科幻小说,是人类第一部讲述探索太空的小说。1903年鲁迅把它翻译成中文,叫作《月界旅行》。后来人们把《月界旅行》跟阿波罗计划中的一些指标做了对比,发现两者很相似。

1905年袁世凯和张之洞奏请皇帝立停科举,随后废除了科举,并办学堂、办实业。至此,在中国历史上延续了1300多年的科举被废除。1904年全国的学堂达4000多所,1909年增加到5.2万所,学生达到156万人,这是一百多年前我国的情况。

1913年中国才有了第一个官办的科研机构,叫作中央地质调查所。它一直延续到现在,也就是中国科学院地质与地球物理研究所。因此,1913年中国才有了官方的科学。

1915年陈独秀创办《新青年》,这标志着新文化运动的兴起,提出的口号是“民主”和“科学”。所以,这时候人们才提出要把“科学”引入中国。1919年的五四运动,给中国的青年带来了新的思想。经过五四运动的洗礼,越来越多的中国先进知识分子集合在马克思主义旗帜下。1921年中国共产党正式成立，中国历史掀开了崭新的一页。所以，第一次科技革命的时候中国才刚刚把科学引进来，叫作“西学东渐”。

二战时期的许多发明在人类文明的发展中扮演了重要角色。它对世界的影响有多大？国外的地质学家提出，二战应该作为一个新的地质年代的开始。如何划分地质年代？在全世界任何一个地方掘地三尺一定能找到一个共同的标志物，这个标志物可以用来标志一个时代。例如，6500万年前恐龙灭绝了，这标志着白垩纪的结束，只要过了6500万年那个节点就再也找不到恐龙了，那这就表示一个时代结束而新的时代开始了。那么为什么二战可以作为一个时代的节点？这是因为在全世界任何一个地方掘地三尺，一定能找到核放射物。全世界每一寸土地都有核放射物，这是二战时期诸多核爆导致的。同样在第二次科技飞跃期间，美国建立了首个政府主导的国家科研体制，并把科研分成了基础研究和应用研究两类。空间物理就属于基础研究，这种分类也是美国创立的。

美国创立这个科研体制之后，就迎来了科技的巨大飞跃。二战之后，美国从德国缴获了多枚V-2火箭，其中部分给了康奈尔大学的一个9人研究小组。其中最年轻的是范艾伦(Van Allen)，由于其他8位老资格的研究人员被调去做原子弹研究，于是范艾伦就变成了领袖，带领大家开展火箭研究。他们首先向太空发射了一个照相机，看看我们的地球是什么样子的。人类第一次明确了地球是一个球形，这也是第一次帮助人们认识到地球是一颗行星，它跟火星一样都是圆的。

20世纪50年代，尤其是1957年10月4日苏联Sputnik 1发射成功，开启了空间时代。随后，苏联又发射了Sputnik 2，并携带了一只狗(叫作Laika)升空，以此来做生物实验，从而验证人是否能上天。由于火箭设计存在缺陷，没有考虑温度，所以此次实验失败了。但Sputnik 2仍在运行，人类目前发射的所有卫星都还在运行。Explore 1上天之后，美国在1958年1月31日发现了辐射带，在范艾伦的领导下他们开始研究空间科学，从此改变了探索的方向。

1957年，中国的地球物理研究开始走上国际化的道路。1957年举办的国际地球物理年会(IGY)有67个国家参与。中国代表团中包括南北“两派”的创始人，“北派”的创始人是赵九章和陈宗器，“南派”的创始人是梁百先和桂质廷。“北派”以研究磁层见长，“南派”以研究电离层见长。1987年，中国访问美国磨石山非相干散射雷达站的代表是万卫星和李钧，梁百先先生的学生是李钧院士，李钧院士的学生是万卫星院士，他们一脉相承，一直保持着与国际的合作交流。

从1960年开始，人们基本上对空间的各个圈层有了全面的认知。1958年，美国发射的第一颗卫星在天上仅仅运行了111天,便发现了辐射带;1992年,日本发射的Geotail运行到现在,已经运行了29年;2000年,进入多卫星时代,欧洲Clsuter任务的四颗卫星一起上天,运行到现在已经有21年。我们对空间的研究方式也从单卫星向多卫星转变。史全岐教授在2005年就开发了多卫星分析的方法,并发表在GRL上,已被很多人引用。2000年年初,多卫星给我们带来了一个从更多维度去认识空间的视角,这让我们对空间有了更全面的认知。

1960年也开启了另外一条研究路线,即行星探测。除了对地球空间进行探测外,科研人员也开始对行星空间进行探测。Sputnik 1是1957年上天的,第一次飞掠月球是1959年,同年苏联实现了第一次撞击月球。美国在1962年首次飞掠了金星,在1964年又首次飞掠了火星,然后又迫不及待地进行了深空探测。

1969年7月20日,阿波罗11号成功登月,后又进行了5次登月,一共采回382 kg的月壤,并且开展了重磁电震的测量、表面特性、物质化学成分、光学特性等方面的研究。正是因为阿波罗登月,地球科学家的研究手段才能在行星科学中运用,地球科学家联合天文学家开启了现代行星科学研究的序幕。行星科学可以被认为是1969年建立的,因为那时候人类的探测方法已经允许去建立一个新的学科了。

在中国,我们的第一颗人造卫星是赵九章提出来的"东方红"一号,它在1970年4月24日发射升空,4月24日被定为中国航天日。2004年,中国发射了第一颗空间探测卫星,叫作"双星"计划。我本人在研究生期间也是做"双星"计划研究的,"双星"计划研究的第一篇综述文章是我发表的《2004年3月18日高纬磁层顶多重通量管事件分析》。我们2004年才开始进行空间探测的科学计划。但是仅仅过了三年,"嫦娥"一号就成功上天了。在2019年纪念阿波罗登月50周年时,*Science*发表了一个专辑,其中就邀请了中国的月球科学家去梳理当前和未来的空间探测计划。我们将整个的月球探测计划向国内外的同行们进行了介绍。虽然我国月球探测计划起步晚,但是起点很高。

现在的深空探测呈现出什么态势?一开始我们只能去下载国外的数据,现在我们已有了一系列自己的深空探测计划,实现了科技自立自强。现在可以看到我们中国处在什么样的位置上。截至2020年,美国已是深空探测的强国,它有82次成功和21次失败。全球150次成功里面超过一半是美国贡献的,84次失败中有一半是苏联贡献的,日本也有几次,接下来是欧洲,然后是中国。中国在"天问"一号升空后基本就与欧洲和日本持平了,并迅速成为第二梯队的中坚力量。中国"天问"一号的巡视车——"祝融"一号,能够在火星上跟美国的"毅力"号并驾齐驱,这充分说明了我国科技进步迅速。

第三部分着眼于未来，未来我们应该做什么？这就需要考虑中国现在缺什么。显然，我们要成为深空探测强国缺的是科学。“嫦娥”四号实现了首次着陆在月球背面，“天问”一号使我们成为全世界第二个成功进行火星软着陆的国家，这一系列成功都是工程壮举，但是没有什么是中国人发现的。例如，能写进教科书的、科普类、报告类的内容都是外国人发现的。那么我们的深空探测意义何在？这是我们面临的问题，也曾是美国面临的问题。

美国天文学会的前会长于2009年在*Nature*上发表了一篇综述。他写了自开普勒和伽利略以来四百多年的行星科学的发展。其中提到了20世纪60年代美国国家航空航天局（NASA）也曾找学者研究行星科学，但是未找到人，然后就采用金钱激励的方式去吸引大学建立行星科学系，以资助学者和学生研究行星科学。他们发展的速度有多快？1960年，Kuiper在亚利桑那大学建立了第一个行星科学实验室LPL，并用了7年时间从10人发展到119人，然后建立了行星科学系。而在同时期，麻省理工学院等其他高校培养的行星科学博士远多于亚利桑那大学。这是美国给我们的启示，他们为了研究行星科学，还建立了行星科学联盟（USRA）。这是NASA的局长和美国科学院的院长共同创立的，当时有110多所美国大学加盟，到2019年已经有500多所全球大学跟USRA有过不同形式的合作和接触。自1969年成立以后，USRA形成了大规模的科研人才培养体系，每一个著名的高校都有自己的行星科学研究特色。现在在西方几乎很难找到地球科学系或者地球物理学系这样的名字，全部都改成了地球与行星科学系。我们国家目前只有一个，就是中国科学院大学的地球与行星科学学院，是2018年改的名字。

2021年5月28日，习近平总书记在中国科学院第二十次院士大会、中国工程院第十五次院士大会、中国科协第十次全国代表大会上提出了新的论断：深空探测将成为科技竞争的制高点。深空探测对于中国具有非常重要的意义，中国必将成为深空探测的强国。

世界上每一个国家都有自己的探测计划，都想去尝试探测不同的行星和天体，但是最终我们比拼的是什么？一个重要的指标就是类似于谁第一个到达月球背面或者说把车开上火星这样的工程的成功。另外一个重要的指标是行星科学的产出。实现深空探测，对一个国家的机械制造、通信、电子等行业的要求非常高，要想做到这些是非常困难的，这就需要一个国家有强大的综合实力。

未来行星科学的发展方向取决于我国需求的方向。2024年，中国将探测小行星和彗星，并且要实现采样返回；2028年要实现木星的探测和火星的采样返回计划;2031年计划采回火壤。因此我国对行星科学人才需求非常多。

总体来说,国家需要我们往哪个方向走,我们就向哪个方向去建设学科。

现场提问:研究行星科学能够给我们的生活带来什么影响?有什么商用价值?我发现目前比较热门的学科都可以快速改变我们的生活,比如人工智能,但是我不清楚行星科学到底可以给我们的生活带来什么样的改变?

回答:这个问题我认为应该分两个层次来看,行星科学可以从狭义和广义两个角度来理解。狭义的行星科学就是指我们通过数据分析、样品分析去了解某一颗行星的演化、特征,以及它跟地球的异同;从行星身上我们能不能看到地球的过去以及地球的未来,我们能不能去预测人类的命运。这些方面是理论上的,它不可能转化成经济效益,它只是为了回答我们在哲学上的思考和需求。广义的行星科学包括了行星科学的基础研究和探测技术,这就有直接的经济效益。我们很熟悉的一些产品都是来自深空探测,例如发光二极管(LED)最开始就是在深空探测的过程中发明的。最开始发明的LED只能发出红光,而没有白光的LED,这是因为蓝光LED一直造不出来。蓝光LED是在1994年造出来的,前些年才得了诺贝尔奖。另外转化得比较成功的是冻干技术、配方奶粉、记忆枕头,还有那些名字上带着“太空”两个字的产品,例如太空棉、太空被、太空杯,基本上都是从深空探测技术转化而来的。关于中国深空探测的成果转化,北京地铁四号线中有一个地铁站的空调用的是“嫦娥”三号上的空调技术。我们周围所用的这些东西基本上都被转化完了,例如速溶咖啡、冻干咖啡,这些都是为宇航员准备的。因为能转化的技术已经转化得差不多了,所以平时就感受不到深空探测技术对我们生活的改变。其实我们生活的方方面面,从房间里用的灯到各种材料、衣服、远距离测温的体温计等,这些东西全部来自深空探测技术。所以这种技术转化是有的,它对一个国家的工业水平的提升是非常大的,尤其是它从无到有的过程。我们平时感受不到,也是因为中国在这方面做得不够好。当然如果你有兴趣的话,将来投入到这个领域里面去,至少也是一项挺有意思的研究。

第三编　人文:参伍相变　观其会通

长沙吴简与临湘侯国

（2021年4月16日）

凌文超*

长沙走马楼三国吴简主要是孙吴前期的县政文书。其中,临湘侯国的行政簿书占绝大部分。这些文书大都经过临湘侯相、丞及门下吏、廷掾等的处理和省校,不仅真实地反映了临湘县廷日常行政的政务特征,也忠实地记录了临湘侯国重点处理的甚至事关孙吴全局的上务与时务,具有重要的史料价值,也是研究孙吴制度的宝贵材料。

由于《三国志·吴书》缺乏表、志和孙吴制度的基本面貌,特别是吴制的独特性及其在汉晋制度变迁中所起到的作用,历来人们知之不详。约10万枚长沙吴简的出土,为我们具体而微地探讨孙吴制度以及县政运作提供了条件。

一、吴简的史料价值

诚然,现存吴简簿书远非临湘侯国文书档案的全部,所能集中讨论的往往只是临湘侯国的文书行政及其所反映的孙吴基层行政制度的某些方面。而且,正如罗新教授所言:"我们不能期望吴简资料与《三国志》和裴注之间能够出现直接的关

* 凌文超,北京大学历史学博士,北京师范大学历史学院副教授,兼任魏晋南北朝史学会理事。2011—2017年任职于中国社会科学院历史研究所。主要研究领域为秦汉魏晋史、简帛学。在《历史研究》《考古学报》《历史语言研究所集刊》等刊物上发表论文数十篇,主要代表著作有《走马楼吴简采集帛簿书整理与研究》(获教育部第八届高等学校科学研究优秀成果奖)、《吴简与吴制》、《秦汉魏晋丁中制衍生史论》。

联。”[①]吴简既难以改写三国史,又不足以发现诸如“三国演义”之类的有趣故事,那么,吴简独一的史料价值究竟何在?

《三国志·吴书》和裴注很早以来就是人们从整体上认识孙吴史的基本历史论述,其他历史叙述由于各种原因没有得到官方的认可和推赞,甚至遭到排挤而渐归沉寂直至最终被遗忘。久而久之,《三国志》及裴注就成为人们了解三国整体历史的唯一论述,其保存的史料宛如三岛十洲点缀在三国历史遗忘的海洋中。[②]在这种情况下,大约10万枚长沙吴简的出土,就像火山喷发造出了一座新岛。相比《三国志》和裴注所记史事的恢宏壮阔,吴简记录的县乡诸事,多少显得有些“鸡零狗碎”,但它们是久已消失在历史遗忘海洋中的暗沙潜石,倏忽间冒出海面,霎时让人夺目惊心。虽然这座新岛并不能与三岛十洲相媲美,但是,它提供了新坐标,为我们探索未知万一的深海提供了航标,也为我们定位心向往之的三岛十洲提供了新的参照。

长沙吴简记录的临湘侯国文书行政,是任何历史时期基层官吏和绝大多数民众都需要面对并参与其中的公共事务。它们直接反映了地方统治秩序甚至是社会秩序最一般的形态,并且无时无刻不影响着人们的日常生活。但是,因其层次低且为时人所熟知,在“录大略小”“常事不书”的著史原则下,很难进入史书的叙述。这些基层行政文书档案在当时看来不仅没有长期的保存价值,而且需要经常性销毁,因而很容易亡佚。随着制度的演变,人们也在不知不觉中逐渐将旧的行政方式遗忘。

史书选择性记载形成的空白和人们集体无意识造成的失忆,导致我们认识的历史往往都是史家、史书叙述的重要人物、事件、制度的大概,而基层、日常、寻常个体的历史细概总是逐渐不为后人所知,最终成为被人遗忘的历史死角。长沙吴简的出土,无疑有助于增进我们对孙吴县政细节的理解和认识。

当数量庞大的吴简摆在我们面前,近2000年后的我们居然可以直接裁剪孙吴“第一手材料”,居然可以像魏晋之际的史氏一样修撰史志,发掘出若干隐伏其间的孙吴制度,从中恢复集体失忆的历史情境,呈现孙吴临湘侯国官民互动的社会景象,并借此制作孙吴县政标本,为早期中国县政研究提供参照。这应当就是吴简最重要的史料价值之所在。

---

① 罗新:《近年来北京吴简研讨班的主要工作》,《长沙吴简国际シンポジウム“长沙吴简の世界—三国志を超えて—”予稿集》,お茶の水女子大学,2006年9月17日,第56页。

② 参见罗新:《我们面对的全部史料都是遗忘竞争的结果》,“北京大学中国古代史研究中心”微信公众号,2016年7月10日;原题《遗忘的竞争》,《东方早报·上海书评》2015年3月8日。

二、吴制的历史地位

相对于汉魏晋制度的嬗变这一历史主流，吴制充其量只是一条支流。这不仅提示我们对于吴制的历史影响不应评价过高，也导致我们在利用吴简研究汉晋制度的演变时，习惯于简择那些顺应汉晋制度演进的材料，以便使汉晋制度的主线表现得更加明晰。

其实，相比吴制与汉晋制度的延续性，吴制的独特性更值得发掘。①在脱胎于汉王朝的三国中，孙吴的正统性最弱，存在的时间却最长。孙吴在很长时期里建立起了一套适合南方地域的统治机制，不仅在广度和深度上加强了对江南的开发，而且极大地加速了南方华夏化的进程。孙吴的统治经验，包括面临的各种问题与困难，对东晋、南朝乃至后来的各种“南朝化”现象都有或隐或现的影响。可以说，将南方普遍改造得与中原华夏并无二致，甚至南方的经济思想文化开始影响全国，孙吴应该是一个重要的起点。

吴简记录的临湘侯国文书行政主要包括重要的常务和临时的急务。经常性的人口管理和赋役征派等反映了孙吴的常制及其执行情况。孙吴户籍制度、赋役制度等与汉晋制度的关系，整体上看来承续大于革新，体现了华夏制度在南方的坚决执行，也反映了孙吴的基本统治方针和国家发展方向。这些基本政制的大同小异和长期坚持，为日后三国的统一和区域差异的消减奠定了基础。

然而，从吴简簿书的种类来看，临时急务比重要常务要多很多。这固然与常制性事务乃例行公事，诸曹可以按章处理，而临时的急务多数情况下需要临湘侯国长吏及门下吏、廷掾专门应付，但也反映了孙吴在强化江南统治的过程中遇到了不少新问题，例如荆扬之争、华夏编户民与夷民的关系、皇权与将权的矛盾、江南的经济开发等。孙吴在解决这些问题的过程中，一开始并无顶层的制度设计，而是在正式的制度之外施行一些非正式的制度，例如举私学、隐核州军吏父兄子弟、户品出钱等，都是一些临时性的举措。然而，这些临时制度的长期推行，逐渐演变成诸如占募、吏民分别集计、户等之类的正式制度，对东晋和南朝人身依附关系的发展、吏户

① 相关的代表性成果可参见黎虎：《“吏户”献疑——从长沙走马楼吴简谈起》，《历史研究》2005年第3期；杨际平：《析长沙走马楼三国吴简中的“调”——兼谈户调制的起源》，《历史研究》2006年第3期；罗新：《王化与山险——中古早期南方诸蛮历史命运之概观》，《历史研究》2009年第2期；凌文超：《秦汉魏晋“丁中制”之衍生》，《历史研究》2010年第2期；王素：《长沙吴简中的佃客与衣食客——兼谈西晋户调式中的“南朝化”问题》，《中华文史论丛》2011年第1期；侯旭东：《长沙走马楼三国吴简所见给吏与吏子弟——从汉代的“给事”说起》，《中国史研究》2011年第3期；韩树峰：《汉晋时期的黄簿与黄籍》，《史学月刊》2016年第9期。

的形成、按赀征调赋役的兴革等都产生了影响。

通过吴简,我们不仅可以探讨吴制的实际执行情况,进而考察孙吴的基本统治力与治理效果,而且可以探索孙吴非正式制度与正式制度在日常行政中的比重及其转化情况。[①]这些情况往往是史书阙载或不便记载的内容。吴简与吴制研究为我们讨论制度设计与制度执行的差异,以及非正式制度在日常行政中的运行及其作用打开了一扇窗。

三、吴简、吴制、《吴书》

随着吴简陆续刊布,关注临湘侯国这个即使在孙吴境内也并不太重要的地域,逐渐具有了越来越重要的意义。其中一个重要的原因是,过去我们的研究不是重视中心就是关注边疆,内地最一般的统治形态常常被不经意地忽视。其实,最能真实体现国家统治普遍状况的地方,很多时候既不在中心,又不在边疆,而在最平常的内地,那里往往有最能体现国家统治力及其治理效果的日常行政秩序。也正是那些凡常而广袤的内域郡县,支撑着中心的繁华兴盛,也影响着边疆的伸缩消长。同样,孙吴历史的发展,不仅体现在建业、武昌的盛衰和江淮防线的攻守,还体现在整个江南地域普遍的统治情况,尤其是人口管理、经济开发、物资征集等情形,这些从根本上决定了孙吴的进退存亡。

如今人们对于孙吴历史的了解主要是《三国志·吴书》和裴注提供的认识。由于《吴书》与吴简记载内容的疏离,人们熟悉史书中的孙吴史,却对文书中的孙吴事感到陌生。为了更好地把握吴简所记史事的时代特征和真实情景,仅仅依靠《吴书》远远不够,还需要从吴简中裁剪、提炼出孙吴制度。典章制度是相对客观的存在,同时制度规定的文书行政往往得到了较好的遵循(至少字面上如此)。虽然从文书至史书,史料的面貌发生了很大的变化,但是,它们对客观存在的制度、制度规定的文书行政的记载保持了很大的稳定性和确定性。例如,吴简隐核州军吏父兄子弟簿中对州、军吏及其父兄子弟人数的统计,应当就是孙吴图籍所记吏、兵、民人口数据的来源之一,它们都反映了孙吴当时特殊的人口集计方式。可以说,吴制是连接吴简与《吴书》的桥梁。

只是,今天的我们不能同近2000年前的史氏一样,可以在齐整而完备的文书档案上直接加工、剪裁,零散、杂乱、残断的吴简要求我们运用“吴简文书学”研究方法,通过簿书的复原、整理,展现临湘侯国文书行政的基本形态。文书行政是制度

---

① 凌文超:《吴简与吴制》,北京大学出版社2019年版,第4~6页。

运行的表现,是将静态的制度变成动态的制度,也就是活动着的机制。通过文书行政探讨文书流转的机制,进而发掘出与之相应的制度,这样从吴简中提炼出来的吴制,就能够比较接近当时的制度实际,毕竟因循而不违制是文书行政的常态。比较从吴简中总结出的"吴制"与依据《三国志·吴书》和裴注等史料补作的"吴制",研究吴制运作的实际状态和演变轨迹,不仅有助于分析吴制与汉制、晋制的关系,探讨吴制在汉晋制度变迁中所起的作用,也能增进我们对孙吴整体历史和具体细节的认识。

四、吴简文书学

将零散、杂乱的简牍尽可能地恢复到簿书原状,是近年来吴简研究努力的方向。我们综合利用考古学整理信息和简牍遗存信息,在吴简簿书复原方面进行了大量尝试,特别重视揭剥位置示意图、盆号等的作用,指出吴简考古学整理信息揭剥图、盆号和清理号(出土号)形象而具体地反映了吴简采集、揭取时的原貌,为散简的复原整理提供了相对客观可靠的考古学依据。简牍遗存信息如简牍形制、编痕、笔迹、简文格式和内容等也蕴含了许多可供簿书复原整理的信息,在吴简簿书复原整理时值得深入发掘和有效利用。本文在此基础上对"吴简文书学"进行了总结。[①]

吴简文书学研究首先大致明确了吴简中簿书的种类及其构成。吴简按材质和形制可粗分为嘉禾吏民田家莂和竹简两大类。竹简簿书大致可分为五类:户籍和户籍簿、名籍簿、库账簿、仓账簿以及特殊簿书。这五类簿书又分别由多种具有特定功能的简册构成,如户籍簿涵括具有征赋、派役等功能的户籍簿;名籍簿含隐核新占民簿、两套兵曹徙作部工师及妻子簿、户品出钱人名簿、举私学簿、隐核州军吏父兄子弟簿、限佃簿、叛走簿等;库账簿含库钱账簿(杂钱入受簿、杂钱承余新入簿、杂钱领出用余见簿),库布账簿(库布入受簿、库布承余新入簿、库布领出用余见簿),库皮账簿(杂皮入受簿);仓账簿含租税限杂米账簿(杂米入受簿、杂米承余新入簿、杂米领出用余见簿),贷食簿,取禾簿等;特殊账簿包括隐核波田簿、户品户数簿、官牛簿等。以相对客观的吴简考古学整理信息和简牍遗存信息为依据,复原整理的各类簿书、简册,与过去主要以简文内容、格式为依据进行的分类相比,更加客观、可信。

其次,将零散的吴简尽可能地恢复到簿书的原貌,使相关历史问题的探讨摆脱

---

① 参见凌文超:《走马楼吴简采集簿书整理与研究》,广西师范大学出版社2015年版,第435~472页。

以零散简牍作为论据的局限性,促使吴简研究从关注独特性简牍扩展至篇章的整体研究。面对失去编连且纷繁杂乱的残篇落简,简牍学研究以往比较关注特殊的简文,而忽视了这些简牍原本从属于某一簿书,在这一簿书中有着特定的位置和作用。因而,这类研究很容易放大单枚或数枚简牍的特殊性,对簿书却缺乏整体性认识。一方面,簿书的复原整理使得研究的对象不再是零散的、特殊的少数简牍,而是汇集同类散简、接近原始状态的簿书,使那些内容单调、格式同一的散简同特殊简牍一起在簿书中发挥着应有的作用。另一方面,简牍学研究很多时候从研究者自身的学术兴趣出发,选择相关简牍作为论证材料,以问题为中心选材,很容易将原本不同类或多个簿书中的简牍拼凑在一起进行统计、分析,研究的结论有时难免会发生偏差。簿书的复原整理促使简牍学研究更加注重选材,不是随意地各取所需,而是在特定簿书之内分析材料,从而避免混淆不同簿书的内容。在簿书的框架下分析材料,也能有效地防止研究者对材料进行随意解读,使结论更为可信。

最后,吴简簿书的确认促使吴简研究更加关注簿书之间的联系,进而探索不同簿书的组合所发挥的功能。如采集库账簿按收支的物资种类可分为库钱、库布和库皮账簿,这三类账簿由具有不同功能的简册组合而成。库钱账簿体系由杂钱入受簿、杂钱承余新入簿、杂钱领出用余见簿组成,库布账簿体系主要由库布入受簿、库布承余新入簿组成,而库皮账簿仅见杂皮入受簿。三类账簿所属简册的差异,主要与税收的性质有关。征收的杂钱是常税,并作为日常的行政开支,因而,在吴简中存在完整的收支行政记录。而调布、调皮是临时性、强制性的横调,可能与孙吴经营、辽东公孙渊的关系和平定武陵蛮有关,有着专门的用途,因此吴简中的库布、库皮簿书绝大部分是入受记录,而缺少有关日常出用的内容。

探讨同类簿书中不同的简册组合发挥的功能,为我们具体而微地了解孙吴基层行政运作提供了条件。如吴简库钱账簿体系反映了孙吴基层财政收支两条线管理,多个简册的组合使用,由"入受"—"新入"、"承余"—"领收"—"出用"—"余见"组成杂钱收支流程,体现了孙吴基层财政簿记已运用基本成熟完备的四柱结算法。又如两套兵曹徙作部工师及妻子簿的组合使用反映了潘濬军府、长沙郡兵曹和作部调徙工师、制作作部工师簿的过程。而不同簿书之间的关联扩大了合理解释吴简疑难问题的范围。如嘉禾吏民田家莂与竹简户籍簿中吏民存在对应关系,吏民所在的丘与里、其吏役与身份之间存在不同的记录,为探讨吴简乡丘与乡里、吏与吏的关系这一难点问题提供了新的解释。可以预见,这类"簿书互证法"研究将是吴简研究新的学术增长点。

五、吴简研究的前景

目前吴简文书学研究主要集中在简册、簿书的复原、整理，以及在吴简簿书的框架内对吴简本身的个别问题（新名词、文书行政、官府与吏民的关系）展开探讨。[①]这是一项基础性工作，从整个吴简的数量而言，这项工作还将持续很长一段时间。

不过，随着簿书整理的推进，吴简研究还有更广阔的发展空间。例如，孙吴县政运作研究中，官文书的核心作用在于“信息传递”，反映的是孙吴通过郡县乡里管理吏民的模式。过去，传世文献对于县以下的相关情况记载相当少。吴简是孙吴嘉禾年间临湘侯国、安成县实际使用的官文书，为探讨孙吴县政提供了直接的材料。在研究中，我们可以将吴简视作相对独立的材料，以确认的簿书为依据，考察临湘政务的实态，探讨当时官与民的关系，创建早期中国基层县政生活的标本，有助于了解孙吴内地统治的常态。

又如，在县政研究的基础上，我们还可以进一步考察“吴制与汉晋制度”。运用解剖麻雀的方式，了解孙吴的地方行政制度、社会结构、赋役财政制度、土地制度等，并与汉魏晋相关制度进行比较，进而探讨汉晋社会的变迁。学界过去对于吴制与汉、晋制度的关系，因史料的稀缺，缺乏相关研究。而现在利用吴简资料，如将户籍簿中的赋役注记置于秦汉魏晋赋役征派的长时期发展线索当中，有助于探索早期“丁中制”的衍生。又如从调布入受簿来看，孙吴虽然继承了汉代以来按户品调布的做法，但并未继续“户调—户调制”的发展轨迹，而是走上了按田亩收布的另一条道路。通过探索早期“丁中制”和“户调制”的衍生，我们能够较好地观察到孙吴基层行政在延续汉代的同时也有了新的发展，并对晋制的创设产生了重要影响，吴简中与“户调”相关的记录甚至可作为探索“南朝化”这一重要历史命题源头的材料。[②]

再如，湖南地区出土了自战国楚至西晋的古井简牍文书，如三眼井楚简、里耶秦简、走马楼西汉简、东牌楼东汉简、五一广场东汉简、尚德街东汉简、走马楼吴简、苏仙桥吴简和西晋简、益阳兔子山系列简牍等，蔚为大观。古井简牍虽然出土较晚，但有后来者居上的趋势，在简牍体系中所占的分量越来越大，所居的地位也越

① 研究概况可参见长沙简牍博物馆编：《嘉禾一井传天下：走马楼吴简的发现保护整理研究与利用》，岳麓书社2016年版，第221～316页。

② 参见杨际平：《析长沙走马楼三国吴简中的“调”——兼谈户调制的起源》，《历史研究》2006年第3期；凌文超：《秦汉魏晋“丁中制”之衍生》，《历史研究》2010年第2期；王素：《长沙吴简中的佃客与衣食客——兼谈西晋户调式中的“南朝化”问题》，《中华文史论丛》2011年第1期。

来越重要。这类简牍皆为县以下的官文书,性质相同,综合利用这些材料显然有助于开展区域社会变迁史的研究。过去的区域社会史研究强调核心或边疆地带,强调特殊时期或重大事件,而今天湖南地区自战国楚至西晋皆为一般的内地,所出材料大都是稳定统治时期的官文书档案,这就为探讨早期中国域内统治的常态提供了难得的条件。统治的日常往往不被传世文献记载且常常被人不经意间遗忘,以致今天成了历史研究者本应当熟悉的"空白"。也许,我们更多地看明白历史的底色,再看那些文献中记载的特殊事件,或许会有更好的认识和理解。

中古俗文学宗教外衣下的世俗面相

（2021年10月22日）

郜同麟*

西方心理学家曾认为性与暴力是人类的两大本能，文学作品中的情色、暴力等情节确实能为读者留下深刻的印象。在南北朝、隋唐时期，佛教、道教等宗教发展迅速，出于传教的目的，一大批宗教题材的俗文学作品涌现出来。可能是为了更好地吸引、劝化群众，其中也使用了一些世俗的文学表现手法，甚至包括情色、暴力、机巧等与一般宗教教义相悖的手法。然而作为宣扬宗教的作品，它们又必须为这些世俗内容包裹一层宗教的外衣，使其具有宗教合理性。另外，中国传统的礼法制度也对这类内容有种种限制。在宗教、世俗与礼法的撕扯下，中古宗教俗文学呈现出一种十分有趣的形态。

这里需要对本文的研究对象做一说明。佛教题材的俗文学包括敦煌变文、讲经文、灵验记、疑伪经等，道教俗文学包括敦煌变文《叶净能诗》、各类仙传以及故事性较强的道经，儒家方面则包括各类《孝子传》及敦煌变文《董永变文》《舜子传》等。①虽然儒家是否可以称为宗教在学界还有争论，但《孝子传》等作品与神仙传、佛教灵验记等宗教文学的性质相近，所以我们将它们放在一起讨论。

---

* 郜同麟，浙江大学古籍研究所文学博士，中国社会科学院文学研究所副研究员，硕士生导师，主要从事敦煌学、经学研究。

① 蒙黑田彰先生教示，其大作《孝子伝図の研究》（汲古书院2007年版）中曾论及与本文相关的问题，但笔者阅读日文的能力有限，所以本文暂未参考该书，谨致谦意。

一

汉代极其推崇孝道，皇帝的谥号多冠以“孝”字，而民间信仰也认为孝可以得财、得官、得寿。如《太平经》卷一百十四即认为行孝可以“郡县出奇伪之物，自以家财市之”，可以“身为之独寿考，复得尊官”。[①]汉魏南北朝时期大量的孝感故事可能就与这类民间信仰有关。除此之外，还有一些行孝可得美女的孝感故事。

中古时期的儒家虽然还没有宋元之后那种严格的对性的禁忌，但是在当时的儒家视野中，性恐怕也不是一个可以公开讨论的话题。但对于大孝之人，这似乎是一个不错的奖励。《太平御览》卷四一一引到宋躬《孝子传》纪迈的故事[②]，故事称纪迈大孝，其养母赵氏在为之说亲的路上被醉人攻击，纪迈得感应救出了赵氏，从而发誓不娶，后天神将一暴死的卫氏女复活许给纪迈为妻。这一类型中更为有名的是董永的故事，《太平御览》卷四一一引题名刘向所作的《孝子图》记载了这一故事[③]，《搜神记》也记载了相近的内容[④]。《孝子图》应当并非刘向撰写或整理的，但恐怕也不晚于南北朝时期。《孝子图》和《搜神记》的记载还较为简略，至英藏S.2204《董永变文》，故事情节更为复杂，董永与仙女有了儿子董仲。而董仲寻母的情节却多了一些情色的味道：“阿耨池边澡浴来，先于树下隐潜藏。三个女人同作伴，奔波直到水边傍。脱却天衣便入水，中心抱取紫衣裳。此者便是董仲母，此时修(羞)见小儿郎。”[⑤]

佛传故事中，有佛在成道前被众魔女媚惑的故事。《佛本行集经》卷二七、卷二八对此事的记载较为详尽，其中情色的成分是很重的：

> 其诸魔女，听父敕已，相与安庠向菩萨所。到彼处已，去离菩萨，不近不远，示现种种妇女媚惑谄曲之事。所谓覆头，或复露头，或复半面，或出全面。或作微笑，示现白齿，数数顾眄观瞻菩萨。或复以头顶礼菩萨。或仰其头观菩萨面，或复低头覆面观地。或动双眉，或开闭眼。或解散髻，以手梳发。或抱两臂，或举两手，示现腋下，或复以手执弄乳房。或露胸背，现腹臆间，或复以

① 王明编：《太平经合校》，中华书局1930年版，第593页。

② 参见(宋)李昉等：《太平御览》，中华书局1960年版，第1898页。

③ 参见(宋)李昉等：《太平御览》，中华书局1960年版，第1899页。

④ 参见(晋)干宝、(南朝宋)陶潜等：《新辑搜神记　新辑搜神后记》，中华书局2007年版，第136页。

⑤ 黄征、张涌泉校注：《敦煌变文校注》，中华书局1997年版，第175页。

手指于脐上。或复数数解脱衣裳,或复数数还系衣服,或复数数褰拨内衣,露现尻脞。或解璎珞,掷着于地,或解耳珰,或复还着。或弄婴儿,或弄诸鸟。或复行步,顾眄左右。或复嚬呻,长嘘叹息。或以脚指傍画于地。或歌或舞,或动腰身,或作意气。或复忆念旧时所行恩爱欲事喜笑眠卧恣态之时。[①]

对于魔女的外貌,也是集中在对其身体的描写:

我等额广头圆满,眉目平正甚修扬,清净等彼青莲花,其鼻皆如鹦鹉鸟,口唇明曜赤朱色,或如频婆罗果形,亦似珊瑚及胭脂,齿如珂贝甚白净,舌薄犹如莲花叶,语言歌咏出妙音,犹如紧陀罗女声,两乳百媚皆精妙,又复犹如石榴果,腰软纤细如弓弝,脊膂宽博润而平,犹如象王头顶额,双髀软白洪端直,其状犹若象鼻膞,两胫正等纤而圆,清净犹如鹿王蹲,足下平满不斜凹,赤白犹彼莲花辉。[②]

P.2187、S.3491《破魔变》即从佛传故事改造而来。对于面向公众公开宣唱的变文来说,那些露骨的描写是不太恰当的,所以《破魔变》做了新的处理。在描写魔女美貌时,《破魔变》不再着眼于具体器官的描写,而用了中国文学中更为擅长的用典、比喻等手法:“侧抽蝉鬓,斜插凤钗;身挂绮罗,臂缠璎珞。东邻美女,实是不如;南国娉人,酌(灼)然不及。玉貌似雪,徒夸洛浦之容;朱脸如花,谩(漫)说巫山之貌。行风行雨,倾国倾城。人漂(飘)五色之衣,日照三珠之服。”[③]《破魔变》中魔女媚惑世尊的方法,也不再是《佛本行集经》中的情色诱惑,而是纷纷表示愿与世尊相守相伴过日子,所以一则曰“不弃卑微,永共佛为琴瑟”,再则曰“欲拟伴在山中,扫地焚香取水”,又则曰“不敢与佛为妻,情愿长擎座具”[④]。改造后的《破魔变》既保持了原有的香艳情节,又含蓄有致,可谓“好色不淫”。

有时,美女也是佛祖引诱凡夫入道的方式,然而中印在用美人计时的方法也有所不同。《佛本行集经》卷五十七说佛祖带他同父异母的弟弟难陀到伊迦分陀利园,其中有五百宫人采女,难陀的本妻孙陀利与之相比“百倍不如,乃至千倍,至百千倍,世间算数亦不可及”,所以难陀极欲与这五百采女“相娱乐”,而佛祖便说:“汝今不可以此凡身共彼娱乐,若欲然者,必须以汝欢喜之心,于我法中行于梵行。”因此,

---

① 《中华大藏经》编辑局编:《中华大藏经》第35册,中华书局1997年版,第815页。

② 《中华大藏经》编辑局编:《中华大藏经》第35册,中华书局1997年版,第818页。

③ 黄征、张涌泉校注:《敦煌变文校注》,中华书局1997年版,第534页。

④ 黄征、张涌泉校注:《敦煌变文校注》,中华书局1997年版,第535页。

难陀“尽其身心，正念行于清净梵行”[①]。到了P.2324《难陀出家缘起》中，不再有五百采女，而仅有一位天女等待难陀：“更见每个房中，有一天男天女。最后有一房中，其中不见天男。空房天女孤然。”难陀便问这一天女夫主是谁，天女道：“我家夫主便是释迦如来的亲弟弟难陀。”难陀说：“我便是难陀。”天女回答道：“我家夫主威仪，不作俗人装束。他家剃头落发，身被坏色袈裟。若论进止威仪，恰共如来不别。何处愚夫至此，辄来认我为妻。”[②]于是难陀便找佛祖要求出家。与《佛本行集经》相比较，《难陀出家缘起》只有一位天女，并且是命定与难陀为妻。于是在将本故事中国化时，这一改造解决了其中的伦理难题，更维护了佛祖的形象。

道教从产生之初就继承了先秦已十分发达的房中术，虽然历代的道教改革者都对此有不少批判，但其世对人的吸引力却经久不衰。另外，道教中有大量的女性神真，无论是道教信仰中非常重要的神仙西王母，还是上清派所宣称的宗师魏华存，都是女性。而道教上清派中更有所谓的“偶景”之术，即想象与女仙的亲密接触。《真诰》卷二《运题象》在对“黄赤之道，混气之法”批判的同时，又说：“夫真人之偶景者，所贵存乎匹偶，相爱在于二景，虽名之为夫妇，不行夫妇之迹也。是用虚名，以示视听耳。苟有黄赤存于胸中，真人亦不可得见，灵人亦不可得接，徒劬劳于执事，亦有劳于三官矣。”[③]这种批判本身就表明早期大约确实“行夫妇之迹”，而“偶景”虽不存黄赤于胸中，仍然是有种暧昧的情思。正是受这种种因素的影响，道教题材的文学作品中，有不少与仙女相会的故事。[④]《穆天子传》中已有周穆王会西王母之事，《汉武内传》载汉武帝会西王母，其事加详，但均尚未涉男女之事。魏晋以后与女仙交感的故事多了起来，最有名的大约是刘晨、阮肇入天台遇仙的故事，《幽明录》云：“剡县刘晨、阮肇共入天台山取谷皮，迷不得返……出一大溪边，有二女子，资质妙绝……至暮，令各就一帐宿，女往就之。”[⑤]值得注意的是，类书引用此段时，多不提共宿之事，但称“留半年”云云[⑥]，隐义于其中亦可自见。与此类似的又有《幽明录》所载黄原故事、河伯女故事等[⑦]，数量不少。这种人仙交感的故事可以在

---

① 《中华大藏经》编辑局编：《中华大藏经》第35册，第1056～1058页。

② 黄征、张涌泉校注：《敦煌变文校注》，中华书局1997年版，第592页。

③ （南朝梁）陶弘景撰，赵益点校：《真诰》，中华书局2011年版，第20～21页。

④ 关于道教中的人神恋故事，可参见李丰楙：《魏晋神女神话与道教神女降真神话》，《仙境与游历：神仙世界的想象》，中华书局2010年版。李文材料丰富，故本文仅稍一提及。

⑤ 李剑国辑释：《唐前志怪小说辑释》，上海古籍出版社2011年版，第486～487页。

⑥ 参见（唐）欧阳询撰，王绍楹校：《艺文类聚》，上海古籍出版社1982年版，第138页

⑦ 参见李剑国辑释：《唐前志怪小说辑释》，上海古籍出版社2011年版，第495、497页。

奇幻的掩盖下挣脱礼法束缚[1]，所以几乎成了一种固定的叙事模式。张鷟的《游仙窟》便是这类作品中的佼佼者，又如《太平广记》卷三〇二引《广异记》所载《华岳神女》故事[2]，更成为后世《劈山救母》故事的底本。另外，志怪小说中人鬼相交的故事大约也脱胎于此。有些道教故事虽不涉男女情事，却另有一番暧昧的情致，如《列仙传》载郑交甫求江妃之佩，颜真卿《麻姑仙坛记》引《神仙传》载蔡经欲麻姑为之搔背，等等。

二

符合礼法地在作品中表现暴力，那便只能将之施诸反面人物。儒家《春秋》大义本有"大复仇"之说[3]，虽然政府法令似乎并不赞同私下复仇[4]，但这仍然是符合儒家经义的行为，是值得表彰的。眉间尺为父干将复仇的故事，应是继承自《吴越春秋》所载的干将莫邪故事，复仇的情节最早大约见于《列士传》[5]，《搜神记》亦有收载[6]，而《太平御览》卷三四三引《孝子传》亦载这一故事，则显然将之吸纳为宣扬孝道的故事。彼云："眉间赤名赤鼻，父干将，母莫耶。父为晋王作剑，藏雄送雌。母孕尺，父曰：'男，当告之曰：出户望南山，松生石上，剑在其巅。'及产，果男。母以告尺，尺破柱得剑，欲报晋君。客有为报者，将尺首及剑见晋君。君怒，烹之，首不烂。王临之，客以拟王，王首坠汤中，客因自拟之。三首尽麋(糜)不分，乃为三冢，曰'三王冢'也。"[7]这则故事流传这样广，又被不断改编，大约正与它在孝义掩盖下的暴力恐怖描写有关。《孝子传》中，这类复仇的故事还有不少，如《太平御览》卷三五二引萧广济《孝子传》云："魏阳，不知何处人，独与父居。父有刀戟，市南少年求之，阳曰：'老父所服，不敢相许。'少年怒，道逢阳父，打伤，叩头请罪。父没，阳断少年头

① 关于这一问题，可参见李丰楙：《仙、妓与洞窟：唐五代曲子词与游仙文学》，《忧与游：六朝隋唐仙道文学》，中华书局2010年版。

② 参见(宋)李昉等编：《太平广记》，中华书局1961年版，第2397页。

③ 具体可参见杨树达：《荣复雠》，《春秋大义述》，上海古籍出版社2007年版，第1～7页。

④ 如《后汉书·张敏传》："《春秋》之义，子不报雠，非子也。而法令不为之减者，以相杀之路不可开故也。"[(南朝宋)范晔撰，(唐)李贤等注：《后汉书》，中华书局1965年版，第1503页。]

⑤ 参见(宋)李昉等：《太平御览》，中华书局1960年版，第1576页。

⑥ (晋)干宝、(南朝宋)陶潜撰，李剑国辑校：《新辑搜神记　新辑搜神后记》，中华书局2007年版，第410页。

⑦ 参见(宋)李昉等：《太平御览》，中华书局1960年版，第1576页。

以谢父冢前。”[①]

另外值得注意的是孝子故事中常见的割股事亲情节。《韩诗外传》中有介子推割股以食重耳的故事[②]，佛教本生故事中也有割股饲鹰的传说[③]。大约在唐代或稍早时候，这一故事传统与孝义结合起来，形成了割股事亲的故事类型。[④]唐代这类故事大量涌现，有些在《孝子传》中，有些则在一般史传之中。前者如P.3680v《孝子传》：“王武子者，河阳人……武母久患劳（痨）瘦，人谓母曰：‘若得人肉食之，病得除差。’母答人曰：‘何由可得人肉？’新妇闻言，遂自割眼（股）上肉作羹，奉送武母。母得食之，病即立差。”后者如《旧唐书·隐逸传·王友贞》[⑤]。这类故事有的或许确有原型，但最初恐怕仅仅是类型故事。而这类故事之所以广为流传，恐怕和它符合人类暴力、破坏的原初欲望有关。这类故事一旦流传开来，便有人起而效仿，唐代文人便有不少类似事件的纪录，如白居易《与季安诏》载刘弘为母病割股充祭[⑥]，《文苑英华》卷六四三载令狐楚两件状分别为王士昊、冯秀诚割股奉母申请旌表[⑦]。这类事件是否真实还值得怀疑，但能得到广泛传播，除了因为官方知识分子的表彰，恐怕也和其中的血腥内核有关。

佛教不杀生的戒律决定了它不可能允许复仇一类的事情，然而它却引入报应的观念，中古志怪小说中大量的冥报故事均受此影响而作，而颜之推《冤魂志》更是专记冥报故事。这类冥报故事往往将冤家折磨至死，且因为冥间力量，故事更平添几分恐怖色彩。

除此之外，佛教也引入了地狱的观念，在其中可以尽情释放暴力的本能。佛教地狱观念传入中国的时间不得而知，《大正藏》中有署名安世高译的《佛说十八泥犁经》《佛说罪业应报教化地狱经》等，但恐怕是托名之作，非安世高本人所译。不过西晋译出的《大楼炭经》中已有《泥犁品》，除此之外，还有不少佛经描述了地狱的恐怖之状，最为详尽的大约应是《正法念处经》。然而这类经典离普通民众还有些距离，将这些地狱形象普及给一般民众的，大概主要是如《目连变文》以及《佛说阿弥

① （宋）李昉等：《太平御览》，中华书局1960年版，第1621页。

② 参见（汉）韩婴撰，许维遹校释：《韩诗外传集释》，中华书局1980年版，第338页。

③ 这一故事记载很多，如《贤愚经》卷一、《大庄严论》卷十二、《大智度论》卷八，等等。

④ 可相佐证的是，人肉进入医方书，大概也是在唐代。《本草纲目》卷五二引张果《医说》言：“唐开元中，明州人陈藏器著《本草拾遗》，载人肉疗羸瘵。自此闾阎有病此者，多相效割股。”[（明）李时珍：《本草纲目》，人民卫生出版社1975年版，第2967～2968页。]笔者怀疑这种观念或与印度及中亚文明的传入有一定关系。

⑤ 参见（后晋）刘昫等撰：《旧唐书》，中华书局1975年版，第5118页。

⑥ 参见（唐）白居易著，顾学颉校点：《白居易集》，中华书局1979年版，第1220页。

⑦ 参见（宋）李昉等编：《文苑英华》，中华书局1966年版，第3303页。

陀经讲经文》《庐山远公话》之类的佛教俗文学。目连故事所依据的主要是《佛说盂兰盆经》《佛说报恩奉盆经》等经典。佛经的记述非常简单，而敦煌本《大目乾连冥间救母变文》则增加了大量的情节，其中占分量很大的便是目连在地狱的游历。《目连变文》对地狱的描写自然少不了血腥恐怖的渲染，如“或有劈腹开心，或有面皮生剥。”“铁伦（轮）往往从空入，猛火时时脚下烧。心腹到处皆零落，骨肉寻时似烂燋。铜鸟万道望心攒，铁计（汁）千回顶上浇。昔（借）问前头剑树苦，何如剉碓斩人腰”“刀山白骨乱纵横，剑树人头千万颗”[①]。敦煌本《大目乾连冥间救母变文》首题“大目乾连冥间救母变文并图一卷”，在宣讲此文时自然应配有图像，甚至可能还会有相配合的表演，这对观众的冲击力一定是巨大的。

除《目连变文》等作品外，各种劝写经文的灵验记类作品往往有入冥的情节，其中也多描写地狱惨状。如不少敦煌《金光明经》写本前抄有《忏悔灭罪金光明经传》，写张居道因杀生而被捕入地狱，“见阎王厅前无亿数人问辩答款，着枷被锁，遭杻履械，鞭挞狼籍，哀声痛响，不可听闻”。另外，世俗文献中也有不少入冥故事，如《幽明录》、《玄怪录》、敦煌本《唐太宗入冥记》等均是，其中也有对地狱惨状的描写。如《玄怪录》卷二“崔环”条：“过屏障，见一大石，周回数里。有一军将坐于石北听上，据案而坐，铺人各绕石及石上，有数十大鬼，形貌不同，以大铁椎椎人为矿石。东有杻械枷锁者数千人，悲啼恐惧，不可名状。点名拽来，投来石上，遂椎之，既碎，唱其名。”[②]除此之外，大约在唐代还专门造作了伪经《十王经》描写地狱形状，且配有插图。不少石窟、寺院壁画塑像中也有关于地狱的图像。关于地狱的文学作品、图像如此普遍，恐怕很大程度上是因为其中暴力恐怖的氛围。

佛教引入的地狱观念，迅速被道教吸收，古灵宝经中已有很多关于地狱的内容，而《道教灵验记》中也有对地狱惨状的描写。如杜光庭《道教灵验记》卷五《李邵太一天尊验》：“邵未出门，有一少年张盖而入，邵忽遽避之，小玉即引于帘后且立。其妻出迎少年，拜亦不顾，掷盖于地，化为大镬，水满火起，烟焰蓬勃，少时即沸。少年去大帽，即牛头神人也。持叉立于镬前，以叉叉其妻，抛于镬中。号叫痛楚。不久即烂，骨肉分张，寻亦火灭。以叉挑其骨，排于庭中，张盖而去。其妻身亦复旧，苏而徐起，泣谓邵曰：平生罪业，合受三年，今已一年余矣。每日如此，痛苦难言。”[③]

道教比较特殊的则是其杀鬼的法术。大约成书于5世纪的《太上洞渊神咒经》中便有不少关于杀鬼的内容，多称若魔王、小鬼不听法令，则“头破作若干分”。文

① 黄征、张涌泉校注：《敦煌变文校注》，中华书局1997年版，第1028～1029页。

② （唐）牛僧孺、（唐）李复言编，程毅中点校：《玄怪录　续玄怪录》，中华书局1982年版，第29页。

③ （唐）杜光庭撰，罗争鸣辑校：《杜光庭记传十种辑校》，中华书局2013年版，第200页。

学作品中的描写较经典更为丰满，如敦煌本《叶净能诗》，百姓康太清之女被狐精媚惑，“净能见女子，便知是野狐之病。净能当时左手持剑，右手捉女子，斩为三断（段），血流遍地……净能都不忙惧，收毡盖着死女子尸，钉之内四角，血从毡下交流。看人无数，皆言帝城之内，敢有此事，谁不叫呼”①。场景非常血腥。当然最后官府前来按验，发现被杀的乃是狐精，并非康氏之女。这既满足了暴力的欲望，又符合宗教教义，还不违世俗法度，可谓皆大欢喜。

道教中还有一种试探准神仙的故事，其中也多夹杂有暴力、恐怖的成分。《三洞珠囊》卷九《老子化西胡品》引《文始先生无上真人关令内传》云：“老子时有赁客，姓徐名甲，日雇钱一百。老子先与约语：‘当顿还卿直，然须吾行达西海大秦安息国，归以黄金顿备钱限。’甲既见老子方欲远游，疑遂不还其直。尔时有美色女人闻甲应得多钱，密语甲曰：‘何不急讼求其直，吾当为子妻。’甲恶意因成，即举词诣关令，诉老子求钱。关令以甲词呈老子。老子……言毕，见太玄长生符飞从甲口出，还在老子前，文字新明，甲已成一聚白骨。”②其中既有美女的色诱，又有突然暴死化为白骨，可以说集含了刺激人类感官的要素。甄鸾《笑道论》引《老子消冰经》云：“老子语尹喜曰：‘若求学道，先去五情。一父母，二妻子，三情色，四财宝，五官爵。若除者，与吾西行。’喜精锐，因断七人首持来。老笑曰：‘吾试子心，不可为事。所杀非亲，乃禽兽耳。’伏视七头为七宝，七尸为七禽。喜疑反家，七亲皆存。”③为了通过神仙的试炼而手刃父母妻子，既有暴力恐怖的刺激感，又有突破伦理的紧张感。但最后发现是法术而已，又完成了向传统伦理的回归。

三

儒、释、道三家都反对诡诈、机巧。儒家有“诚”的教诲，佛教有“不妄语”之戒，《道德经》也要“绝巧弃利”。然而三家的宗教文学中，都有大量关于“巧”的情节。前引《难陀出家缘起》，佛以天女诓难陀出家，已有“诡诈”之嫌，而《维摩诘经》更认可了“或现作淫女，引诸好色者”的传法行为。《太平御览》卷四一一引宋躬《孝子传》云：“伍袭，字世长，武陵人。父没羌中，乃学羌语言、衣服，与宾客入构诸羌，令相

① 黄征、张涌泉校注：《敦煌变文校注》，中华书局1997年版，第335页。

② 《道藏》第25册，文物出版社、上海书店出版社、天津古籍出版社1988年版，第355页。

③ 《中华大藏经》编辑局编：《中华大藏经》第62册，中华书局1997年版，第1054页。

攻。袭乘其仇戎雠羌[①],负丧而归。"[②]伍袭为将父归葬,不惜挑起一场战争,这恐怕与儒家仁道相距很远了。

除此之外,在仙传、入冥之类的故事中,经常出现的一个情节便是行贿、请托。如《紫阳真人内传》云:"又有黄泰者,寓在陈留,妇儿无有,单身只立,了无亲戚,人亦不知其所从来,常着故败皮袴角皮褶,但卖芒履在陈留市中。君常潜行经过市中,见泰衣束殊弊。君每曾闻仙方说云:'仙人目瞳子正方。'而黄泰虽复外形带索,目方面光,密而奇之,中心犹喜。还归,数使人买芒履,因以金银钱帛着其物中,阴以与之。数数行之,如此非一。黄泰遂诣君,君见迎而拜之,将入静室,乃是中岳仙人。"[③]这位周真人竟会向中岳仙人行贿,已深违"绝巧弃利"的古训了。敦煌本《黄仕强传》云:"仕强行又得十步,守文案人唤仕强住:'汝有钱不?与我少多,示汝长命法。'仕强云:'无有多钱,唯有卅馀文,恐畏短少。'守文书人云:'亦足,何必须多。'"[④]冥府曹司竟公然索贿。《唐太宗入冥记》中,唐太宗向崔子玉请托,崔子玉向唐太宗索官,与《黄仕强传》亦有类似之处,这可能已是入冥故事中的常见套路。这虽与宗教教义稍相违背,但与听众日常生活类似的情节显然增加了故事的真实性和趣味性,更加有利于故事的传播。

"巧"的升华便是神通。佛、道经典中便有不少役使鬼神的记录,其宗教文学中着力表现神通更是平常。而儒家竟也宣称大孝可以带来神通,如《太平御览》卷四一一引萧广济《孝子传》云:"杜孝,巴郡人也。少失父,与母居,至孝。充役在成都,母喜食生鱼,孝于蜀截大竹筒盛鱼二头,塞之以草,祝曰:'我母必得此。'因投中流。妇出渚乃见筒横来触岸,异而取视,有二鱼。含笑曰:'必我婿所寄。'熟而进之。闻者叹骇。"[⑤]念咒语可寄生鱼,这位孝子竟与佛道术士相类。孝感故事中,这类神异之事还有不少。这类神异故事虽难免涉乎"怪力乱神",却有较强的感染力,更利于传播。

神通的密集化处理便是斗法。[⑥]斗法故事中,正反两方不断调动神奇的法术,给予读者持续的刺激。这种写法应是起源于佛经。《佛本行集经》中佛与魔王的斗法,

---

① 原文"其仇戎雠"四字为双行小字。"乘羌"不通,疑此四字为正文误作注文,然亦不可通。此处当有脱误。

② (宋)李昉等:《太平御览》,中华书局1960年版,第1898页。

③ 《道藏》第5册,文物出版社、上海书店出版社、天津古籍出版社1988年版,第542页。

④ 窦怀永、张涌泉校注:《敦煌小说合集》,浙江文艺出版社2010年版,第255页。

⑤ (宋)李昉等:《太平御览》,中华书局1960年版,第1897页。

⑥ 关于宗教文学的斗法故事,可参见赵章超:《佛经斗法故事与古代小说创作》,《乐山师范学院学报》2002年第6期;阳清:《汉魏六朝宗教传记中的斗法故事——以道徒、僧尼与鬼神的交锋为典型》,《敦煌学辑刊》2009年第4期。

被敦煌变文《破魔变》改造为讲唱文学。《贤愚经》中这类故事也有不少，敦煌变文《降魔变文》即脱胎于《贤愚经》卷十的《须达起精舍品》。这类故事在中国的传播显然是比较成功的，逐渐兴起的道教也很快吸纳了这种表现手法，大约成书于南北朝后期的《太玄真一本际经》卷七基本是套用的佛经《法句譬喻经》，其中如左玄真人降二千五百盗故事、道化夫妻故事都有斗法的内容。道教显然不会满足于这种直接套用，它还通过改造佛教素材形成新的道教斗法故事。《混元圣纪》卷四大部分内容是引用的《老子化胡经》，其中讲到老子与胡王斗法。老子一人设食，胡王举国就会，七日不能尽；胡王设食，老子敕海内群仙赴会，使胡王仓库将竭。胡王逼老君入火、入水、入镬汤而不能伤。胡王以兵加之，而矢石反中。这其中还有鲜明的佛教色彩，但已是新的道教故事。大约入唐以后，由于国家崇道、文人创作等，道教斗法故事愈加独立、精彩。[①]

这类斗法故事也影响了传统儒家故事的改造。《舜子变》中的主要故事梗概在《孟子》中就已出现，但在《舜子变》中，几个主要情节都有鬼神的参与，如被瞽叟鞭打有帝释保护，使舜"犹如不打相似"；修廪故事中"感得地神拥起，遂不烧，毫毛不损"；浚井故事中"帝释变作一黄龙，引舜通穴往东家井出"。[②]这就使得传统的舜子故事有了新的宗教斗法的意味。除了这种民间的改造外，儒家知识分子为抨击佛道而新创造的故事竟也使用了斗法的故事类型。如李冗《独异志》载傅奕事，有胡僧口出火来向傅奕，"奕端笏曰'乾元亨利贞，邪不干正'，由是火返焰，烧僧立死"[③]。张读《宣室志》写独知有《诗》《书》礼乐、不晓他术的儒士任顼仅大喝数声即击败了杀龙的道士。[④]这大约都是仇视佛道的儒生所编造的故事，但仍使用了源于佛教的斗法模式，可见这一故事类型的吸引力。

揭开宗教外衣，我们看到了中古宗教文学中世俗的一面。这是宗教、礼法、世俗三方角力的结果，让宗教文学作品既符合宗教义理和传统礼法，又迎合了人类原初的欲望。正如《维摩诘经》所说，无明、有爱皆是佛种，淫、怒、痴性即是解脱。宗教文学虽然使用了许多世俗的表现手法，但更有效地传播了宗教教义。这类作品又巧妙地躲开了中国传统礼法的限制，为后世小说的繁荣积累了经验。中古宗教文学作品世俗的一面与宗教教义及传统礼法的关系，确实是一值得玩味的话题。

---

① 唐代道教斗法故事特别集中于叶法善、叶静能、罗公远等高道的故事中，具体可参见吴真：《同类故事与斗法故事中的法师形象》，《为神性加注：唐宋叶法善崇拜的造成史》，中国社会科学出版社2012年版，第95～100页。

② 黄征、张涌泉校注：《敦煌变文校注》，中华书局1997年版，第201～202页。

③ (唐)李冗、(唐)张读撰，张永钦、侯志明点校：《独异志 宣室志》，中华书局1983年版，第27页。

④ (唐)李冗、(唐)张读撰，张永钦、侯志明点校：《独异志 宣室志》，中华书局1983年版，第189页。

唐人教诗学诗研究

（2021年5月9日）

卢盛江*

唐人作诗法,应该从教诗学诗的研究开始。教什么诗,怎样教诗,学什么诗,怎样学诗,直接影响到这一时期作诗法的特点。

一

唐代官学教育,是否有教诗的内容,是一个值得探讨的问题。我们可以找到下面一条材料。李商隐《樊南乙集序》:"(李商隐)选为博士,在国子监太学。始主事讲经,申诵古道,教太学生为文章。"①从这条材料看,李商隐被选为博士,在国子监太学主事讲经,主要是"教太学生为文章"。这里所谓"文章",是否兼指诗歌,不太清楚。

这篇序前面叙述:"余为桂林从事日、尝使南郡、舟中序所为四六,作二十编。明年正月、自南郡归,二月府贬,选为盩厔尉,与班县令、武公、刘官人同见尹,尹即

* 卢盛江,南开大学教授,博士生导师,广西民族大学特聘教授,兼任中国唐诗之路研究会会长、中国唐代文学学会副会长、中国古代文学理论学会常务理事、中国《文心雕龙》学会常务理事。所著四卷本《文镜秘府论汇校汇考》(中华书局)、二卷本《文镜秘府论研究》(人民文学出版社)分别获得教育部高等学校科学研究优秀成果(人文社会科学)三等奖和二等奖,三卷本《文镜秘府论汇校汇考》(修订本,中华书局)获"第二届全球华人国学成果奖",另出版《文镜秘府论校笺》《集部通论》等著作,在《文学评论》《文学遗产》等刊发表学术论文百余篇,主持国家社会科学基金、教育部等重点项目和一般项目7项,参与国际学术研究项目1项。

① (清)董诰等编:《全唐文》(四),上海古籍出版社1990年版,第3606页。

留假参军事,专章奏。属天子事边,康季荣首得七关,数月,李玭得秦州,月余,朱叔明又得长乐州,而益丞相亦寻取维州。”[①]于是李商隐“联为章贺”。序又说:“时同寮有京兆韦观文、河南房鲁、乐安孙朴、京兆韦峤、天水赵璜、长乐冯颛、彭城刘允章,是数辈者,皆能文字,每著一篇,则取本去。是岁,葬牛太尉,天下设祭者百数,他日尹言:吾太尉之薨,有杜司勋之志,与子之奠文,二事为不朽。十月,尚书范阳公以徐戎凶悍,节度阙判官,奏入幕。故事,军中移檄牒刺,皆不关决记室,判官专掌之。”[②]上述说的文体是“四六”文,是“章奏”“军中移檄牒刺”,都没有说到诗歌。应该说,他所谓“教太学生为文章”的“文章”,就是指这些应用文。因李商隐善于写四六文,所以他教太学生,应该也是以四六文写朝廷章表奏议、军中移檄牒刺之类的应用文,而不是教诗歌。

唐代官学教育重视的是经学,如作为经学的《诗》,或者还被作为官学的内容。尽管唐代是以诗赋取士,但作为文学作品的《诗》,未必被纳入官学太学的教育内容之中。但在其他教育场合,情况则有不同。如李昉《太平广记》卷四四七:“唐国子监助教张简,河南缑氏人也。曾为乡学讲《文选》。”这里讲的是“乡学”,而且讲的是“《文选》”。《文选》自然有诗歌的内容。就是说,唐代的乡学是有人讲《诗》的,尽管是作为《文选》的内容来讲。《旧唐书·曹宪传》:“每聚徒教授,诸生数百人……所撰《文选音义》,甚为当时所重。初,江淮间为《文选》学者,本之于宪,又有许淹、李善、公孙罗复相继以《文选》教授,由是其学大兴于代。”《新唐书·曹宪传》《旧唐书·李邕传》《新唐书·李邕传》《旧唐书·李善传》有类似的记载,这几条材料讲的都是以《文选》教授。从这些记载看,《文选》当时已成为“学”,号为“《文选》学”,其创始人是曹宪。李善与曹宪为同郡人,但李善受《文选》于曹宪。《旧唐书·卢照邻传》载:“(卢照邻)年十余岁,就曹宪、王义方授苍、雅及经史,博学善属文。”从前面的材料可知,曹宪是以梁昭明太子《文选》授诸生。从这条材料看,受《文选》于曹宪的还有卢照邻。李善和许淹、公孙罗,还有魏模,都相继以《文选》教授。其学先大行于江淮间,后来李善坐事配流岭外,会赦还,又在汴、郑之间以讲《文选》为业。其规模,先是“聚徒教授,诸生数百人”,后来又“诸生四远至”。这里,《新唐书·曹宪传》所说的“(曹)宪始以梁昭明太子《文选》授诸生”,可能是私学。后来李善和许淹、公孙罗、魏模相继以《文选》教授,应该就是私学,特别是李善寓居汴、郑之间,以讲《文选》为业,更应该是私学。不但自己讲《文选》,而且“诸生四远至,传其业”,一代一代传下去。在重师承的中国古代,这是很自然的,但仅一部《文选》就能成为“《文选》学”,有如此

① (清)董诰等编:《全唐文》(四),上海古籍出版社1990年版,第3606页。

② (清)董诰等编:《全唐文》(四),上海古籍出版社1990年版,第3606页。

广泛深远的影响，是很值得注意的。有唐一代，一部文集能成为一门学问，恐怕只有《文选》。

唐代之前的教育是否已以“诗”为内容，未能考察。但唐代以《文选》为教育内容，以其中的“诗”为教育内容，至少是很特殊的现象。唐以前的诗歌，相当一部分靠《文选》保存下来。以《文选》为学，实际上也就是以唐前诗歌为学。李善《上〈文选〉表注》曾说，《文选》注撰成，“后进英髦，咸资准的”。有唐一代确实是以《文选》为撰文准则的。杜甫说“熟精《文选》理”，细察一下，有唐一代诗人，哪个不受《文选》影响？骆鸿凯《文选学》曾引黄侃语说：“唐人诗皆自《选》出。”唐人诗自《选》出，唐人作诗法也自《选》出。私家教育以《文选》为内容，《文选》因此成为“《文选》学”，确实是研究唐人作诗法首先需要关注的内容。我们再看另一条材料。辛文房《唐才子传》卷二云：“昌龄工诗，缜密而思清，时称‘诗家夫子王江宁’，盖尝为江宁令。”[①]为人讲授诗歌是在王昌龄为江宁丞时。王昌龄为人讲授，是私学。所讲内容，应该就是他的《诗格》中的那些作诗法，包括调声、十七势、论文意等。教授内容直接是诗歌，而且直接就是作诗法，这是我们研究唐代教育与作诗法时又一值得注意的现象。

二

还有家学，教诗就更普遍了。《文选》在唐代是家学的重要内容。杜甫是大家熟悉且典型的例子。杜甫《宗武生日》曰：“诗是吾家事，人传世上情。熟精《文选》理，休觅彩衣轻。”（《杜诗详注》卷十四）又有《水阁朝霁奉简云安严明府》：“呼婢取酒壶，续儿诵《文选》。”（《杜诗详注》卷十四）杜甫家庭自乃祖杜审言都善于写诗。儿子宗武生日时杜甫写诗给他，这是家教的内容。家教的内容是诗，而诗是《文选》中的诗。这也证明，前文说的教《文选》，包含教诗的内容。《唐故岭南节度使右常侍杨公女子书墓志》云：“（杨子书）诸兄所习史氏经籍子集《文选》，必从授之，览不再绎。”（《唐代墓志汇编》）“诸兄所习”，应该是家教。家教的内容仍然有《文选》。

个人传授教诗可能更为盛行，较早的有孟浩然。辛文房《唐才子传》卷三：“何，字幼嗣，润州延陵人，包融之子也。与弟佶，俱以诗鸣，时称二包。天宝七年杨誉榜及第。曾师事孟浩然，授格法。”这是个人师事，所授是“格法”。所谓“格法”，应该是作诗格法。接着章八元、灵彻从严维学诗。关于章八元从严维学诗，高仲武《中

① （元）辛文房撰，周绍良笺证：《唐才子传笺证》上册，中华书局2010年版，第223页。

兴间气集》载:“八元尝于邮亭偶题数言,盖激楚之音也。会稽严维到驿,问八元曰:‘尔能从我学诗乎?’曰:‘能。’少顷遂发,八元已辞家。维大异,遂亲指喻,数岁词赋擢第。如‘雪晴山脊见,沙浅浪痕交’,得山水状貌也。”关于严维授诗于章八元,《唐诗纪事》卷三和卷二六有类似的记载,当是据《中兴间气集》而来。《唐才子传》卷四记载章八元后来“诗赋精绝”[①]。严维在当时诗坛似有较高地位,曾与鲍防等50余人联唱,结为《大历浙东联唱集》二卷,与岑参、刘长卿等诗人均有交往。《唐才子传》这里称他为“宗匠”。章八元有《归桐庐旧居寄严长史》:“昨辞夫子棹归舟,家在桐庐忆旧丘。三月暖时花竞发,两溪分处水争流。近闻江老传乡语,遥见家山减旅愁。或在醉中逢夜雪,怀贤应向剡川游。”(《全唐诗》卷二八一)严长史即严维,严维官检校金吾卫长史。这里称严维为“夫子”,可见严维授诗于章八元之事属实。这是严维主动要教章八元,而且经严维教授之后,章八元“诗赋精绝”,得中进士。严维,《全唐诗》卷二六三存诗一卷。《唐诗品》评曰:“维诗错综亦密,时出俊语,澄除泾渭,亦可远致。如‘柳塘春水慢,花坞夕阳迟’,又‘野烧明山郭,寒更出县楼’,又‘夜静溪声近,庭寒月色深’,皆有自然之态,神情疏畅,自不可少。”章八元则仅存诗六首(见《全唐诗》卷二八一)。前引《唐诗纪事》卷二六引章八元诗二句,“雪晴山脊见,沙浅浪痕交”[②],见章诗《新安江行》,既得山水状貌,也确实得严维诗之品貌。关于灵彻从严维学诗,辛文房《唐才子传》卷三又记载:“灵彻,姓汤氏,字澄源,会稽人。自童子辞父兄入净,戒行果洁。方便读书,便觉勤苦,受诗法于严维,遂籍籍有声。及维卒,乃抵吴兴,与皎然居何山游讲……贞元中,西游京师,名振辇下……会赦归东越。时吴、楚间诸侯,各宾礼招延之……上人诗多警句,能备众体。”[③]灵彻是已戒行之人,而得严维授诗法,可见当时教授诗法范围之广。灵彻,《全唐诗》卷八一〇存诗十六首,看不出“能备众体”,但确“多警句”,这应该是得严维教授的结果。

接下有韩愈、孟郊。计有功《唐诗纪事》卷四:“(贾岛)字浪仙,范阳人。初为浮屠,名无本。能诗,独变格入僻,以矫艳于元、白。来洛阳,韩愈教为文,去浮屠,举进士,终普州司户。”[④]又辛文房《唐才子传》卷五曰:“(朱)昼,广陵人。贞元间,慕孟郊之名,为诗格范相似,曾不远千里而访之,不厌勤苦,体尚奇涩。”[⑤]贾岛原本“能诗”,而后来“韩愈教为文”,这所教之“文”,可能是指文章。但我以为仍当指诗,因

① (元)辛文房撰,周绍良笺证:《唐才子传笺证》中册,中华书局2010年版,第749页。

② (宋)计有功撰:《唐诗纪事》(上),上海古籍出版社2013年版,第398页。

③ (元)辛文房撰,周绍良笺证:《唐才子传笺证》上册,中华书局2010年版,第567页。

④ (宋)计有功撰:《唐诗纪事》(上),上海古籍出版社2013年版,第610页。

⑤ (元)辛文房撰,周绍良笺证:《唐才子传笺证》中册,中华书局2010年版,第949页。

为未见贾岛写文章。而且，贾岛写诗与韩愈同为一派，应该是在诗歌方面受韩愈影响，这是“韩愈教为文”的结果。至于朱昼，纯然是慕孟郊之名，不远千里而访之。说“为诗格范相似”，当指偏好孟郊之诗格范。从孟郊所学，当然是“诗格范”。朱昼，《全唐诗》存其诗仅三首，其《喜陈懿老示新制》曰：“一别一千日，一日十二忆。苦心无闲时，今夕见玉色。玉色复何异，弘明含群德。有文如星宿，飞入我胸臆。忧愁方破坏，欢喜重补塞。使我心貌全，且非黄金力。将攀下风手，愿假仙鸾翼。”（《全唐诗》卷四九一）开首二句，说“一日十二忆”，夸张手法已似孟郊。接下，不说胸有文才，而说“有文如星宿，飞入我胸臆”，构想奇特，更类孟郊笔法。其《赠友人古镜》曰：“我有古时镜，初自坏陵得。蛟龙犹泥蟠，魑魅幸月蚀。摩久见菱蕊，青于蓝水色。赠君将照色，无使心受惑。”（《全唐诗》卷四九一）不说古镜沾满了泥土，却说上面的“蛟龙犹泥蟠”，因而照物不清，却说“魑魅幸月蚀”，构想都带有怪奇特点，如《唐诗纪事》所说，“体尚奇涩”。这都当得之于孟郊之教。

贾岛从韩愈学诗，学会之后，又授诗于人。辛文房《唐才子传》卷五曰：“（庄）南杰，与贾岛同时，曾从受学。”[①]庄南杰为越人，工乐府，《全唐诗》存诗五首，《增订注释全唐诗》编诗九首，全是乐府。其《黄雀行》曰：“穿屋穿墙不知止，争树争巢入营死。林间公子挟弹弓，一丸致毙花丛里。小口黄雏未有知，青天不解高高飞。虞人设网当要路，白日啾嘲祸万机。”（《全唐诗》卷七四七）写入营死，毙死花丛，有韩愈、贾岛式恐怖味道。其《雁门太守行》曰：“旌旗闪闪摇天末，长笛横吹虏尘阔。跨下嘶风白练狞，腰间切玉青蛇活。击革摐金燧牛尾，犬羊兵败如山死。九泉寂寞葬秋虫，湿云荒草啼秋思。”用白练写白马，是“嘶风”，是“狞”。剑是青蛇，是切玉，他又写死。这些都有韩愈、贾岛的幽怪险狞诗风。

元和以来，白居易的诗，人们则交口教授。杜牧在《唐故平卢军节度巡官陇西李府君墓志铭》中说：“尝痛自元和以来，有元白诗者，纤艳不逞，非庄士雅人，多为其所破坏，流于民间，书于屏壁，子父女母，交口教授，淫言媟语，冬寒夏热，入人肌骨，不可除去。”子父女母之间“交口教授”，应该是家教，但可能范围更广，因为“流于民间，书于屏壁”，见者都可以学，都可以“交口教授”。这是范围非常广泛的教授诗歌。

晚唐则有徐凝教诗，他教方干。皮日休《论白居易荐徐凝屈张祜》：“凝之操履不见于史，然方干学诗于凝，赠之诗曰：‘吟得新诗草里论’，戏反其辞，谓‘村里老’也。方干，也所谓简古者，且能讥凝，则凝之朴略稚鲁，从可知矣。乐天方以实行求才，荐凝而抑祜，其在当时，理其然也。”类似的记载也见于五代王定保《唐摭言》、宋

① （元）辛文房撰，周绍良笺证：《唐才子传笺证》中册，中华书局2010年版，第975页。

人计有功《唐诗纪事》卷五二和元人辛文房《唐才子传》卷八。几家记载都说，方干学诗于徐凝，却反语讥凝，说可见重任凝之朴略稚鲁。方干，《全唐诗》编其诗为六卷。方干确实诗名显扬于江南，王赞在《元英先生诗集序》中说他“擅名于杭越，流声于京洛”，“入钱起之室”。《后村诗话》说：“其诗高处在晚唐诸公之上。”清人余成教《石园诗话》例举其诗“野花多异色，幽鸟少凡事”“无酒能消夜，随僧早闭门”“野烟新驿曙，残照古山秋”“地下无馀恨，人间得盛名”“鹤盘远势投孤屿，蝉曳残声过别枝”“驯鹿不知谁结侣，野禽多是自呼名”等，以为“足当高坚峻拔之目”。但明代胡震亨《唐音癸签》也说“嫌其微带经籍气，村貌棱棱尔”，清人胡寿芝《东目馆诗见》也说他“并乏新异”。徐凝，《全唐诗》存诗一卷。徐凝以《瀑布诗》“千古长如白练飞，一条界破青山色”而著名，特别为白居易所赏识，但苏轼却斥之为“恶诗”[①]。不论方干净，还是徐凝，诗之评价均各家不一。但方干曾学诗于徐凝，是可以肯定的。这是晚唐个人教授诗歌的一个例证。所授内容，皮日休《论白居易荐徐凝屈张祜》谓学诗，五代王定保《唐摭言》则谓“诲之格律”，《重订中晚唐诗主客图》谓“受诗律”，总之是诗歌格律一类东西。

方干从徐凝学诗，方干又教李频学诗。辛文房《唐才子传》卷七云：“初李频学干为诗，频及第，诗僧清越贺云：‘弟子已折桂，先生犹灌园。’”[②]李频为姚合之婿，《全唐诗》编其诗为三卷。《新唐书·李频传》云：“（频）属辞，于诗尤长。与里人方干善。给事中姚合名为诗，士多归重，频走千里丐其品，合大加奖挹，以女妻之。”李频与里人方干友好，从其学诗，今人不觉得奇怪。各家评李频诗，《沧浪诗话》谓：“李频不全是晚唐，间有似刘随州处。”《瀛奎律髓》谓其“诗虽晚唐，却多壮句”[③]。《唐才子传》谓：“频诗虽出晚年，体制多与刘随州相抗，骚严风谨，惨惨逼人。”[④]胡寿芝《东目馆诗见》谓：“李频和平委婉，然清夷宕往中仍有俊逸气格。”这与前述人们评方干“入钱起之室”“诗高处在晚唐诸公之上”“足当高坚峻拔之目”有相似之处。或者可以看出方干对李频影响的痕迹，这影响主要是因方干曾学诗于李频。

三

教诗的内容，从前节所引材料看，首要是《文选》。张简为乡学所讲是《文选》，

① 陈广宏、侯荣川编校：《明人诗话要籍汇编》第一册，复旦大学出版社2017年版，第33页。

② （元）辛文房撰，周绍良笺证：《唐才子传笺证》下册，中华书局2010年版，第1774页。

③ （元）方回选评，李庆甲集评校点：《瀛奎律髓汇评》（三），上海古籍出版社2020年版，第1104页。

④ （元）辛文房撰，周绍良笺证：《唐才子传笺证》下册，第1793页。

曹宪、李善、许淹、公孙罗、魏模等私学所讲也是《文选》，家学也是《文选》，杜甫即教儿子“熟精《文选》理”“续儿诵《文选》”，杨子书诸兄所习是《文选》。

教诗的内容，还有诗歌格律和作诗法。王昌龄作为诗家夫子，为人讲授，所讲内容，应该就是他的《诗格》中的那些作诗法，包括调声、十七势，还有论文意等。包何从孟浩然学诗，所学的是格法，所谓“格法”，应该是作诗格法。章八元从严维学诗，历史学家特地说明章八元后来“诗赋精绝”，推想所学即有“诗赋”。灵彻从严维学的是“诗法”，韩愈教贾岛是“为文”，孟郊教朱昼是“诗格范”。徐凝教方干，方干教李频，都是诗。王国维说唐人多作诗赋，韵书当家置一部。那么，韵书韵学也当是教诗的内容。

唐人教诗，有教前朝诗，如《文选》，也教当朝诗。白居易诗于民间，书于屏壁，子父女母，交口教授，就为当朝人所教授。杜甫说：“诗是吾家事。”既是吾家事，所教就应该有“吾家”之诗。杜甫“家”前代的著名诗人，有当朝的杜审言。可以想见，杜审言的诗是杜甫家教的重要内容。

既教别人的诗，也教自作诗。王昌龄被称为“诗夫子”，他教士子写诗。从他留下来的《诗格》看，大量是他自己的诗。比如，《十七势》之“第一直把入作势”，所引七首诗，有五首是王昌龄自作诗。这五首诗是：《寄驩州》“与君远相知，不道云海深”；《见谴至伊水》“得罪由己招，本性易然诺”；《题上人房》“通经彼上人，无迹任勤苦”；《送别》“春江愁送君，蕙草生氛氲”；《送别》“河口饯南客，进帆清江水”。《十七势》之“第二都商量入作势”所引两首例诗，全是王昌龄自作。这两首诗是：《上同州使君伯》“大贤本孤立，有时起丝纶。伯父自天禀，元功载生人”；《上侍御七兄》“天人俟明略，益稷分尧心。利器必先举，非贤安可任。吾兄执严宪，时佐能钧深”。后面的“第三直树一句第二句入作势”，“第四直树两句第三句入作势”，“第五直树三句第四句入作势”等，或者全部或者绝大部分用王昌龄自作诗。上官仪《笔札华梁》也有不少自作诗。比如收入《文镜秘府论》地卷的《八阶》。“阶”是学诗入门，由浅入深之体与初阶，“八阶”即提示学诗入门之八种方法。《八阶》就有不少是作者自作诗。如“第一咏物阶”，“诗曰：‘双眉学新绿，二脸例轻红。言摸出浪鸟，字写入花虫。’又曰：‘洒尘成细迹，点水作圆文。白银花里散，明珠叶上分。’”“释曰：闻神岭而赋金花，睹仙蓬以歌玉叶。或思今而染墨，乍感昔以抽毫。此乃咏物之阶斯显，即事之言是著。”[①]所引“双眉学新绿”及“洒尘成细迹”二诗，应该就是作者自作诗。为了说明咏物阶的写法，又没有现成的适合的诗，因此自作一首。或者也是作者的习

① [日]遍照金刚著，卢盛江校笺：《文镜秘府论校笺》，中华书局2019年版，第140页。

惯,愿意自己写一首诗来说明。前一首咏美人,既言美人双眉如新绿之柳叶,又言其脸颊泛着如桃花之轻红,非唯貌美,且亦多才。其巧言如流,比浮鸟在水,字体优美,似翩翩入花之蝴蝶。后一首当为咏小雨。两诗都是借此告诉学诗者,咏物诗应该这样写。又如"第五返酬阶","诗曰:'盛夏盛光炎,燋天燋气烈。'又曰:'清阶清溜泻,凉户凉风入。'""释曰:此述凉秋,彼陈盛暑。九冬雪状凄人,三春风光可玩。即二节各举,且两时互列。语既差舛,故以酬为名。"[①]返酬阶为酬答体之一种。酬,应对,对答。两首例诗也当为作者自拟。由例诗观之,后诗当为对前诗之酬答,与"和诗阶"相似,但是句型尚必须相偶(二例诗均用双拟对)。尤其重要的是,此类酬答须从相反方面着笔。凉须对暑,夏须对秋。两首自作例诗,后诗为前诗之返酬诗,故凉风以应燋气,清秋以应盛夏,前诗两"夏""燋",后诗两"清""凉"均用双拟对,均押入声韵。从相反方面酬答,是为返酬阶,也就是"释曰"所说的"此述凉秋,彼陈盛暑"。这种诗体很难找到合适的诗例,因此作者要自拟。《八阶》的其他各篇,赠物阶、述志阶、写心阶、赞毁阶、援寡阶和诗阶,都是作者自拟诗。

还有同样收入《文镜秘府论》地卷的《六志》。《八阶》出《笔札华梁》,《六志》则出《文笔式》,与《笔札华梁》有相同的内容。六志是论述作诗六种咏志方法。其一"直言志":"直言志者,谓的申物体,指事而言,不籍余风,别论其咏。即假作《屏风》诗曰:'绿叶霜中夏,红花雪里春。去马不移迹,来车岂动轮。'释曰:'画树长青,不许经霜变色。图花永赤,宁应度雪改容。毫模去迹,料判未移踪。笔写行轮,何能进辙。如斯起咏,所例曰直,不藉烦词,自然应格悟。"[②]直言志是明白地表达抒写。作者假作屏风诗来说明,并加以解释:画中之树永远为夏天青绿之色,即使冬天经霜亦未变色,图中之花即使雪中亦不变色。画中马不会移动行迹,画中车亦不会行轮进辙。其五"贬毁志":"贬毁志者,谓指物实佳,兴文道恶,他言作是,我说宜非。文笔见贬,言词致毁,证善为恶,因以名之。即假作《田家》诗曰:'有意嫌千石,无心羡九卿。且悦丘园好,何论冠盖生。'释曰:'千石崇高,兴言有弃;九卿位重,所愿无心。番非冠盖,倒悦丘园,贬毁之情,自然隆著。'"[③]贬毁志是从反面着笔,贬毁有价值之物,以突现诗文主题之写作格式。所指之物为佳物,而写文章则谓之为恶,本为是之事,却谓之曰非。贬毁佳物,以显诗旨。也是假作田家诗,举出千石、九卿、冠盖等一系列高官贵仕加以贬抑毁损,以突出隐居田园之好,借助反衬以求极力褒扬及强烈之效果。《六志》的其他几类,比附志、寄怀志、起赋志、赞誉志,都有这

① [日]遍照金刚著,卢盛江校笺:《文镜秘府论校笺》,中华书局2019年版,第143~144页。

② [日]遍照金刚著,卢盛江校笺:《文镜秘府论校笺》,中华书局2019年版,第150页。

③ [日]遍照金刚著,卢盛江校笺:《文镜秘府论校笺》,中华书局2019年版,第154页。

样的假作诗。所谓“假作”,就是拟作,即为说明作诗方式而自拟之作。

《笔札华梁》和《文笔式》,都是为人们学诗而写的诗格类著作。教人们学诗,没有合适的诗例,就自拟作诗,这是唐代教诗学诗特有的一种现象。唐人学诗,有的是成人,比如包何师事孟浩然,章八元、灵彻从严维,韩愈教贾岛为文,朱昼从孟郊,贾岛从韩愈学诗,庄南杰从贾岛,徐凝教方干,方干教李频。从史料记载看,学诗者都已有一定的社会阅历。但唐代学诗者有不少是少年孩童。杜甫教其儿宗武,宗武时当年小。《旧唐书·卢照邻传》曰:“(卢照邻)年十余岁,就曹宪、王义方授苍、雅及经史,博学善属文。”就曹宪而学,所学当是《文选》,此时卢照邻年十余岁。韩愈《中大夫陕府左司马李公墓志铭》曰:“(李郱)年十四五,能谙记《论语》《尚书》《毛诗》《左氏》《文选》。”[①]时年十四五即能记《文选》,则学《文选》更早。刘禹锡《唐故中书侍郎平章事韦公集序》曰:“公本名淳,举进士,登贤良。既仕,更名处厚,字德载。汉丞相扶阳侯之裔孙,后周逍遥公敻之八代孙,江陵节度参谋监察御史里行赠右仆射某之元子。生而聪明绝人,在提孩发言成诗,未几能赋。受经于先君仆射,学文于伯舅许公孟容。”[②]提孩发言成诗,未几能赋,则学诗更在小孩之时。张庭芳《故中书令郑国公李峤杂咏一百二十首序》曰:“于是欲罢不能,研章摘句,辄因注述,思郁文繁,庶有补于琢磨,俾无至于疑滞,且欲启诸童稚,焉敢贻于后贤?”[③]李峤《杂咏》120首,是适合初学入阶之作。从这条史料看,李峤的《杂咏》是“欲启诸童稚”。这也说明,唐人自“童稚”时起就开始学诗,学李峤的《杂咏》。李方舟《唐故陇州汧阳县尉太原王府君(昇)墓志铭并序》曰:“(王昇)志学,长六尺七,而言质行方,偏好《礼记》及《文选》。”志学之年,是十五岁,这时王昇就偏好《文选》。

唐人教诗的内容,应该就是学诗的内容。但史料记载唐人学诗的内容更宽泛、更具体一些。陶翰《送孟大入蜀序》曰:“翰读古人文,见《长杨》《羽猎》《子虚赋》,壮哉。”[④]几篇都属《文选》,但《文选》之中,陶翰更偏好这几篇,或者他更多的是学这几篇。《大唐越国故太妃燕氏墓志铭》曰:“(太妃)兄敬嗣时禀训读《上林赋》于前,太妃一览斯文,便诵数纸,太夫人善其聪令,抚而异之。”(《唐代墓志汇编续集》)可见他也偏好《上林赋》。《大唐故闻喜县主墓志》曰:“(闻喜县主李婉顺)少而志学,及长逾励。壶务之余,披省无辍……雅好文集,特加钦味。每属新声逸韵,无亏鉴赏。至若目见心存,耳闻口诵。始窥文而辨意,未终篇而究理。”(《唐代墓志汇编续集》)可

① (清)董诰等编:《全唐文》(三),上海古籍出版社1990年版,第2527页。

② (清)董诰等编:《全唐文》(三),上海古籍出版社1990年版,第2707页。

③ (清)董诰等编:《全唐文》(二),上海古籍出版社1990年版,第1634页。

④ (清)董诰等编:《全唐文》(二),上海古籍出版社1990年版,第1495页。

以看出这学的是新声逸韵。唐段成式《酉阳杂俎》前集卷十二“语资”条:“李白名播海内……白前后三拟词选,不如意,悉焚之,唯留《恨》《别赋》。”三拟词选,一作“三拟《文选》”。关于李白“三拟词选”或“三拟《文选》”,有诸多不同看法。李白和唐代很多诗人一样,《选》诗学得特别好。如朱熹所说:“李太白终始学《选》诗,所以好。”(《清邃阁诗话》,《宋诗话全编》六)《酉阳杂俎》说“不如意,悉焚之”,也是可信的。因为李白一方面学《选》诗,另一方面又独创。他的个性和才情,都决定他学《选》诗之后不满足、不停留在模拟仿作,而要独创。说“唯留《恨》《别赋》”,则不知何据。不管怎样,李白学诗的重要内容是《选》诗,其中对《恨》《别赋》一类作品特别留意,应该是有根据的。宋人李昉《太平广记》卷二九八记载:武则天垂拱中,太学生郑生曾遇一婢,此婢“能诵《楚辞》《九歌》《招魂》《九辩》之书,并常拟词赋为怨歌。其词艳丽,世莫有属者”。能诵《楚辞》《九歌》《招魂》《九辩》之书,则肯定学过。一婢女能诵这些作品,说明这类作品是唐代学人热门学诗读物。

唐人教诗,还教当朝人作品。学诗,也学当朝人诗作。杜甫学杜审言诗,为人们所熟知。白居易诗在当时广泛流传,为人们交口教授,也是一个例子。交口教授,则也为人们所学。一般的流传,一般的欣赏,不能算作学诗,但如果目的在作诗,这样的对作品的欣赏就是学诗了。当时欣赏白居易诗的很多人应该就是以作诗为目的,也就是说,他们欣赏白居易诗,是为了学白居易诗。他们学白诗之后,将其作诗之法融于自己的创作之中。白居易诗在中晚唐能有那么大的影响,创一流派,与人们广泛学白诗有关系。除学白居易诗之外,人们还学其他当朝诗,这在当时是普遍现象。唐人很多选唐诗,如殷璠有《河岳英灵集》,元结有《箧中集》,高仲武有《中兴间气集》。这些唐人选唐诗,集唐诗之精华,也为人们学诗提供了便利的读本。李白、杜甫等很多诗人在当朝就很有影响。人们倾慕他们的人格,也喜爱他们的诗歌。喜爱他们的诗歌,有的仅仅停留在一般欣赏,但有的则有目的地为作诗而欣赏。这明显就是“学诗”了。唐人学诗,更多可能是潜移默化,将李白、杜甫等这些著名诗人诗歌的诗法融入自己的诗作,这是另一种学诗方式。

由曲到戏：明清戏曲理论的演进轨迹

（2021年12月4日）

刘　玮*

首先，从古代戏曲成长历程说起，我们可以将戏曲的发展分为四个时期：酝酿期、形成期、演进期、成熟期。酝酿期是从上古开始，原始歌舞中就蕴含着古代戏曲的一些元素。到汉代，出现了一种表演形式——角抵戏。角抵就是摔跤，角抵戏中有一定的故事场景，也有两人打斗摔跤的场面，通过这些来表演故事。形成期是魏晋南北朝时期和隋唐时期。演进期是宋金时期，有杂剧和院本。到了元代，比较成熟的戏剧形式就呼之欲出了。元代除了杂剧之外还有南戏，杂剧主要是在北方，后遍及大江南北，随后出现了南戏。明清时期南戏逐渐发展成传奇，传奇就是比较常听的戏曲，它的前身就是南戏。杂剧在明清时期仍继续发展，但它的整体影响和成就比不上明清的传奇。

以上是对戏曲发展脉络的梳理，接下来介绍戏曲的体制，以此说明古代戏曲的内在构成。不管是杂剧、南戏还是传奇，最主要的构成都是曲，这就是我们所说的由曲到戏。虽然它是曲，但最终在舞台上的呈现，不仅要有唱，还要有表演，所以整个还是戏。我们要关注一个整体，即到戏的层面上，这样戏曲理论包括戏曲的实践才更成熟。杂剧是一本四折，折是情节段落的单位。更重要的是，它是一个套曲，也标志着一个乐段的结束。一折就是一个套曲，套曲有一定的规则，套曲中宫调曲

* 刘玮，中国人民大学文学博士，哈尔滨工业大学（威海）语言文学学院副院长、副教授，主要从事中国古代戏曲、小说的研究。主持国家社会科学基金2项、山东省艺术科学重点课题1项、哈尔滨工业大学哲学社会科学繁荣计划项目1项，出版专著5部，在《武汉大学学报》《社会科学研究》《黑龙江社会科学》《学术交流》等期刊发表论文20余篇。

牌的排列都是有规则的,不可以随意改动。尤其是元杂剧,它的音乐体制非常严格。

内在的组织是指整体的剧本结构,组织就是曲词宾白和科范。最重要的是曲词,从广义来说,它是古代诗歌的一体,诗词曲的一体。从狭义来说,它与诗、词都有区别。曲词有曲牌,曲牌有一定的调子,曲词也有类似于词的格律。曲比词更加灵活,它可以加衬字,尤其是北曲。例如曲调,正格是七个字,它加衬字可以加到20多个字,因此情感抒发更加淋漓尽致,这和我们传统的诗词是不一样的。传统诗词以含蓄蕴藉为美,曲则是以抒发感情、畅快痛快为美。

什么是宾白?古人对此的界定首先是白。现代的戏剧中有对白和独白,这个白与戏剧中的白是一样的,即在曲之外,人物之间的对话和一个人单独说话叫白。古人不重视白,以曲为主,以白为宾,所以叫宾白。在很长一段时间之内,我们对白是不重视的。科范类似于舞台提示,例如做哭科演员就要表演哭。

接下来介绍古代戏曲理论的发展。元代以前戏曲还未完全成熟,还称不上是真正的戏曲。虽然元代以前也有一些关于戏曲或者接近于对戏曲(理论)的一些讨论,但是还没有专门的理论,一般是保存在其他的文献里。元代是戏曲正式成熟的时期,出现了专门讨论戏曲的论著,例如燕南芝庵的《唱论》。燕南芝庵的本名不可考,通过他的号知道他大概是燕南人,可能是河北一带。《唱论》是研究唱的,是一部关于声乐的论著。《中原音韵》的作者周德清是一位非常著名的戏曲理论家。从《中原音韵》的书名中可以发现它的重点在音韵,所以它是一个韵谱。词有词谱,曲有曲谱或者韵谱。《中原音韵》是曲韵著作的典范,它讲述的是中原地区主要是北方广大地区、黄河流域广大地区的音韵,但是后来在传奇中也以中原音韵或者中州韵为主。它对于后来的南曲、南戏包括传奇的影响是非常大的,在古代戏曲领域里这一部韵书是非常重要的。它的主体部分是韵谱,除了韵谱之外,还有关于如何审音、变字、把句写得合适以及曲词作法的内容。另外,以字音辨别、用字方法、宫调和曲牌以及作字十法等,都有涉及。①

元代另外一部戏剧理论著作是《青楼集》,由夏庭芝所写。《青楼集》主要记载了艺术家或艺人的一些生活片段或他们的特点、特长。元代非常重要的一部戏曲理论著作,也是非常重要的一部戏曲史料是钟嗣成所著的《录鬼簿》。它记录的大多数是已经故去的戏曲作家,因此称为《录鬼簿》。该书记载了这些戏曲或者散曲作家的生平事迹,以及他们的作品目录。《录鬼簿》是我们了解元代戏曲作家及其作品

① 参见中国戏曲研究院编:《中国古典戏曲论著集成》第1集,中国戏剧出版社1959年版,第173~254页。

的重要依据，也是研究古典戏曲和金元文学的宝贵史料。

元代有关戏曲理论的论著不多，基本上是史料性质的，但是相比之前已有很大进步，至少有我们现在能看到的专门著作。这些史料对戏曲理论的发展，或者对整个戏曲的发展，包括我们对当时情况的了解具有非常重要的价值。

戏曲理论在明清得到了更进一步的发展，表现在以下两个方面：一是理论论述数量多，二是戏剧理论家辈出。这一时期论著多，理论家多，讨论的范围广，而且探讨的内容逐渐深入化，甚至出现了不同派别的论争，这是理论进步和发展的重要标志。

王骥德的《曲律》是当时关于戏曲的、比较有体系的论著，它涉及的问题比较全面且进行了深入的探讨，包括宫调、音韵、科诨等，也包括宾白。王骥德在《曲律》里面专门对宾白做了探讨，且是非常有见解的。另外，吕天成、祁彪佳等人在作品评论方面都非常有见解，祁彪佳的作品有《远山堂曲品》和《远山堂剧品》，吕天成的作品有《曲品》。

明清时期出现了不同流派的论争，这是戏剧理论发达的另外一个表现。明清时期的论争是关于本色和文词，也可称为本色和文采两大阵营的论争。著名的戏曲家、戏剧理论家汤显祖和沈璟的汤沈之争，是戏曲史上非常重要的事件或者说理论论争。清代中期则出现了花雅之争。

下面我们将从明代和清代这两个时期来介绍一些重要的戏曲理论以及重要的理论论争。明代朱权的《太和正音谱》成书于洪武三十一年(1398)，有上下两卷，上卷主要是戏曲理论和史料，下卷主要是杂剧曲谱。

在清代的戏曲理论史上，李渔是实现由曲到戏跨越的最关键的戏曲理论家。他的《闲情偶寄》是一部杂著，讨论的内容很多，其中有一部分是关于戏曲的，因此就有学者把讨论戏曲理论的那一部分提出来叫《李笠翁曲话》。除了是戏曲作家、戏剧专家，李渔还是一个导演。用现在的话说，他是导演、编剧，还是制片人。他有家班，他带着家班到处演出，并且担任导演，所以他非常了解戏曲理论。他的《闲情偶寄》词曲部里或者相关的演习部，都会涉及很多关于戏曲创作本身、戏曲表演、戏曲导演及戏曲整体的一些理论。他首先论述了戏曲的社会功能，即戏曲是供人娱乐的。关于戏曲结构的论述，他和我们理解的结构不完全一样。我们所说的结构，包括题材、构思，主要指戏曲布局。在开始作词、作曲之前，要对全剧有通盘考虑。李渔用盖房子打比方，最开始用物的胚胎的形成过程作比喻，使论述形象生动。他还讨论了如何处理创作素材的问题，结构是第一，是一个大的题目，它不仅是我们所说的结构，而且包括构思、布局。其下有七个小题，戒讽刺、立主脑、脱窠臼等。

这里包含艺术构思的含义，而且还谈及人物形象塑造的问题。

立主脑和确定作品的主题不太一样。立主脑是指找一个主要的人和事，这不完全是我们现在理解的主人公和主要情节，主要的人接近于我们现在说的主人公，但主要的事不一定是主要情节，也可能是一个关键的情节，由这个情节引发后面一系列的情节。例如，《西厢记》中主要的事是白马解围，这件事有夫人许婚，两人私订终身，后来夫人又不承认这个女婿，逼他去赶考等情节。这本来不是核心情节，但因为这个事是一个比较关键的或者引发后面一系列情节的事，所以被当作主脑，叫“一人一事”。[①]李渔的说法有点失之偏颇。主脑主要是立足于戏曲的舞台表演的特性，李渔在讨论戏曲问题、提出主张的时候，始终把舞台表演和观众接受当作最重要的两个考虑因素。戏不要太枝蔓，不要枝节太多，这样观众才能知道是在演什么，人物是在干什么。李渔立足于戏曲表演和观众接受来提出指标，因此片面性显而易见。对作者而言，什么事是主脑，作者有自己的想法。李渔认为，除了一些最主要的角色，其他的人属陪宾。这也不见得，其他人也有他的人物的作用，在戏里面也有他的作用。就戏曲表演来说，不同的行当、不同的角色也有精彩的地方，即使在剧里他是很次要的角色，但是往往他的表演是受观众喜欢的，这在后世的折子里面被充分反映。所以李渔强调这一方面就忽略了另一方面。

李渔关于创新的观点，是比较值得借鉴的。他认为不仅仅是前人所做的，对我们来说是旧的，即使是我们自己已经用过的一些手法或者已经写过的东西也不能再用了。也就是说创新，既不能蹈袭前人，也不能抄袭自己，这个对我们有一定的启发。李渔又提出“非奇不传”，“奇”就是“新”的意思，“新”不是刻意求新，标新立异。他说：“当求于耳目之前，不当索诸闻见之外。”[②]我们日常生活中有很多这样的素材，不一定标新立异才是新奇。设荒唐怪异者当日即朽，人情物理即能够反映人的事态人情的，才是能够久远流传的。物理易尽，人情难尽。只要有人的生活、人的活动，就有很多值得写的事情、很多值得在台上表演的事情。

李渔举的例子涉及人物塑造中一个很重要的问题，即叙事文学中的人物塑造，他是从虚实这个角度来讲述古事和近事的。李渔举例说，如果想要塑造一个孝子，只要他有一件孝行可以记下来，就可以把他作为一个孝子来塑造，即使不是他行孝的事情也可以安排在他身上。如果是一个坏人，例如纣，其实本来历史上纣也没有那么坏，但是他一旦被人认为是暴君，很多残暴的事都可以放在他身上，这涉及人

① 参见中国戏曲研究院编：《中国古典戏曲论著集成》(一)，中国戏剧出版社1959年版，第14页。

② 中国戏曲研究院编：《中国古典戏曲论著集成》(一)，中国戏剧出版社1959年版，第19页。

物形象塑造方面的典型性的问题。[1]虚是虚构,实是真人真事,但不管是真实题材还是虚构的题材都涉及历史处理和加工,也就是我们说的人物塑造的典型化的问题。李渔关于人物形象还有这样一些言论:张三要像张三,难通融于李四;生旦有生旦之体,净丑有净丑之腔调。[2]戏曲里有生旦净末丑这一些行当,比如说小生,一般是年轻的、英俊的书生;"旦",一般是舞旦。杜丽娘就是典型的舞旦或者称为闺门旦,扮演大家闺秀的。给杜丽娘梳妆的丫头春香,是六旦,扮演小丫头这种比较活泼的角色。因此,每个行当有每个行当的不同。李渔书中的这段话既涉及剧中的具体人物,也涉及具体的行当或者角色,既有人物形象的个性化,又谈及角色的规定性问题。角色的规定性是古代戏曲特有的一种情况。首先,行当规定了人物的基本身份、基本地位、大体的性格。其次,具体行当扮演的具体人物还有具体人物的两重性。这是古代戏曲的独特地方,不同的行当、角色有其不固定性。例如,"丑"一般是滑稽的、调笑的角色;"净"有几种,有一些比较反面,有一些比较正面,有一些是文的,有一些是武的。

李渔明确说"代人立言"。之前徐渭的论断提及了戏曲代言的特点,但是还不明确,重点还是在戏曲语言上。而李渔说"代人立言",就是指如果你要表演这个人,要替这个人物说话,就要有点他的想法才行。所以李渔说内心端正者想设身处地,即使是要扮演一个坏蛋,也应当"舍精从权,暂为邪僻之思",要演什么像什么。影视界有很多著名的反派演员,他们把反派演得活灵活现,能够揣摩人物的心思,所以演出来才像这个人。因此代人立言要先代人立心,这涉及戏曲很深入的层面。

李渔也提及了戏曲语言,他的戏曲语言的立场非常明确——手则握笔,口却登场。这说的是手上在写这个曲子,但是嘴是登场的;要想着词能唱出来,听众能听懂。全以身代梨园,其实是说作为一个剧作家、一个作者,要想象剧本在舞台上表演是什么样的,要按照这个标准来进行剧本创作。曲词要好,所谓好就是观众能够接受、听懂、看懂,否则创作就没有意义。具体的要求是语言要浅显,"填词之设,专为登场"。李渔特别强调场上的表演,他说剧作家写剧本,不是供人案头阅读的,而是要拿出来让演员演的,然后让观众来看。他的指标是非常明确的,相当于明代的本色派。也就是说写得太蕴藉、太典雅是不好的,词可以这样写,但是曲不能这样写。因为诗和词是给那些受过很高教育的人服务的,但是传奇不一样,传奇要给普通大众听、看,让大家思考其含义。如果大众还在思考上一句,但这一支曲却唱完了,唱到下一句去了,那么这个戏就没法看了。所以它贵浅不贵深,是非常务实的。

① 参见中国戏曲研究院编:《中国古典戏曲论著集成》(一),中国戏剧出版社1959年版,第20～21页。

② 参见中国戏曲研究院编:《中国古典戏曲论著集成》(一),中国戏剧出版社1959年版,第26页。

机趣相当于是有伏笔、有照应、有呼应,还要比较生动活泼、有生气,注意语言的个性化。同时,也要重视宾白,宾白的说法一直被沿用,李渔对“宾白”给予相当的重视。有最得意之曲文,当有最得意之宾白,曲文写得很得意,宾白也要与之相衬才可以。古代戏曲非常特别的地方就是有艺人专门的演出本,在演出本里面我们会发现宾白大量增加。在文学本里面,宾白可能只有三五句,而在演出本里面则可能编十几句、二十句。宾白是艺人在长期舞台演出的情况之下为适应观众欣赏的需要而增加的。增加的部分往往是风趣、有意思的,这也对推进人物的情节塑造有重要的作用。李渔特别编出宾白这一部分,也是非常有见地的。

关于戏曲的编导李渔提出了这样的关系:演员、编剧和导演是一体的。没有编剧,没有基本的依据,没有导演和演员,就没法把戏演得很好,所以三者是一体的关系。李渔说词曲佳,但是演员如果演得不好也不行。现在的导演不指导演员唱,但那时的导演需要教演员唱。三者要配合密切,剧本好、演员好、导演好,才是佳作。明代的传奇基本以五十出左右为准,稍微短一点的四十多出,发展到清代逐渐变为三十几出、二十几出,后来甚至变成十几出,它和杂剧之间的界限越来越模糊,二者越来越接近。这是演出的需要,因为五十五出观众根本没有时间看。因此要缩长为短,把比较重要的段落拎出来,然后加入串场。李渔在清初提出这样的看法,那时开始有了这个趋势,但还不是特别明显,从这里能够看出李渔是个戏曲行家,有预见性。

关于导演,涉及对演员的挑选与角色的分配。很多电影在总导演之外还有选角导演。选角导演既要选剧本也要选演员,还要教授。这个导演必须是全才,特别要会唱、会教,要教说白,教演员身段。身段也是古代戏剧一个很重要的要素。在舞蹈,即身段部分,演员既要唱,也要有舞蹈动作,例如游园的片段和群众的片段,这是古代戏曲很重要的一个特点。它具有综合性,要求有歌有舞,有文学,有杂技,甚至还有武术。因此导演十分厉害,要基本掌握以上能力。

李渔理论的主要贡献是推动古典戏剧发展到一个比较成熟的阶段,在戏曲的功能、结构、人物形象塑造、语言表演,包括导演和场景等方面都超越了前人。他对前代的一些戏曲理论,包括一些戏曲创作,是有所继承的。他很明确地、系统地把这些理论提出来,抓住了戏剧舞台表演和观众接受的特性,为近现代的戏曲理论的产生和发展奠定了非常坚实的基础。李渔既有贡献,也有不足。不足是他过于强调娱乐性,“唯我填词不卖愢,一人不笑是吾忧”,忽略了悲剧的震撼性,他自己的剧作也是谑剧或是喜剧居多。功利主义也是其不足的表现,他过于强调娱乐性和商业性,他的剧作也因此缺乏动人的情感力量。另外,他的一些理论和创作是宣扬传统的、封建的伦理和教条，这是不可取的，也是他的不足。

明初对元杂剧成就的总结和曲谱的梳理，明代中后期关于意趣神色和争执，贯穿明代戏曲始终的本色和文词的此消彼长，以及戏剧本身的发展，都在推动戏曲理论和戏曲创作不断向前发展进步。明代的论争逐渐从曲开始关注到戏，但并不清晰，也不明确。李渔对戏曲做了整体上的观照，把它作为一个整体来探讨和提出，有触及戏曲本质的见解，更多的是涉及戏曲的布局、创新、人物形象以及情节，甚至是表演和导演的艺术。由曲到戏的演进，是古老的艺术形式向近现代迈进的过程。现在我们依然能看到很多的戏曲活跃在舞台上或者在大众之间，其中这种流传的、潜在的积累是非常重要的。

灵与物:从《平凡的世界》看现实主义文学中的爱情描写

(2021年5月20日)

赵炎秋*

路遥是当代文学史上非常重要的作家。《平凡的世界》这部作品发表之后,它的影响越来越大,到现在已经基本上进入经典的行列,相关的研究也越来越多。我主要是从现实主义这个角度来研究《平凡的世界》,探究这部作品有哪些成就、哪些不足。现实主义从19世纪开始,影响到整个文学世界的未来发展。到现在,马克思主义经典作家对于现实主义仍然是非常推崇的。但是现实主义经过发展之后出现了一些问题。人们都没有按照马克思主义经典作家所提出的现实主义的基本要求来进行写作,也就是说,现实主义出现了各种变形。要使文学健康发展,就要以经典现实主义的要求作为我们现实主义创作的参照系。

所以从经典现实主义的要求来看《平凡的世界》,它就有一些不足,它不完全符合现实主义的规则。同样,从经典现实主义的要求来看,中国很多的现实主义作品都不是特别规范,例如陈忠实的《白鹿原》中包含了很多超自然的元素,莫言的现实

* 赵炎秋,湖南师范大学文学院教授,博士生导师。湖南师范大学教学名师,湖南省"121"人才工程第一梯队成员,湖南省优秀社科专家,享受国务院政府特殊津贴专家。兼任中国中外文艺理论学会副会长、湖南省文艺理论学会会长。主持国家社科基金重大招标项目1项、国家社科基金一般课题4项、教育部课题3项、省社科基金课题6项。出版专著13部、译著6部,发表论文200余篇,发表小说、散文30余篇。获教育部人文社科奖二等奖项,省社科优秀成果一等奖1项、二等奖4项、其他奖项6项,获省教改三等奖以上奖项4项。

主义就更加如此，它不仅有超自然的因素，还有很多主观的因素。因此，我们将通过《平凡的世界》这部作品的爱情描写来指出其现实主义创作的长处与不足。

人类两性的分立与结合是社会的基本组织形式。基于对现实生活的反映，许多文学作品中包含了对男女爱情与婚姻的描写。路遥的《平凡的世界》以年轻人为主要描写对象，因此爱情和婚姻就成为小说的主要内容之一。小说一共描写了孙少平和田晓霞（惠英）、孙少安和贺秀莲（田润叶）、田润叶和李向前（孙少安）、金波和不知名的藏族姑娘、郝红梅和田润生（顾养民）、杜丽丽和武惠良（古风铃）、孙兰香和吴仲平、金强和孙卫红、孙兰花和王满银、金秀和顾养民（孙少平）十对年轻人的爱情。深入分析这一当代中国现实主义杰作中的爱情[①]，对于理解现实主义文学中的爱情描写是有意义的。

一、灵飞九天：《平凡的世界》中爱情的浪漫层面

恩格斯曾经设想过完全以爱情为基础的婚姻。他在《家庭、私有制和国家的起源》中写道："如果说只有以爱情为基础的婚姻才是合乎道德的，那么也只有继续保持爱情的婚姻才合乎道德。""如果感情确实已经消失或者已经被新的热烈的爱情所排挤，那就会使离婚无论对于双方或对于社会都成为幸事。"[②]恩格斯这里谈的爱情，主要是指建立在感情基础上的爱情，这种爱情的确是美好的。但是，任何爱情都有感情与现实两个方面。在人类社会发展的当前阶段，爱情与婚姻是男女结合的最终形式，它必然牵涉到情感与欲望、心理与生理、理想与现实、精神与物质等各个方面。概括地说，情感、心理、理想、精神属于灵的方面，其核心是情感；而欲望、生理、现实、物质属于物的方面，其核心是现实。现实生活中的爱情必然要牵涉这两个方面，只有文学中的爱情可以只依附一个方面而存在。文学中的人物是"纸上的生命"，其爱情可以不受物的束缚，可以尽量张扬灵的一面，当然也可以只张扬物的一面。但真正的现实主义文学不能这样，因为现实主义文学的基本原则是如实地反映生活的本来面貌。现实中的爱情有灵与物两个方面，作为现实主义文学，其中的爱情也不可能只建基于灵或物一个方面。建基于灵的爱情过于轻盈，执着于物的爱情过于滞重，只有灵物相互纠缠并在纠缠中走向平衡的爱情，才能真正地打

① 本文的爱情是广义的，包括婚姻。部分年轻人的爱情牵涉到括号中的第三人。

② 《马克思恩格斯选集》第4卷，人民出版社2012年版，第94页。

动人心。在这方面,路遥的《平凡的世界》是一个较好的范例,值得深入研究。[①]

爱情有灵的一面。《平凡的世界》中男女是否相恋,更多地取决于感情的相应、心灵的相契和精神的相通,而物质与现实的考虑,所占的比重并不很大。在《平凡的世界》中,灵是爱情的基础与动力,是爱情产生的导火索。换句话说,没有灵的相契,物的条件再好,也不可能有爱的萌动。孙少平与田晓霞,一个是地道的农民子弟、进城打工的揽工汉子、地下挖煤的煤矿工人,一个是父亲官至省委副书记的干部子弟,还是大学生、省报记者,但他们却抛弃现实的差异和世俗的考虑,真心相爱了。连接他们的是一种真正的、心心相印的感情,一种精神世界的相通。再如金波和那位不知名的藏族姑娘,两人以前从无交集、语言不通、身份不同,甚至连彼此的姓名都不知道。然而,由于共同的音乐爱好,由于对同一首歌的喜爱,两人在对唱《在那遥远的地方》这首歌时建立起了感情。两人克制思念,冒险相见,却被人发现,从此天各一方,只留下无尽的思念。那种在灵的相契上建立起来的情感,成为这两对恋人产生爱情的决定性因素。

在《平凡的世界》中,不仅肯定性的爱情是以感情为基础的,非肯定性的爱情也是以感情为基础的,如孙兰花与王满银之间的爱情。王满银是个"逛鬼",热衷于在外逛哒,做点小生意养活自己。他把老婆孙兰花留在家里,把两个孩子扔给她,不管他们是饥是饱,也不管他们是死是活。然而,对这个二流子似的人物,孙兰花却像个宝贝似地爱着。她带着两个孩子苦苦度日,痴痴地等着王满银春节回来全家团聚。王满银与一个卖假手表的女人勾搭成奸后,兰花跑到公社告状,要求将那个女人抓起来,但一听说她丈夫也要因此被抓,便马上放弃了自己的要求。这是因为她爱他,不愿让他受到伤害。而她之所以爱他,除了他是她的丈夫,更是因为这个男人"曾在她那没有什么光彩的青春岁月里,第一次给过她爱情的欢乐"[②]。他向她说情话,给她买时新衣裳,又趁没人的时候"在双水村的后河湾里抱住她,把她狠狠地亲了一顿","把她心中沉睡的少女的感情……熊熊地燃烧起来"(三,35)。从此以后,她"始终在心里热爱着这个被世人嫌弃的人","死心塌地跟他过日子"(三,

① 王一川认为,《平凡的世界》不是完全现实主义的,而是现实主义、浪漫主义和现代主义的三元交融,参见王一川:《中国晚熟现实主义的三元交融及其意义》,《文艺争鸣》2010年第12期。这种看法是有道理的。不过,本文认为,从总体上看,《平凡的世界》还是一部现实主义小说。从作者主观来看,他也的确是将其作为现实主义小说创作的。

② 路遥:《平凡的世界》第三部,《路遥文集》第五卷,陕西人民出版社1993年版,第36页。以后凡引自《平凡的世界》的文字,均不再注释,只在引文后面标明卷数与页码。《路遥文集》的三、四、五卷分别对应于《平凡的世界》的一、二、三部。

36)。在这不值得人羡慕的婚姻里，感情仍是第一位的。

另一位值得一提的是文艺女青年杜丽丽。杜丽丽出身干部家庭，父亲是地区文化局局长，自己在地区文化馆工作，丈夫武惠良是地区团委书记。她爱丈夫，但又常有遗憾。因为她是业余诗人，而丈夫是行政干部，他们之间存在一定的隔膜。因此，当她遇到新潮诗人古风铃之后，便与他好上了。在与武惠良的交谈中，她坦白地说："我一直爱你，但在感情上不能全部得到满足。你虽然知识面也较宽阔，但你和我谈论政治人事太多了。我对这些不感兴趣，但我尊重你的工作和爱好。我有自己的爱好和感情要求，你不能全部满足我。就是这样。未认识古风铃之前，我由于找不到和我精神相通的朋友，只能压抑我的感情。但我现在终于找到了这样的人。"(五,217)但她并不想与丈夫离婚，她仍然爱他，她只是希望同时与他们两人保持爱情，因为她觉得自己的做法是符合时代潮流的。她不介意丈夫也找到自己的红颜知己，甚至希望、鼓励他这样做。杜丽丽的婚恋观在当前自然是不正确的，而且在实行一夫一妻制的整个历史阶段都不应提倡。但也不可否认，她的爱是以感情为基础的，里面并没有对物的考虑，更不是由于道德败坏或者肉体的欲望。[①]

《平凡的世界》中的感情，不是物质基础上的相互满意，不是一种利益的相互交换，也不是外貌上的相互愉悦，例如金秀在孙少平受伤破相之后反而向他表达了爱意。《平凡的世界》中的爱情是一种心灵的相契、精神的相通，是一种在共同生活、交往与劳作中建立起来的相互喜爱与依恋。在哥哥因为偷盗，父母因为窝赃、销赃被公安局抓走之后，金强在双水村里成为众人不齿的人物，但村里的"职业革命家"孙玉堂的女儿孙卫红这时却主动找上门，表示愿意与他一起生活。两家的地块相连，两人在劳动中互相关心、互相帮助，早已发展成双水村的"罗密欧和朱丽叶"。田润叶不顾家庭条件、社会地位的悬殊，一心想嫁给孙少安，这基于她与少安幼年时一起玩耍、少年时一同读书建立起来的友谊。到了谈婚论嫁的年龄，这种友谊自然就发展成为牢不可破的爱情。后来，她与家庭条件优越、个人条件相当的李向前结婚。但因为与他没有感情，无法爱他，为了离开他，她设法调离原西，到黄原工作。在李向前因车祸截肢之后，她开始反省两人的关系，不再固执于自己的不幸，她从李向前的角度思考问题，由此看到了自己的错误，也逐渐对李向前有了理解。这种理解随后逐渐转化为同情、怜悯、责任与爱。于是，她在李向前已经成为残疾人之后却毅然承担起妻子的责任，与丈夫过起和谐的生活。

由于《平凡的世界》侧重灵的一面，因而从物的角度来看故事中的爱情常常是

① 值得指出的是，按照小说的描写，古风铃并不是一个高尚的人。他与杜丽丽的交往，并不完全出于感情。

相差悬殊的，比如田晓霞与孙少平之间的爱情。田晓霞到省报工作之后，她的同事——老革命、中纪委常委高步杰的孙子，省城高副市长的儿子高朗热烈地追求过她，但她只爱自己的“掏炭男人”。她明确地告诉高朗，他们只能成为朋友。在日记里，田晓霞曾这样表明自己对爱情的理解：“真正的爱情不应该是利己的，而应该是利他的，是心甘情愿地与爱人一起奋斗并不断地自我更新的过程；是溶合在一起——完全溶合在一起的共同斗争！你有没有决心为他(她)而付出自己的最大牺牲，这是衡量是不是真正爱情的标准，否则就是被自己的感情所欺骗。”(五，280)正是这种重灵不重物的爱情观，使这看似悬殊的爱情有了坚实的基础。

孙兰香与吴仲平之间的爱情也是如此。吴仲平是省委常务副书记的儿子，北方工业大学的高才生，前途无量。高副市长的女儿高敏喜欢他，他却爱上了原西农村普通农民的女儿兰香。虽然兰香读了大学，成绩好，长得漂亮，但在社会地位、家庭条件等方面，两人的差距不啻霄壤。但这并不妨碍他对兰香展开追求，并在确定关系后把她介绍给自己的父母。

田润生与郝红梅的爱情是另外一种悬殊。田润生毕业后再次见到郝红梅这位高中同学的时候，她已经成了寡妇，一个人带着一个吃奶的孩子，家里一贫如洗。而田润生家境富裕，父亲是农村基层干部，叔叔是地委书记。更重要的是，按照当地农村的习俗，寡妇在婚姻方面地位是低微的。但没结过婚的田润生却爱上了郝红梅。对于郝红梅来说，田润生就像是从天外来的救星。小说几次使用了这一隐喻。他开着车经过她卖水饺的农村集镇，遇见了她；之后，他便一次又一次地开着车，给她运来她所需的各种物资，这受到村民的妒忌和议论。在他们故事的结尾，这种天外救星的隐喻更加突出。由于父母不同意，田润生一年多没去看望郝红梅，这使郝红梅完全失去了希望。她一人带着孩子艰难度日，差点被村里的光棍强奸，并试图自杀，最后是因为孩子才忍辱负重地活了下来。这时，润生来了，“在一个满天飞霞的傍晚，有个提着小包的瘦高个青年，从前沟道的架子车路上走来。他蹚过霞光染红的小河，来到了这块玉米地，一直走到了她面前……对红梅来说，这个人就像从天而降……她抱起儿子，幸福地闭住眼睛，投向他伸开的双臂之中”(五，137～138)。红梅得救了，两人的爱情进入下一乐章。

与之相似的是金强和孙卫红的爱情，但这次男女的地位发生了转换。在哥哥和父母被捕之后，金强生活在耻辱之中。在村里人的眼中，他家和他本人的地位一落千丈。这时，从未来过他家的孙卫红来了。她来干什么呢?“一个可怕的念头闪电般在金强的脑际掠过：卫红是不是来告诉他，他们的关系从今往后就一刀两断了？完全可能！是啊，哪个女人再愿跟他这样家庭的人结亲呢？金强顿时感到两眼一阵发黑!”然而,卫红说的话却是“我想……到你这边来过日子”(五,187~188)。女孩的深明大义,使金强的叔叔、双水村的两大能人之一、硬汉金俊武的心中也流过阵阵暖流。对灵的侧重,使《平凡的世界》中的爱情有着深厚的浪漫色彩,这种浪漫不仅给小说中的爱情增添了动人的因素,也提升了小说本身的魅力。小说中的爱情是小说写得最好的部分之一,恋爱中的男女如田晓霞、孙少平、田润叶、孙少安、李向前、贺秀莲成为小说中最动人的形象。

二、物执大地:《平凡的世界》中爱情的现实层面

歌德认为,一个诗人要是“只能表达他自己的那一点主观情绪,他还算不上什么;但是一旦能掌握住世界而且能把它表达出来,他就是一个诗人了”[①]。作为一个现实主义作家,重要的是能把握现实并且如实地将它表现出来。现实生活中的爱情,既有灵的一面,也有物的一面;既要追求情感的相悦,也要考虑现实的可能。一部以表现真实生活为宗旨的作品,在爱情描写中不可能忽视现实的一面。“心灵没有物质羁绊,因而能够高飞”,而物则需要在地上一步一个脚印地行走。[②]《平凡的世界》在张扬爱情中灵的飞扬的同时,也描写了其物执大地的一面。

《平凡的世界》中,“是否爱”取决于灵的契合,而“能否爱”却要考虑物的因素。孙少安和田润叶青梅竹马,从小一块儿长大,后来因为家庭条件的差异,走上不同的人生之路。但两人从小建立起来的感情却仍在继续发展,到了一定时候,遇到一定契机,这感情就发展成了爱情。就田润叶来说,这契机是因为李向前向她求婚,一旦生活“把这问题给她提出来以后,她就非常自然地想到她的男人就应该是孙少安了”(三,100)。虽然她也意识到“少安现在是农民,而她已经算是吃一碗公家饭了”,而且她的家庭也比孙少安的家庭优越得多,但这成不了她的障碍,“天上的神仙都可以用死来殉情,何况凡人田润叶只是个小学老师罢了。她想她要是和少安结婚了,干脆就回双水村教书去”(三,101)。然而,在田润叶那里不成问题的障碍在孙少安这里却成了无法翻越的大山。反复思量之后,他知道他们之间没有结合的可能性,便只好遵从父母的安排,远赴他乡,去找一个条件与之相当的姑娘,“原谅我吧,润叶……别了,我亲爱的人”(三,203)。这既是一种不舍,也是一种无奈,灵的翅膀在物的重压下,折了。

孙少平与金秀无果的爱情也与物的重压有关。在孙少平的女朋友田晓霞在洪

---

① [德]爱克曼:《歌德谈话录》,朱光潜译,人民文学出版社1978年版,第96页。

② 参见赵炎秋、罗莉:《放飞的心灵与沉重的肉身——试论文学中的“精卫原型”》,《中国文学研究》2016年第2期。

水中救人牺牲之后，金秀爱上了孙少平。她觉得“少平哥具备她所要求的男人的素质”，“他强健的体魄，坚定深沉的性格，正是她最为倾心的那种男人”（五，448）。她趁少平因矿难面部受伤住院的机会，向他表达了自己的情愫。孙少平虽然觉得金秀非常优秀，而且他们之间也有深厚的感情基础，但“他和秀的差异太大了。他是一个在井下干活的煤矿工人，而金秀是大学生，他怎么能和她结婚？秀在信上说她毕业后准备去他所在的矿医院当医生。他相信她能真诚地做到这一点。但他能忍心让她这样做吗？据兰香一再给他说，按秀的学习情况，她完全可以考上研究生。他为什么要耽搁她的前程？如果因为他的关系，让秀来大牙湾煤矿，实际上等于把她毁了”（五，468～469）。何况，他“知道养民对她爱得很深，秀也不是完全不喜欢他”，觉得“他们的结合才是合理的”（五，406），因此谢绝了金秀的表白。也就是说，他可以不考虑世俗的观点，但不得不考虑眼前的现实。

顾养民与郝红梅之间的爱情，也夭折于物的另一种形式的重压之下。顾养民是原西县著名老中医的孙子，黄原师专副校长的儿子，家庭条件很好，十分优秀。郝红梅虽然长得漂亮，但家里十分贫困，而且出身地主，在唯成分论的20世纪70年代中期处境十分艰难。尽管如此，他们两人仍然相爱了，而且爱得真诚。顾养民准备高考的时候，仍然对在农村劳动的郝红梅一往情深。然而，这一往情深的爱情却被几方手帕打败了。高中毕业时，女同学之间习惯送手帕，郝红梅需要送十几方手帕，但她没钱，左凑右凑，手头的钱也只够买几方手帕。情急之下，她在买手帕时，趁营业员不注意多拿了几方，这被营业员发现了。这个定时炸弹在她与顾养民的爱情如火如荼的时候爆发了。顾养民受到家庭的压力，中断复习，专程来到乡下，找郝红梅询问原因。郝红梅承认了。顾养民“一下子倒在她旁边的地上，两只手疯狂地抓着黄土，哭起来了……过了片刻，满脸糊着泥土和泪痕的顾养民爬起来，悲愤地转过身，默默无语地沿着弯弯的山路走了——永远地走了”（四，329）。几方手帕拆散了两个热恋中的年轻人。根本原因不在于郝红梅的品德，而在于她囊中羞涩。这样，飞扬的灵被沉重的物拉到了地面。

恋爱中的双方，在灵的飞扬中，也常常感到物的沉重。物质决定精神，存在决定意识。《平凡的世界》中，一些男女青年即使在热恋中也常常感到现实差距，这些差距给他们的爱情投下了浓重的阴影。孙少平在与田晓霞相爱的时候，常有一种梦幻的感觉，即一种美梦无法成真的担忧。在与晓霞古塔山定情之后，他曾想将自己的幸福与金波分享，但很快就又改变了主意，因为他自己对两人之间的爱情还没有把握，又怎么能够与人分享呢？“爱情啊，无论是橄榄还是黄连，得先自己一个人嚼一嚼！”（四，455）与晓霞在一起的时候，他投入到青春的激情中，但在与晓霞分开的时候,两人之间巨大的现实差距又总是不知不觉地占据他的心头,“是的,梦幻。一个井下干活的煤矿工人要和省城的一位女记者生活在一起?这不是梦幻又是什么!凭着青春的激情,恋爱,通信,说些罗曼谛克和富有诗意的话,这也许还可以。但未来真正要结婚,要建家,要生孩子,那也许就是另一回事了!唉,归根结底,他和晓霞的关系也许要用悲剧的形式结束。这悲剧性的结论实际上一直深埋在他心灵的深处”(五,61)。爱需要灵的相契,但也需要物的保障。毕竟,真实的爱情不能总在九天飘扬,最终要落在实地,需要有一定的物质条件为其保驾护航。由此,如果双方物的方面相差太大,弱势的一方总会有些信心不足。

现实的差距也在恋爱中的郝红梅心中投下阴影。在集会上与田润生意外相遇之后,润生开着车到她所在的村来了几次,给她带来了一些生活物资。村里人开始有了议论,郝红梅有时候“心里也忍不住冒出某些念头。但往往很快又摇摇头把这种念头否定得一干二净。说实话,在高中时,她根本没有看起过田润生。可现在,她这副样子——结过婚不说,还带着一个孩子,开汽车的润生怎么能看上她呢?简直是异想天开!唉,她实际上连这种念头都不应该有,否则,她就有点对不起仗义而好心的田润生了”(四,335)。事实也是如此,田润生与郝红梅的恋爱遭到了他父母的强烈反对,以至于润生一年多无法去找郝红梅。如果不是他最终下定决心,不管不顾地离家出走,他们的爱情也可能就夭折在物的重压之下了。

一旦爱情结出婚姻之果,物的权重便增加了。虽然这个时候灵仍是主导的一面,但物已不再是可有可无,它有时甚至超过灵,左右着爱的进程。孙少安与贺秀莲一见钟情,婚后两人感情一直很好,秀莲夫唱妻随,一心帮助孙少安发家致富,把日子过得红火起来。但她也有两个让少安很不满意的地方:一是她生小孩后一心想与少安父母分家,单门独户地过小家庭生活;二是她在未分家时处处维护少安,吃稀饭时给他捞稠的,吃馍时也不忘在玉米馍之外再给他拿个白面馍。这给一心维护大家、想尽长子责任的少安带来不少烦恼,两人为此没少吵架。那么,为什么在恋爱时不要彩礼、多做一套新衣也舍不得的秀莲,结婚之后却变得这样现实了呢?原因不在于她的观念或者情感变了,而在于所处的位置变了。恋爱时她生活在这个家庭之外,情感居于首位,自然可以轻盈一些;而结婚之后,她生活在这个家庭之内,时时会感到物的重负,对生活的考虑便不得不排在首位。由此她坚持分家,以摆脱婆家的牵累,使自己的日子更加好过一些。这不是因为她不顾及丈夫的感受,也不是因为与公婆、弟弟、妹妹关系不好,而是生活的逻辑使然。

田润叶与李向前也是如此。他们是婚后恋爱。婚前润叶并不爱向前,婚后很长一段时间也不爱,直到向前车祸截肢,两人的生活才和谐起来。因此,他们的爱情缺少浪漫的色彩,多是现实的考虑。润叶的好朋友杜丽丽出轨古风铃,夫妻双方都因此痛苦不已。武惠良因为妻子杜丽丽出轨而痛苦,杜丽丽则是因为丈夫不肯原谅她、不肯维持现状而痛苦,而她的痛苦又反过来使武惠良更加痛苦。武惠良求润叶帮忙调解矛盾,但李向前却因此误解,觉得自己拖累了妻子。他给润叶做好了晚饭,心平气和地留下纸条,准备自杀,为给润叶和武惠良的结合创造条件。向前并不恨她,甚至还感谢她能与自己在一起生活这么长时间,只是他觉得自己不能再连累润叶,"你不应该和我这样的人一块生活。你应该有一个健康体面的男人。我知道,终有一天,你也会受不了这种生活的。我应该早一点解脱你"(五,234)。虽然最终误会解除,但李向前的残疾给两人生活带来的物的沉重,仍一直伴随着这个家庭。田润叶要不断破解某些人替她弥补个人生活"不幸"的企图,李向前要不断克服截肢给他带来的"无用"之感,物的因素在他们的生活中扮演着重要的角色。

三、灵与物的纠缠与平衡:《平凡的世界》中爱情两个侧面的相互关系

作为一部现实主义作品,不仅要写出爱情中灵与物这两个方面,还应写出二者之间的关系。《平凡的世界》中,爱情的灵与物两个方面不是相互隔离、相互对立的,而是相互联系、相互纠缠的。

所谓相互纠缠,有两个方面的意思。一方面是指爱情中灵与物二者并存。在《平凡的世界》中,爱情没有绝对的灵的一面,也没有绝对的物的一面,二者总是相互联系,共同存在于爱情之中。例如,从小说中最具空灵色彩的金波与那位不知名藏族姑娘之间的爱情就可以发现这一点。两人因歌声而互相吸引,因吸引而互生爱情,因爱情而冒险见面,因见面而受到处分,因处分而从此永隔。分手时两人甚至不知对方的姓名,但爱情却永远存在于金波的心里了。八年后,他梦见心爱的姑娘还在等他,于是不远千里来到当年部队的驻地,试图找到那位姑娘,然而时过境迁,昔日荒凉的驻地已变成热闹的市镇。部队调走了,军马场裁撤了,当年他与那位姑娘对歌的地方,也已经变成了一个小小的十字街口。几天的寻找,没有给他带来任何收获,他只能遗憾地站在那个十字街口,忘情地唱起那首他们定情的歌曲《在那遥远的地方》。然而,他的歌没有引起回声,梦中的姑娘也没有随着他的歌声出现,出现的只有一些过路的汉藏行人,他们"都惊奇地驻足而立,听他旁若无人地歌唱。人们多半认为,这是一个外地来的精神病人。不过,他却把这支美丽的歌儿唱得如此的让人揪心啊"(五,410)。金波爱情的整个过程都充满灵的色彩,但其结

尾处物的因素却凸显出来。小说没有给他的爱情添上浪漫的结局，而是让他空手而归，虽然不够美好，却更符合现实的可然律。灵与物在这里和谐地连接在一起。

另一方面是指爱情中灵与物两种因素互相影响、相互决定。《平凡的世界》中的爱情是因情而生，感情是爱的基础与动力；但是，光有感情不一定就能成就爱情，还需要现实的支撑。灵与物，是相辅相成的，二者如不契合，爱情即使产生，也很难完美与完整。孙少安与田润叶青梅竹马，感情从童年一直持续到成年，但由于现实的差异，两人的爱情进行到一半只能终止。而田润叶与李向前虽然条件相当，向前的家庭条件还好于润叶，但由于两人之间没有感情，即使结婚后两人仍如路人。直到向前车祸截肢，润叶换位思考，对向前产生内疚、怜悯的感情，她才能对向前产生爱意，两人的婚姻也才能走向和谐与幸福。

对于郝红梅来说，田润生和他的爱情好像是天外来客。但润生能爱上红梅，并非没有物的因素。这除了与红梅是他高中女同学中最漂亮的一位有关，也与他本人的性格与情爱心理有关系。润生身体不太强壮，性格比较软弱，在女性面前生性腼腆和胆怯，另外姐夫李向前婚后无法得到姐姐润叶的爱情，他们的婚姻生活十分不幸。这一切使他在女性面前产生一种深深的自卑感，甚至觉得自己永远也找不到合适的对象。然而遇到郝红梅之后，“他这种心理障碍却神奇的消失了……他喜悦地感到，他在红梅面前才是个真正的男人。男人通常都有一种保护女人的天性，并以此感到满足——他现在尝到的正是这种滋味……他想过，正因为她结过婚，她也许就更知道怎样关怀男人；而正因为他没结过婚，她也不可避免地在他面前有点难言的自卑，因此会对他的感情要求热烈响应，他就不必像姐夫那样饱受心理和生理的折磨了”（四，403）。可见，田润生对郝红梅的感情并不完全是一种同情和怜悯，也有更加现实的考虑，而这现实的考虑又是以他和红梅不同的现实情况为基础和后盾的，这也说明灵与物在两人的爱情中是相辅相成的。

在纠缠的过程中，灵与物的关系、比例、相互作用逐渐确定，走向平衡。孙少平与田晓霞之间的爱情就是很好的例子。在与晓霞的爱情中，由于物的因素，少平总有一种梦幻的感觉，觉得晓霞不会与自己这样的煤矿工人生活在一起，两人的爱情最终会以悲剧的形式结束，以致因为高朗而对晓霞产生误解。直到晓霞为此专程到矿山来了一趟，他才消除了所有的顾虑。“她解释了这件事后，他们紧紧拥抱着哭了。一个小小的插曲，使他们觉得犹如久别重逢，经历了一次生死般的考验。感情因误解的冰释而更加深切。两颗心完全交融在一起。他们甚至谈到了结婚；谈到了将来是要儿子还是要女儿；谈到了他们未来的许许多多事情。”（五，271）可见，灵与物的关系、作用得到确定，他们两人的爱情也得以定型。虽然他们的爱情最终仍未取得结果，但那是由于晓霞的意外身亡，而不是由于爱情中灵与物两种因素的变化。

从这个角度审视《平凡的世界》，我们可以发现：小说中的爱情总是发展的，在发展的过程中灵与物互相纠缠并逐渐走向平衡，当达到平衡时，爱情也就得到定型；爱情得到定型，小说对它的描写也就终止了。如田润叶与李向前，两人因向前截肢而生活在一起之后，灵与物的纠缠并没结束。在发展的过程中，润叶通过拒绝那些有意无意、好意恶意地试图弥补她婚姻中的"不幸"的人，从而坚定了对向前的感情；而向前也通过学习补鞋、重新就业而在现实生活中重新确定了自己的位置，在物的方面找回了自信。这样，两人的爱情也由纠缠走向平衡与定型。而定型之后，这段爱情就退出了小说，润叶和向前这两个人物也不再在小说中出现。孙少安与贺秀莲的爱情在灵的方面一直比较和谐，但在物的方面则有较多波折。这种和谐在秀莲支持少安出钱重修学校一事上达到顶点并定型。而定型之后，这段爱情也退出了小说的描写，虽然作者仍然选择让秀莲以罹患肺癌这种消极的方式出现在小说里。其他的爱情，如金波与那位不知名的藏族姑娘、王满银与孙兰香、杜丽丽和武惠良、金强和孙卫红等，都是如此。田润生与郝红梅的爱情定型之后，虽然在小说结尾还有提及，但那只是交代他们爱情的结果，没有详细的描写。孙少平与田晓霞的爱情定型后，因晓霞的意外去世而终止。这以后，少平虽然与金秀、惠英因为爱情产生了一些灵与物的纠缠，但少平很快便通过写信的方式谢绝了金秀的爱，两人的爱情以否定的方式走向平衡。至于少平后来与惠英的爱情，小说只是在结尾有所暗示，并未展开。

由此可见，《平凡的世界》中的爱情总是因灵的因素而产生，因物的因素而波动，并在灵与物的纠缠中发展，最后达到灵与物的平衡定型并由此退出小说。[①]路遥通过灵与物的纠缠和平衡，形成了《平凡的世界》爱情描写的风格与特色。这种风格与特色保证了小说爱情描写的成功，使小说中的爱情成为整部小说最为亮丽也最能打动读者的部分。

四、灵与物的失衡：《平凡的世界》中爱情描写的不足

《平凡的世界》中的爱情描写也不是毫无缺点。从现实主义的角度来看，其描写的爱情的缺点主要体现在灵与物之间存在一定程度的失衡。这主要表现在两个

① 没有成功的爱情，如孙少安与田润叶、孙少平与金秀的爱情，也是一种定型，只不过是一种否定意义上的定型。否定意义上的定型也是一旦定型，就不再在小说中出现，如少安和润叶，两人在爱情结束之后虽然仍有联系，互相知道对方的信息，但两人却从未再直接联系。

方面。

其一,在灵与物的关系中,灵的一面所占的权重过大,爱情空灵过度,厚实不够。现实主义的根本要求是按照客观世界的本来面貌表现客观世界。这包括两个方面:一是在处理现实中的主体与客体关系时,要侧重客体;二是在处理作品人物的主体与客体时,也要侧重客体。《平凡的世界》在这两个方面做得都不够。具体来说就是,该小说中青年男女的爱情,主要是由灵的因素启动,由灵的因素主导,物的因素虽然在爱情中起着重要的作用,但这种作用不是主导性和决定性的。在孙少平看来,从客观现实的角度出发,金秀应该与顾养民结合。金秀也喜欢顾养民,但她总觉得她和养民之间"有某种不太和谐的东西。不是他有什么明显的缺陷;恰恰相反,他各方面都很出色。但是对她来说,他身上总是缺点什么……他太学者气,而她需要一个性格刚健的男友……这一点正是她不满足的"(五,448)。由于灵的方面无法达到和谐,尽管物的方面两人十分般配,她仍然犹豫着,没有正式答应做他的女朋友。在两人爱情的灵与物的关系中,灵明显处于主导地位。小说中其他青年男女的爱情,大致也是如此。这一方面使《平凡的世界》中的爱情带上了一种空灵、浪漫的色彩,增加了这些爱情的迷人魅力,但另一方面也的确使这些爱情一定程度上远离了现实的客观和人物的客观,削弱了它们的现实性与复杂性。

与此相关,小说中处于爱情中的人物,也一定程度上显得空灵。金波、金秀、杜丽丽、吴仲平都是如此,其中最突出的是田晓霞。毫无疑问,田晓霞是小说中最有魅力、最为感人的人物之一,同时也是小说中最为空灵的一个。这倒不是说她追求感情相激、心灵相应、精神相通的爱情和爱情观是不现实的,而是说在恋爱的过程中,她的所思、所为过于空灵。从小说的描写中我们知道,晓霞并不是一个没有现实感的人,也不是一个现实行动力不强的人。无论在中学、大学读书,还是在省报工作,她都做得风生水起。她也知道打着父亲的旗号,为少平进煤矿工作"开后门",想到"只要你进了煤矿,过一两年我再央求父亲把你调出来"(四,467)。但从她与少平定情到她去世的两年时间内,她却没有一点行动,甚至连这样的想法都没有,这并不符合现实的逻辑。因为她知道少平的才能远远高出做一个煤矿工人,也因为她和少平的恋爱关系,决定了她必然要为少平的前途考虑。即使她出于一种高尚的品德,不去为自己的恋人"开后门",但至少内心会有斗争,会起波澜。真正的高尚不在没有想到,而在想到了经过斗争而不去做。恋爱中的田晓霞的行为给人一种不食人间烟火的感觉,虽然可爱但太空灵。其实,这与她在小说中的整体形象也是矛盾的。

其二,《平凡的世界》中的爱情,浪漫的色彩较重,现实性相对不足。这与小说中的爱情侧重灵的一面有关,与其爱情的概然律较低也有关系。所谓概然律,指的是人物与事件在现实生活中的普遍性与发生率。所谓概然律高,是指小说中的人物、事件在现实生活中是常见的、经常发生的;反之,就是概然律低。概然律与亚里士多德所强调的可然律和必然律并不相同。可然律与必然律指的是小说中的人与事是否符合生活的本质与规律,概然律指的是小说中的人与事在生活中发生频率的多少。[①]符合可然律与必然律的不一定是生活中经常发生的,如孙少平与田晓霞之间的爱情。高中学习时,他们有过交往,建立了比较深厚的感情,这种感情却只是一种朋友之间的友谊,田晓霞从未想过她会选择孙少平做自己的男朋友。但在黄原电影院前重新相遇之后,少平在艰难生活的重压下不放弃精神的追求,以及他对生活的新鲜的看法与理解,使她觉得震动和兴奋。她觉得,"孙少平为她的生活环境树立了一个'对应物';或者说给她的世界形成了一个奇特的'坐标'"(四,195)。在之后的交往中,她的感情逐渐向爱的一端倾斜。她觉得,少平"不伪装自己并不因生活的窘迫就感到自己活得没有意义",他对苦难甚至"有一种骄傲感——只有更深邃地理解了生活的人才会在精神上如此强大"[②](四,339)。"从家庭和社会地位来说,他们的距离很大;可是从心灵方面说,没有一个人像他那样与自己接近。"(四,446)正是这种心灵的接近与精神的契合,使得田晓霞决定把自己的心交到孙少平手里。古塔山上,当少平想要拥抱她的时候,她用热切的目光激发了他的勇气。小说将这一过程描写得细致而合理,读者很难从可然律与必然律的角度,对这一爱情的现实性与合理性提出质疑。但是很明显,这种现实差距悬殊的爱情在实际生活中是比较罕见的。

文学作品中出现一定的低概然律的人物与事件,不会影响其现实性,但如果低概然律的人物与事件出现得太多,特别是当这些人物与事件相互纠缠地成群出现在作品中的时候,作品的现实性就必然会受到影响。这正是《平凡的世界》中的爱情存在的问题。孙少平和孙兰香兄妹俩,一个被省委副书记的女儿爱上,一个被另一位省委副书记的儿子爱上,而且都不是他们主动追求和运作的结果。金波在青海藏区当兵,却与一个素不相识的藏族姑娘相爱。田润生开车途中意外遇见高中时的同学郝红梅并坠入情网。金强和孙卫红两家大人互相敌对,但两个青年却因

① 关于概然律与文学作品的现实性的关系问题,参见赵炎秋:《试论现实主义文学的概然律问题——从路遥〈平凡的世界〉现实性的不足谈起》,《学术研究》2020年第4期。

② 王一川认为:"路遥笔下的主人公对苦难从来不是拒绝,不是抱怨,而是承受,还有在承受中所焕发出的坚忍不拔,'穷且益坚,不坠青云之志'的精神。"(王一川:《〈平凡的世界〉凭什么吸引当代大学生》,《中国教育报》2010年6月7日)小说通过田晓霞因此而爱上他,肯定了孙少平的"苦难哲学"。

两家地块的相邻而成为恋人；孙家不允许女儿嫁到金家，却因为女儿已经怀孕而败下阵来。这些恋情在现实生活中，概然律都不是很高，却“手牵手”地出现在《平凡的世界》中。这必然削弱作品的现实性。因为现实主义作品应该最大限度地贴近现实，同时也因为读者总是要以现实作为参照系，对于文学作品特别是现实主义文学作品的现实性进行判断，而现实中很少有概然性低的人与事大量集中地出现在某一特定时空的现象，因此这种现象也就不应大量集中地出现在文学作品中，否则，会对作品的现实性产生不利的影响。

有学者指出，《平凡的世界》出版之后，曾出现明显的“两极评价”现象：一方面，这部作品获得了普通读者长期而广泛的认可；另一方面，它的艺术价值又长期不为专业研究者所看好，文学史上几乎找不到它的位置。[①]这种现象的根本原因在于其现实主义的品质，所谓“成也萧何，败也萧何”。[②]从灵与物两个方面分析小说的爱情描写，对于我们理解《平凡的世界》的现实主义特点并进而把握这部小说是有裨益的。

① 参见刘启涛：《〈平凡的世界〉的“两极评价现象”及其经典性问题》，《文艺争鸣》2019年第10期。

② 据阅读过《平凡的世界》的原稿并决定退稿的《当代》编辑周昌义回忆：“那是1986年春天，伤痕文学过去了，正流行反思文学、寻根文学，正流行现代主义。这么说吧，当时的中国人，饥饿了多少年，眼睛都是绿的。读小说，都是如饥似渴，不仅要读情感，还要读新思想、新观念、新形式、新手法。那些所谓意识流的中篇，连标点符号都懒得打，存心不给人喘气的时间。可我们那时候读着就很来劲，那就是那个时代的阅读节奏，排山倒海，铺天盖地。喘口气都觉得浪费时间。”（周昌义：《记得当年毁路遥》，《文艺理论研究》2007年第6期）也就是说，那时的氛围对现实主义作品不利。这可从一个侧面说明评论家在一段时间里不看好《平凡的世界》的原因。

中国共产党百年来党代会经济主张与政策

（2021年5月31日）

余　斌*

在1921年7月中国共产党正式成立之前，曾经酝酿过一个没有向外发表的《中国共产党宣言》。[①]1958年，毛泽东同志曾对它作了如下批语："不提反帝反封建的民主革命，只提社会主义的革命，是空想的。作为社会主义革命的纲领则是基本正确的。但土地国有是不正确的。没有料到民族资本可以和平过渡。更没有料到革命形式不是总罢工，而是共产党领导的人民解放战争，基本上是农民战争。"[②]值此中国共产党成立100周年之际，笔者在学习党史重温中共历届党代会决议的同时，尝试对中国共产党百年党代会经济主张与政策的演变进行解析，以期从中汲取经验教训，能够更好地踏上全面建设社会主义现代化国家的新征程。

一、1921—1927年中国共产党早期党代会的经济主张与政策

这里对中国共产党早期的界定是从建党到秋收起义后建立红色根据地前的时

* 余斌，中国社会科学院马克思主义研究院研究员、博士生导师，马克思主义原理研究部主任（副局级），中国社会科学院经济社会发展研究中心副主任，中国社会科学院大学经济学院学术委员会委员，中国社会科学院大学首批特聘课程主讲教授，中华外国经济学说研究会副会长、中国政治经济学学会常务理事。研究方向为马克思主义基本原理。2016年创立马克思主义建国门学派，后于恩格斯诞辰200周年时更名恩格斯学派，旨在像恩格斯一样维护和继承马克思的学说。

① 本文有关中共历届党代会资料均来源于共产党员网（http://www.12371.cn/special/lcddh/）。

② 《中国共产党宣言（一九二〇年十一月）》，2012年9月6日，http://fuwu.12371.cn/2012/09/06/ARTI1346920691107160.shtml。

期,这个时期中国共产党还没有在任何地方取得执政权,只能像马克思和恩格斯时期的德国共产党以及俄国十月革命前的俄国社会民主工党那样,仅仅从理论上提出经济主张与政策,还无法在实践中实现这些经济主张与政策。也正因为如此,这个时期的中国共产党经济主张与政策明显受到马克思主义经典理论和外来因素的影响,与当时中国实际的结合不是很紧密。

例如,上面提到的《中国共产党宣言》只包括两方面内容,即共产主义者的理想和共产主义者的目的。在谈到理想时,该宣言提到,“对于经济方面的见解:共产主义者主张将生产工具——机器工厂,原料,土地,交通机关等——收归社会共有,社会共用。要是生产工具收归共有共用了,私有财产和赁银制度就自然跟着消灭。社会上个人剥夺个人的现状也会绝对没有,因为造成剥夺的根源的东西——剩余价值——再也没有地方可以取得了。”[①]事实上,该宣言起草的时间是1920年11月,当时苏维埃俄国实行的是战时共产主义政策,因此该宣言里的政策受当时苏维埃俄国政策的影响,不顾当时中国的国情,是一个社会主义高级阶段的政策主张。这也是当年中国共产党人在理论上稚嫩的表现。

此后,1921年7月召开的中国共产党第一次全国代表大会通过的《中国共产党纲领》就经济政策指出,“消灭资本家私有制,没收机器、土地、厂房和半成品等生产资料”[②]。可以看出,这个主张延续了《中国共产党宣言》中的观点,更加明确了所有制的变革是“消灭资本家私有制”,没有提到其他的所有制形式,没有提到当时中国最主要的封建土地所有制的形式。尽管这个时候,苏维埃俄国已经开始实行新经济政策,但当时的中国共产党人显然还没有注意到这些情况,提出了比当时的苏维埃俄国更激进的经济主张。这也难怪毛泽东同志要提出反对本本主义,这样的“党纲本本”是很难指导好当时中国的革命运动和革命事业的。

1922年7月召开的中国共产党第二次全国代表大会得到更加科学的马列主义理论的指引,大会根据列宁关于殖民地半殖民地的学说和远东各国共产党及民族革命团体第一次代表大会的精神,较为科学地分析国际形势和中国社会政治经济状况,提出了具有针对性的各项政策措施。

---

① 《中国共产党宣言》(一九二〇年十一月),2012年9月6日,http://fuwu.12371.cn/2012/09/06/ARTI1346920691107160.shtml。

② 《中国共产党纲领(俄文译稿)》(1921年中共一大通过),2012年10月25日,http://www.12371.cn/2012/10/25/ARTI1351154713556305.shtml。

例如,《中国共产党第二次全国代表大会宣言》[①]开篇就分析了“国际帝国主义宰割下之中国”,把中国国情置于当时的世界世情的大环境下加以考察。分析内容参考了列宁两年前在共产国际第二次代表大会上的讲话,增加了西方帝国主义列强对中国侵略的历史事实的阐述,揭示了这些列强对中国国内军阀的支持,阐明了各帝国主义国家对中国的互竞侵略经美国华盛顿会议之后变为对中国的协同侵略。二大宣言特别阐述了“中国政治经济现状与受压迫的劳苦群众”,指出“帝国主义的列强既然在中国政治经济上具有支配的实力,因此中国一切重要的政治经济,没有不是受他们操纵的;又因现尚停留在半原始的家庭农业和手工业的经济基础上面,工业资本主义化的时期还是很远,所以在政治方面还是处于军阀官僚的封建制度把持之下”。在经济方面,中共二大宣言指出:“那些帝国主义者,本来想完全毁灭中国旧有的经济构造,代以完全由他们掌管的新式资本主义的经济建筑,但是他们毕竟没有完全毁灭的本领。”“而且外国资本家初到中国的时候,究不能独立经营,只好借助中国商人和雇用中国账房、买办、经纪人之类,做掠夺勾当的中间物。这么一来,中国资产阶级就渐渐完成他们的初步积累阶段。大战期内,欧美商品不能顾及中国,日本商品又遭抵制,遂造成中国资本家发展的最好机会,如是中国资本主义也渐渐在扬子江流域一带兴旺起来了。”但是,在帝国主义的压迫下,中国新兴的资产阶级没有自由发展的可能,“只不过做世界资本主义侵入中国的中间物罢了。而且外国资本主义为自己的发展和利益,反扶助中国军阀,故意阻碍中国幼稚资本主义的兴旺。中国幼稚资产阶级为免除经济上的压迫起见,一定要起来与世界资本帝国主义奋斗”。这份宣言看上去就像列宁的帝国主义论的中国版本,可以说是中国化的帝国主义论,可以看成马克思主义政治经济学中国化的起点。

中共二大宣言还指出:“中国三万万的农民,乃是革命运动中的最大要素。农民因为土地缺乏,人口稠密,天灾流行,战争和土匪的扰乱、军阀的额外征税和剥削,外国商品的压迫,生活程度的增高等原因,以致日趋穷困和痛苦。”宣言初步将中国农民分为三类:“(一)富足的农民地主;(二)独立耕种的小农;(三)佃户和农业雇工。第一种占最少数,第二第三两种的贫苦农民至少也占百分之九十五。”这实际上就是后来毛泽东同志对湖南农村进行调查时对农村各阶级阶层进一步划分的基础。更重要的是,宣言指出:“如果贫苦农民要除去穷困和痛苦的环境,那就非起来革命不可。而且那大量的贫苦农民能和工人握手革命,那时可以保证中国革命的成功。”这实际上已经指出了中国革命后来得以胜利的道路。

① 《中国共产党第二次全国大会宣言》,2012年9月17日,http://fuwu.12371.cn/2012/09/17/ARTI1347854076922543_all.shtml。

当然，中共二大宣言不会忘了中国工人阶级，在论述了小资产阶级之后指出，“工人们处在中外资本家的极端压迫之下，革命运动是会发展无已的。发展无已的结果，将会变成推倒在中国的世界资本帝国主义的革命领袖军”。

在做了上述阶级分析之后，中共二大宣言将中国革命分为两步，第一步是民主主义革命，第二步才是“与贫苦农民联合的无产阶级专政”。

有鉴于此，中共二大宣言提出了比较符合或者说能够针对当时国情的经济政策：一是“改良工人待遇：(甲)废除包工制，(乙)八小时工作制，(丙)工厂设立工人医院及其他卫生设备，(丁)工厂保险，(戊)保护女工和童工，(己)保护失业工人等”；二是“废除丁漕等重税，规定全国——城市及乡村——土地税则”；三是“废除厘金及一切额外税则，规定累进率所得税”；四是“规定限制田租率的法律”。这些政策无疑都是民主主义革命所需要的经济政策，放弃了最早的《中国共产党宣言》里的空想，对于工人、农民和小资产阶级甚至民族资产阶级都是有一定利益的，同时也没有要求没收地主的土地，只是要求限制田租率，从而实际上是把团结国内可以团结的力量进行反帝斗争放在了首位。

应当说，中共二大是中国共产党人在共产国际的帮助下和鲜活的马克思列宁主义的指引下召开的一次成功的大会，弥补了中共一大的许多不足，对中共早期革命活动的开展发挥了非常积极的作用。

1923年6月，中国共产党第三次全国代表大会在广州召开。这一年春天，中共领导的京汉铁路工人大罢工惨遭军阀镇压。稍早一些时候，孙中山发表和平统一宣言，并联合苏维埃俄国特使越飞发表了《孙文越飞宣言》。孙中山的联俄政策对中国共产党的政策走向产生了巨大的影响。中共三大的主要议题就是讨论与国民党合作、建立革命统一战线。中共三大宣言号召“社会上革命分子，大家都集中到中国国民党，使国民革命运动得以加速实现”[①]，没有对当时的中国进行政治经济学分析，没有谈到经济政策。但是，这次大会的文件之一《中国共产党党纲草案》[②]则弥补了宣言的这一不足。

《中国共产党党纲草案》在主要方面如“帝国主义与中国旧经济”等问题上延续了中共二大宣言里的分析，但在有些方面，相对于中共二大宣言反而有所倒退。例如，草案提到“商业经济的市场越开展，外货之输入、原料之输出越增多，而同时生

① 《中国共产党第三次全国大会宣言》，2012年9月17日，http://fuwu.12371.cn/2012/09/17/ARTI1347873221343894.shtml。

② 《中国共产党党纲草案》，2012年9月17日，http://fuwu.12371.cn/2012/09/17/ARTI134787329633-3989.shtml。

产方法之改进甚少,宗法社会崩坏之过程因而甚缓”。这一分析虽然看到了“手工业工人和农民等小生产者渐渐失掉了他们的生产资料”,却没有意识到这种压迫和剥削会加速而不是减缓宗法社会的崩坏。这是因为,传统的宗法社会的经济基础正是手工业和农业相结合的小生产方式以及与之相适应的生产关系。随着这个经济基础的削弱和加速瓦解,宗法社会也会加速崩坏。草案的另一幼稚之处是把当时政府滥征各种苛税归咎于“对内对外的新环境”,而没有说明这个“政府”本身就是代表帝国主义和国内极少数官僚和极少数大商人来进行压迫和剥削的。

该草案提出了比以前细致得多的经济政策要求,但企图经过国民革命直接过渡到“建立无产阶级独裁制,创造世界的苏维埃共和国,以进于无产阶级的共产社会”。虽然说中国无产阶级的确不能以“国民革命”自限,但是中共二大提到的“与贫苦农民联合的无产阶级专政”还是比“国民革命”后一步到位的“无产阶级独裁制”更切合实际。可以看出,这个党纲草案受到了刚刚成立的苏联的刺激,有不切实际地加速中国革命甚至世界革命的意图。

1925年1月,中国共产党第四次全国代表大会在上海召开。这时国共合作已经有一年之久。大会宣言反对军阀内战,反对列强用武力干涉中国及其变中国为殖民地的企图。宣言夸大了共产国际的作用,认为“在一切资本主义的国家中,劳农与资本统治之最后的斗争日见逼近了”,“号召工人和农民,手工业者和知识阶级,来巩固自己的组织,并极力赞助国民会议促成会,要求国民会议之召集”。[①]大会的着重点在于推动民族革命运动和农民运动,没有就经济主张和政策提出明确意见。

1927年蒋介石发动四一二反革命政变后,中国共产党第五次全国代表大会在武汉召开。大会宣言未能及时解放思想,还沉湎于过去两年民族解放运动的迅速发展,把蒋介石对中共党员的屠杀轻描淡写为国民革命阵线的分裂,轻描淡写为蒋介石领导着一部分力量脱离革命的战线,还在继续呼吁工人和农民与城市民权势力建立革命的同盟,拥护资产阶级的“革命政府”。[②]该宣言对中小资产阶级抱有幻想,甚至提出农民与小地主建立同盟,完全不知道马克思曾经多次批判小资产阶级的软弱无力和对革命的背叛。大会宣言没有提出经济主张与政策,但是大会通过

① 《中国共产党第四次全国代表大会宣言》,2012年9月18日,http://fuwu.12371.cn/2012/09/18/ARTI1347955776434952.shtml

② 《中国共产党第五次全国代表大会宣言》,2012年9月20日,http://fuwu.12371.cn/2012/09/20/ARTI1348125150252702.shtml。

的《对于土地问题议决案》[1]提出了“土地国有”的基本原则,在具体实施时则允许土地委员会自行决定“是否采用公有制度或分配于耕种者的农民”,并放开“属于小地主的土地”和“革命军人现时已有的土地”不没收。

二、1927—1949年从红色割据到新中国成立时党代会的经济主张与政策

1928年中国共产党第六次全国代表大会在苏联莫斯科召开。这个时候,毛泽东领导的秋收起义失败后已经在井冈山建立了革命根据地。从此,中国共产党有了实施自己的经济主张和政策的执政之地。当时的革命根据地称为苏维埃区域即苏区。中共六大通过的《政治决议案》[2]提出了党在苏区的任务,其中在经济方面要求“彻底的实行土地纲领”,“保存商业的货物交易,战胜均产主义的倾向”,“当苏维埃政权能扩大到城市中心的时候,要彻底地改良工人阶级生活状况”。这些经济主张是为了方便动员农民和工人参加苏维埃政权,防止经济受到破坏而动摇苏维埃政权。

除了针对革命根据地提出经济主张外,中共六大还对当时的中国政治经济形势进行了深入分析,提出了一些一般性经济主张,如“没收外国资本的企业和银行”;“实行八小时工作制,增加工资、失业救济与社会保险等”;“没收一切地主阶级的土地,耕地归农民”;“取消一切政府军阀地方的捐税,实行统一的累进税”;等等。

值得一提的是,中共六大准确地把握了中国农村小地主占极大优势的特点,“而小地主是甚至于减租都不能接受的”,从而当时中国农村即使发展资本主义农业也很困难。为了解决当时的“三农”问题,在《土地问题决议案》[3]中,中共六大分析了中国农村中各种经济成分和农民受剥削和压迫的各种情形以及农民力争土地的斗争及其意义,指出“中国农民力争土地的斗争,不是小资产阶级的私有土地者反对封建的大地主之斗争,而是几千百万完全被剥夺而绝无土地的农民,以及还没有完全被剥夺的农民,反对独占土地的阶级,力争经营使用土地的自由,脱离封建式的束缚、剥削、强制和压迫”。因而,该决议案提出了“无代价的立即没收豪绅地

① 《对于土地问题议决案》,2012年9月20日,http://fuwu.12371.cn/2012/09/20/ARTI1348125893996945.shtml。

② 《政治决议案》,2012年9月21日,http://fuwu.12371.cn/2012/09/21/ARTI1348209824452970.shtml。

③ 《土地问题决议案》,2012年9月21日,http://fuwu.12371.cn/2012/09/21/ARTI1348210656915877_all.shtml。

主阶级底土地财产，没收的土地归农民代表会议处理，分配给无地及少地的农民使用”；“祠堂、庙宇、教堂的地产及其他的公产官荒或无主的荒地沙田，都归农民代表会议处理分配给农民使用”；“销毁豪绅政府的一切田契，及其他剥削农民的契约”；“国家帮助农业经济”等主张。但是，该决议案仍然坚持了土地国有的目标，提出在革命完全胜利之后，“中国共产党将进而帮助革命的农民去消灭土地私有权，把一切土地变为社会的公有财产”。

中共六大会后的《告全体同志书》[①]对大会精神作了很好的说明，强调“坚决反对一切不正确的政治倾向，坚决反对各种非无产阶级的意识”，对过去的一些错误观点和小资产阶级意识进行了清算，但是对布尔什维克化的强调，为后来王明攫取最高领导权铺平了道路。

中共六大之后，中国革命经历了从高潮到低潮，再到高潮的发展。受各方面的影响，中国共产党改变了以前一两年开一次全国代表大会的做法，而是在两次全国代表大会之前穿插多次中央委员会全体会议。当时由于国内外局势的动荡，中国共产党时隔17年才得以在1945年抗战胜利前夕召开第七次全国代表大会。这个时候，共产国际已经解散，会议完全是由中国共产党独立自主召开的，“确定以马克思列宁主义与中国革命实践相统一的毛泽东思想作为全党一切工作的指针”[②]。

在这次会议上，毛泽东同志作了题为《两个中国之命运》的大会开幕词、题为《论联合政府》的政治报告和题为《愚公移山》的闭幕词。大会审议了毛泽东同志所作的政治报告、朱德同志所作的军事报告和刘少奇同志所作的关于修改党章的报告，没有明确地提出经济主张与政策。一些经济主张与政策是在后来的中央全会上提出的。

三、1949—1978年新中国成立后到改革开放前党代会的经济主张与政策

1956年9月中国共产党第八次全国代表大会在北京召开。这时新中国已经成立，抗美援朝战争已胜利结束，在全国范围内对农业、手工业和资本主义工商业进行的社会主义改造已经接近完成，第一个五年计划已近尾声，一个崭新的社会主义制度已经在中国建立起来。毛泽东在中共八大的开幕词中指出，“我们这次大会的

① 《告全体同志书》(一九二八年十一月十一日)，2012年9月21日，http://fuwu.12371.cn/2012/09/21/ARTI1348208818147583_all.shtml。

② 《中国共产党第七次全国代表大会》，2012年9月21日，http://fuwu.12371.cn/2012/06/05/ARTI1338864645502702.shtml。

任务是：总结从七次大会以来的经验，团结全党，团结国内外一切可能团结的力量，为了建设一个伟大的社会主义的中国而奋斗。”①

刘少奇代表中央向大会作了政治报告，大会经过讨论决定批准这个报告。大会关于政治报告的决议指出：“我国的无产阶级同资产阶级之间的矛盾已经基本上解决，几千年来的阶级剥削制度的历史已经基本上结束，社会主义的社会制度在我国已经基本上建立起来了。”②大会认为，“我们国内的主要矛盾，已经是人民对于建立先进的工业国的要求同落后的农业国的现实之间的矛盾，已经是人民对于经济文化迅速发展的需要同当前经济文化不能满足人民需要的状况之间的矛盾。这一矛盾的实质，在我国社会主义制度已经建立的情况下，也就是先进的社会主义制度同落后的社会生产力之间的矛盾。党和全国人民的当前的主要任务，就是要集中力量来解决这个矛盾，把我国尽快地从落后的农业国变为先进的工业国”。对于今后的经济工作，大会认为，“必须继续坚持优先发展重工业的方针”；在优先发展重工业的同时，“必须根据原料、资金的可能和市场的需要，积极发展轻工业”；必须优先发展粮食生产，同时也必须按照适当的比例发展农业的多种经济；“必须使国家建设和人民生活改善这两个方面得到适当的结合，也就是使国民收入中积累和消费的比例关系得到正确的处理”。大会还认为，“社会主义的统一市场应当以国家市场为主体，同时附有在一定范围内的国家领导下的自由市场，作为国家市场的补充”。“为了适应社会的多方面需要，在国家计划许可的范围内，有一部分产品将不列入国家计划，由生产单位直接按照原料和市场的情况进行生产，作为计划生产的补充。”大会提出，“对于主要工业产品，特别是国家建设和国民经济技术改造所必需的技术设备，应当通过仿造的办法，逐步达到能够自行设计和制造的目的”。

周恩来在大会上作了《关于发展国民经济第二个五年计划的建议的报告》③。他就近年来党在领导经济工作中所感到的几个比较突出的问题提出了一些意见。在报告中，他特别提出“像我们这样一个人口众多、资源较富，需要很大的国家，仍然有必要建立自己的完整的工业体系”，认为“那种以为不必建立我国自己的完整的工业体系而专门靠国际援助的依赖思想，是错误的”。这一点是非常重要的。它

① 毛泽东：《中国共产党第八次全国代表大会开幕词》，2012年9月24日，http://fuwu.12371.cn/2012/09/24/ARTI1348470040385422.shtml。

② 《中国共产党第八次全国代表大会关于政治报告的决议》，2012年9月24日，http://fuwu.12371.cn/2012/09/24/ARTI1348471241458943_all.shtml。

③ 周恩来：《关于发展国民经济的第二个五年计划的建议的报告》，2012年9月24日，http://fuwu.12371.cn/2012/09/24/ARTI1348470546428983_all.shtml。

使新中国能够平静地面对国际风云的变幻和种种外来压迫，奠定了中华民族伟大复兴的经济基石。同时，他也反对“关起门来建设的想法”，要求“同其他国家发展和扩大经济、技术、文化的交流”。党的十九届五中全会提出的“构建以国内大循环为主体、国内国际双循环相互促进的新发展格局”①与这是很相似的。

此外，本次大会通过的新党章也明确提出：“社会主义革命的胜利给了社会生产力以巨大发展的无限前途。中国共产党的任务，就是有计划地发展国民经济，尽可能迅速地实现国家工业化，有系统、有步骤地进行国民经济的技术改造，使中国具有强大的现代化的工业、现代化的农业、现代化的交通运输业和现代化的国防。为了实现工业化和争取国民经济的不断高涨，必须优先发展重工业，同时对于发展重工业和轻工业，对于发展整个工业和农业，必须注意保持正确的比例。党必须努力促进我国的科学、文化、技术的进步，为在这些方面赶上世界的先进水平而奋斗。党的一切工作的根本目的，是最大限度地满足人民的物质生活和文化生活的需要，因此，必须在生产发展的基础上，逐步地和不断地改善人民的生活状况，而这也是提高人民生产积极性的必要条件。”②

由此可见，执政全国以后，经济建设已经成为重中之重，党代会在经济方面的主张与政策内容大幅增加。中共八大的经济主张和政策符合处于社会主义过渡时期和社会主义初级阶段的中国的实际情况和发展需要，直到今天都有一定的指导意义。

1976年9月9日毛泽东同志逝世，10月“文化大革命”结束。

1977年8月，中国共产党第十一次全国代表大会在北京召开，华国锋代表中央向大会作了政治报告。华国锋在报告中提出：“为在本世纪内把我国建设成为伟大的社会主义的现代化强国而奋斗。”在经济方面，报告指出：“一定要抓革命促生产，把国民经济搞上去。”而把国民经济搞上去，“就是要认真贯彻执行鼓足干劲，力争上游，多快好省地建设社会主义的总路线和一整套两条腿走路的方针，把整个国民经济纳入有计划、按比例、高速度发展的社会主义轨道，以农业为基础、工业为主导，实现农业、轻工业、重工业和其他经济事业的协调发展，全面跃进”。报告提出：“对于广大人民群众，在思想教育上大力提倡共产主义劳动态度，在经济政策上则要坚持实行各尽所能、按劳分配的社会主义原则，并且逐步扩大集体福利。要在发

① 《中共十九届五中全会在京举行》，《光明日报》2020年10月30日。

② 《中国共产党章程》（1956年9月26日中共八大通过），2012年10月25日，http://www.12371.cn/2012/10/25/ARTI1351156898801133_all.shtml。

展生产的基础上,逐步改善人民生活。”[①]

从这份报告可以看出,尽管全党的工作重点开始转向经济工作,想把国民经济搞上去,报告中有关经济方面的内容增加了,但过去的思想惯性还很强大,未能充分地解放思想,经济工作还不是全党的中心工作。

四、1978—2012年改革开放后到新时代之前党代会的经济主张与政策

1982年9月,中国共产党第十二次全国代表大会在北京召开。胡耀邦代表中央向大会作了《全面开创社会主义现代化建设新局面》[②]的报告,他在报告中指出:“这次代表大会的使命,就是要通过对过去六年历史性胜利的总结,为进一步肃清十年内乱所遗留的消极后果,全面开创社会主义现代化建设的新局面,确定继续前进的正确道路、战略步骤和方针政策。”在经济方面,报告指出,“我国经济已经渡过最困难的时期,走上了稳步发展的健康轨道”。报告提出,“从一九八一年到本世纪末的二十年,我国经济建设总的奋斗目标是,在不断提高经济效益的前提下,力争使全国工农业的年总产值翻两番”。报告认为,“通观全局,为实现上述经济发展目标,最重要的是要解决好农业问题,能源、交通问题和教育、科学问题”。“在综合平衡的基础上,把这些方面的问题解决好了,就可以促进消费品生产的较快增长,带动整个工业和其他各项生产建设事业的发展,保障人民生活的改善。”报告还指出,“实行计划生育,是我国的一项基本国策”。“人口增长过快,不但将影响人均收入的提高,而且粮食和住宅的供应、教育和劳动就业需要的满足,都将成为严重的问题,甚至可能影响社会的安定。”报告还提出了在全部经济工作中特别要注意解决的四个重要原则问题:一是“关于集中资金进行重点建设和继续改善人民生活的问题”;二是“关于坚持国营经济的主导地位和发展多种经济形式的问题”;三是“关于正确贯彻计划经济为主、市场调节为辅原则的问题”;四是“关于坚持自力更生和扩大对外经济技术交流的问题”。

这份报告是非常切合当时中国经济发展实际的。新中国成立后,由于经济建设方面的历史“欠账”太多,加上外部威胁巨大,以及苏联成功经验的引导,生产资料的生产建设被放在十分突出的地位,生活消费品的生产被压缩到了最低限度,农、轻、重的产业比例有些失衡,人民群众对于生活水平的改善状况是不满意的。

① 《十一大上的政治报告》,2012年9月25日,http://fuwu.12371.cn/2012/09/25/ARTI1348541192153839_all.shtml。

② 《全面开创社会主义现代化建设的新局面——在中国共产党第十二次全国代表大会上的报告》,2012年9月27日,http://fuwu.12371.cn/2012/09/27/ARTI1348712095996447_all.shtml。

因此,报告把"一要吃饭,二要建设"作为指导我国经济工作的一项基本原则,把"吃饭"放在"建设"之前,指出"不断满足人民日益增长的物质文化需要是社会主义生产和建设的根本目的",加大以农业为代表的消费品的生产力度,致力于改善人民生活状况,很好地凝聚了民心,保证了改革开放的顺利开展。

1987年10月,中国共产党第十三次全国代表大会在北京召开。赵紫阳向大会作了《沿着有中国特色的社会主义道路前进》①的工作报告。报告指出,"我们紧紧把握住经济建设这个中心,使国民经济持续稳定增长"。报告提出,"必须以公有制为主体,大力发展有计划的商品经济"。报告认为,"商品经济的充分发展,是社会经济发展不可逾越的阶段,是实现生产社会化、现代化的必不可少的基本条件。在所有制和分配上,社会主义社会并不要求纯而又纯,绝对平均。在初级阶段,尤其要在以公有制为主体的前提下发展多种经济成份,在以按劳分配为主体的前提下实行多种分配方式,在共同富裕的目标下鼓励一部分人通过诚实劳动和合法经营先富起来"。报告指出,"只有在提高经济效益上扎扎实实地做好工作,争取年年有所进步,才能逐步缓解我国人口众多、资源相对不足、资金严重短缺等矛盾,保证国民经济以较高的速度持续发展"。对此,报告指出必须着重解决好三个重要问题:一是"把发展科学技术和教育事业放在首要位置,使经济建设转到依靠科技进步和提高劳动者素质的轨道上来";二是"保持社会总需求和总供给基本平衡,合理调整和改造产业结构";三是"进一步扩大对外开放的广度和深度,不断发展对外经济技术交流与合作"。报告提出,"围绕转变企业经营机制这个中心环节,分阶段地进行计划、投资、物资、财政、金融、外贸等方面体制的配套改革,逐步建立起有计划商品经济新体制的基本框架"。但是,此后的一些改革在指导思想上出现了偏差,违背马克思主义政治经济学,导致物价上涨过快,发生严重的通货膨胀。

1992年10月,中国共产党第十四次全国代表大会在北京召开。江泽民代表中央向大会作了题为《加快改革开放和现代化建设步伐,夺取有中国特色社会主义事业的更大胜利》的报告。大会批准了这份报告,对中共十三届中央委员会的工作表示满意。经济方面,大会指出,"抓住有利时机,集中力量把经济建设搞上去,力争国民经济在讲求效益的前提下有一个较高的增长速度,是完全正确和可能的"。大会认为,"将我国经济体制改革的目标,确定为建立社会主义市场经济体制,是有中国特色社会主义理论的丰富和发展。建立社会主义市场经济体制,涉及经济基础和上层建筑的许多领域,要有一系列相应的体制改革和政策调整,必须抓紧制定总

① 《赵紫阳在中共第十三次全国代表大会上的报告》(1987年10月25日),2012年9月25日,http://fuwu.12371.cn/2012/09/25/ARTI1348562562473415.shtml。

体规划，有计划、有步骤地实施”。[①]

1997年9月，中国共产党第十五次全国代表大会在北京召开。江泽民同志代表中央向大会作了题为《高举邓小平理论伟大旗帜，把建设有中国特色社会主义事业全面推向二十一世纪》的报告。就经济方面，大会同意报告关于我国经济领域改革和发展的部署。大会指出：“从现在起到下世纪的前十年，是我国社会主义现代化建设的关键时期。必须积极推进经济体制和经济增长方式的根本转变，建立比较完善的社会主义市场经济体制，保持国民经济持续快速健康发展，为下世纪中叶基本实现现代化打下坚实基础。”[②]

2002年11月，中国共产党第十六次全国代表大会在北京召开。江泽民代表中央向大会作报告。就经济方面，大会同意报告关于我国经济建设和改革的部署。大会强调：“发展是党执政兴国的第一要务。必须坚持以经济建设为中心，不断解放和发展社会生产力，完善社会主义市场经济体制，坚持科教兴国和可持续发展战略，推动经济结构战略性调整，基本实现工业化，大力推进信息化，加快建设现代化，保持国民经济持续快速健康发展，不断提高人民生活水平。”[③]

分别于2007年10月和2012年11月召开的中国共产党第十七次全国代表大会和第十八次全国代表大会都是由胡锦涛代表中央向大会作报告。

在党的十七大报告中，就经济方面，胡锦涛提出“深入贯彻落实科学发展观”。“科学发展观，第一要义是发展，核心是以人为本，基本要求是全面协调可持续，根本方法是统筹兼顾。”他还提出，“要继续努力奋斗，确保到二〇二〇年实现全面建成小康社会的奋斗目标”。[④]大会在关于这份报告的决议中强调：“实现未来经济发展目标，关键要在加快转变经济发展方式、完善社会主义市场经济体制方面取得重大进展，大力推进经济结构战略性调整，更加注重提高自主创新能力、提高节能环保水平、提高经济整体素质和国际竞争力；坚持和完善公有制为主体、多种所有制经济共同发展的基本经济制度，从制度上更好发挥市场在资源配置中的基础性作

---

① 《中国共产党第十四次全国代表大会关于十三届中央委员会报告的决议》，2012年9月26日，http://fuwu.12371.cn/2012/09/26/ARTI1348642467953769.shtml。

② 《关于十四届中央委员会报告的决议》（1997年9月18日通过），2012年9月27日，http://fuwu.12371.cn/2012/09/27/ARTI1348727487583508.shtml。

③ 《中共十六大关于十五届中央委员会报告的决议》，2012年9月2日，http://fuwu.12371.cn/2012/09/2/ARTI1348736045006812.shtml

④ 《胡锦涛在党的十七大上的报告》，2012年6月11日，http://fuwu.12371.cn/2012/06/11/ARTI1339412115437623_all.shtml。

用,形成有利于科学发展的宏观调控体系。”①

在党的十八大上,大会对胡锦涛所作报告的决议指出,“大会强调,要加快完善社会主义市场经济体制和加快转变经济发展方式,把推动发展的立足点转到提高质量和效益上来,着力激发各类市场主体发展新活力,着力增强创新驱动发展新动力,着力构建现代产业发展新体系,着力培育开放型经济发展新优势,使经济发展更多依靠内需特别是消费需求拉动,更多依靠现代服务业和战略性新兴产业带动,更多依靠科技进步、劳动者素质提高、管理创新驱动,更多依靠节约资源和循环经济推动,更多依靠城乡区域发展协调互动,不断增强长期发展后劲,促进工业化、信息化、城镇化、农业现代化同步发展。”②

可以看到,从党的十四大提出“建立社会主义市场经济体制”以来,20年里连续五次党代会都在要求建立和完善这一体制,这也是这些年来我党最重要的经济主张与政策。

五、2012年之后新时代党代会的经济主张与政策

在党的十八届一中全会上,习近平同志当选中共中央总书记。他在十八届中共中央政治局常委同中外记者见面时强调:“人民对美好生活的向往,就是我们的奋斗目标。”③中国历史翻开了新的篇章。

2017年10月,中国共产党第十九次全国代表大会在北京召开,习近平代表第十八届中央委员会向大会作了题为《决胜全面建成小康社会　夺取新时代中国特色社会主义伟大胜利》④的报告。

习近平在报告中指出,“经过长期努力,中国特色社会主义进入了新时代,这是我国发展新的历史方位”。新的历史方位的确立意味着必须改变过去的一些做法,以适应新时代的新形势和新条件。这就要求我们解放思想。这种解放思想不是解放40年前的思想,而是解放前不久或者说解放最近40年新形成的一些思想,这样我们才能不受旧时代的拖累,更好地迈向新时代。当然,思想再怎么解放,初心不

① 《十七大关于十六届中央委员会报告的决议》,2012年9月28日,http://fuwu.12371.cn/2012/09/28/ARTI1348819588960957.shtml。

② 《中国共产党第十八次全国代表大会关于十七届中央委员会报告的决议》,2012年11月14日,http://www.12371.cn/2012/11/14/ARTI1352865706661726.shtml。

③ 习近平:《人民对美好生活的向往就是我们的奋斗目标》,《光明日报》2012年11月16日。

④ 习近平:《决胜全面建成小康社会　夺取新时代中国特色社会主义伟大胜利——在中国共产党第十九次全国代表大会上的报告》,《光明日报》2017年10月28日。

能忘。他还指出，“不忘初心，方得始终。中国共产党人的初心和使命，就是为中国人民谋幸福，为中华民族谋复兴”。这个初心也是党中央提出一切经济主张和制定一切经济政策的出发点。事实上，习近平指出，“中国特色社会主义进入新时代，我国社会主要矛盾已经转化为人民日益增长的美好生活需要和不平衡不充分的发展之间的矛盾”，并强调“增进民生福祉是发展的根本目的”。这就表明，我们不仅要解放和发展生产力，而且要为人民群众而不是极少数人来解放和发展生产力，要“保证全体人民在共建共享发展中有更多获得感，不断促进人的全面发展、全体人民共同富裕”。

大会在批准这份报告时就经济方面强调：“要贯彻新发展理念、建设现代化经济体系，坚持质量第一、效益优先，以供给侧结构性改革为主线，推动经济发展质量变革、效率变革、动力变革，着力加快建设实体经济、科技创新、现代金融、人力资源协同发展的产业体系，着力构建市场机制有效、微观主体有活力、宏观调控有度的经济体制，不断增强我国经济创新力和竞争力。要深化供给侧结构性改革，加快建设创新型国家，实施乡村振兴战略，实施区域协调发展战略，加快完善社会主义市场经济体制，推动形成全面开放新格局，努力实现更高质量、更有效率、更加公平、更可持续的发展。”①

习近平新时代中国特色社会主义思想在经济主张与政策方面彰显了深厚的马克思主义政治经济学理论功底以及深厚的历史唯物主义、辩证唯物主义的哲学功力，准确把握中国社会主要矛盾的变化，辩证地对待中国经济的发展，创新地提出新发展理念，优化供给侧结构，使中国经济在境外反华势力破坏中国对外经济贸易环境和新冠疫情暴发的双重冲击下能够稳定和持续发展，不愧为21世纪马克思主义，不愧为全党全国人民为实现中华民族伟大复兴而奋斗的行动指南，“必须长期坚持并不断发展”。

---

① 《中国共产党第十九次全国代表大会关于十八届中央委员会报告的决议》，2017年10月24日，http://www.12371.cn/2017/10/24/ARTI1508831011601788.shtml。

历史唯物主义视角下历史人物评价问题新探

——确立"广义历史创造者"新概念

（2021年6月2日）

程恩富*

近年来，学界和社会上时常出现任意拔高或贬低历史人物的现象。这种随意解构历史、歪曲历史或虚无化历史的问题，与人们漠视历史唯物主义关于历史人物的科学评价不无关系。鉴此，当前迫切需要我们坚持和创新历史唯物主义的方法论，对创造历史的主体和历史人物及其作用进行全面准确的分析和评价，廓清在此问题上某些似是而非的流行观点。

一、从历史概念的内涵和外延的界定来把握历史人物的创造者身份

马克思主义经典作家在三种含义上使用"创造历史"的概念。第一种是从人

* 程恩富，中国社会科学院学部委员、学部主席团成员，中国社会科学院大学学术委员会副主任兼首席教授、博士生导师，经济社会发展研究中心主任，全国人大教科文卫委员会委员，中央马克思主义理论研究和建设工程首席专家。担任世界政治经济学学会会长、中国政治经济学学会会长、中华外国经济学说研究会会长，国务院学位办马克思主义理论学科评议组成员，国家和教育部社科基金评委，上海财经大学海派经济学研究院院长，俄罗斯圣彼得堡大学荣誉教授、日本理论经济学会国际顾问等。主编《政治经济学研究》、《海派经济学》和在英国出版的《世界政治经济学评论》《国际思想评论》等刊物。在10个国家共出版8部个人文集、30多部著作，发表600多篇文章，在学术研究、理论宣传、立法政策探讨三方面成果颇丰。

民群众直接或最终创造进步历史的意义上来使用的。如毛泽东所说："人民，只有人民，才是创造世界历史的动力。"[①]第二种是从人民群众和正面历史人物共同创造历史的意义上来使用的。第三种是从人民群众、统治阶级和正反面历史人物共同创造历史意义上来使用的，即恩格斯论述的"合力"形成或创造。如恩格斯所说："无论历史的结局如何，人们总是通过每一个人追求他自己的、自觉预期的目的来创造他们的历史，而这许多按不同方向活动的愿望及其对外部世界的各种各样作用的合力，就是历史。"[②]"大多数人总是注定要从事艰苦的劳动而很少能得到享受。……历史的进步整个说来只是成了极少数特权者的事，广大群众则注定要终生从事劳动，为自己生产微薄的必要生活资料，同时还要为特权者生产日益丰富的资料。"[③]也如列宁所说，在剥削阶级统治社会中，"创造历史的是一小撮贵族和资产阶级知识分子，工农群众则尚处于沉睡状态"[④]。据此，针对以往历史唯物主义论著只承认第一种含义的"创造"，笔者提出"广义历史创造者"的新概念。

从历史概念的内涵看，我国史学家白寿彝先生认为历史有两重含义：一是"客观的历史"，即人类社会发展的客观过程；二是"写的历史"，即对前者的记载和研究。无独有偶，丹麦史学家克拉夫(H. Kraph)也认为"历史"有两种含义：一是历史实在或客观历史；二是指探讨历史实在或客观历史的各种历史研究及相应的成果。不过，"历史创造者"中的"历史"含义只能是"客观的历史"或是"历史实在或客观历史"，尤其是指人类社会发展的客观过程。正如马克思、恩格斯所指出的："历史不外是各个世代的依次交替。"[⑤]"历史不过是追求着自己的目的的人的活动而已。"[⑥]那么，这个历史的"客观过程"是怎么创造出来的呢？恩格斯认为，历史这种"客观过程"是一种"合力"，而这种"合力"的产生则需要无数"单个意志"纵横交错地进行相互冲突。[⑦]正因为如此，这种历史的"客观过程"与历史的"客观规律"，或者说与社会发展的趋势在外延上并不完全吻合。在历史的某一时期，当反动的势力大于进步的力量时，历史的"客观过程"就很可能与社会发展的趋势相违背。如日本军国主义者挑起的侵华战争和以希特勒为首的德国法西斯入侵欧洲国家，都具有反文

① 《毛泽东选集》第3卷，人民出版社1991年版，第1031页。

② 《马克思恩格斯选集》第4卷，人民出版社2012年版，第254页。

③ 《马克思恩格斯选集》第3卷，人民出版社2012年版，第724页。

④ 《列宁全集》第34卷，人民出版社2017年版，第76页。

⑤ 《马克思恩格斯选集》第1卷，人民出版社2012年版，第168页。

⑥ 《马克思恩格斯文集》第1卷，人民出版社2009年版，第295页。

⑦ 参见《马克思恩格斯选集》第4卷，人民出版社2012年版，第605页。

明、反社会和反人类的性质，但我们不能因此否定这些侵略历史过程主要是由那些反动人物或反动集团造成的。可见，完整地表述，应当说许多时段的历史，是正面人物与反面人物“相互冲突”“合力”的结果，甚至是反面人物占主导地位的非进步性历史。毋庸置疑，从人民群众在社会生产方式中所起的作用而言，可以当之无愧地“体现社会发展规律”和“推动社会发展”，但不能因此而认为“历史创造者”只能是处于进步状态的人民群众，否则恩格斯也不必以“合力的产生”来隐喻复杂多变的“历史的创造”。

从历史概念的外延看，历史不仅是物质生产和消费的历史，还有政治发展史、精神文化发展史等。有的文献认为，“历史唯物主义从社会存在决定社会意识、物质资料生产方式是人类社会存在和发展的基础等基本原理出发，认为人类历史首先是生产发展的历史，因而也就是物质生产的承担者劳动群众的历史”[①]，以此引出和只承认“人民群众是历史的创造者”的单一结论。这也是不够全面的。尽管精神文化发展史、政治发展史的创造活动的主体可以直接或间接追溯到人民群众，但很难说作为历史人物的政治家、思想家、科学家和文艺家等不是历史的创造者之一。从这个层面看，把一般人民群众或被压迫被剥削的劳动人民当作创造历史的唯一主体也是不妥的。

因此，要在坚持历史唯物主义的前提下，从历史概念的内涵和外延来对这个问题进行更为缜密的思考。在这个问题上，自从20世纪80年代思想解放运动以来，诸多学者早已提出过不少有价值的见解。从历史概念的内涵和外延深究，我们认为人民群众是“历史创造者”的主体（同时作为人的主体和主要力量的主体），而不是“历史创造”唯一的“主体”。除了人民群众，历史创造主体还应包括在人类社会历史进程中留下明显意志印迹的正反面历史人物，只是他们的创造活动并不总是与社会历史发展的规律相吻合。在对待“历史创造者”构成问题上，那种把历史活动的性质与历史活动本身混为一谈，或者以进步性历史人物来源于又代表人民群众为理由，从而把各类历史人物与人民群众混为一谈的观点，是难以成立的。在英语“make”和俄语“Создать”中，“创造”原义是中性词而非褒义词。我们确立的“广义历史创造者”这一概念，是要阐明“历史创造者”应包括“历史促进者”与“历史促退者”及其合力形成或创造历史的观点，并不否定只有人民群众才是历史创造者的狭义概念。广义与狭义的历史创造者概念，是从不同角度和意义上阐述的，各自均有独特的解释力。在革命年代，为了颠覆视人民大众为群盲的封建文化而高扬人

① 《史学概论》编写组编：《史学概论》，高等教育出版社2009年版，第67页。

民创造历史的观念,对唤醒民众的作用是不可低估的。

显而易见,只有承认历史人物的创造者身份,我们才能对历史人物的作用予以更为客观公正的审视,同时更客观地接近历史的真相。

二、从历史必然性与偶然性的辩证关系理解历史人物的活动

历史人物的出现及其创造活动是历史必然性与偶然性共同作用的结果。同时,历史人物的出现及其创造活动的偶然性,在一定的条件下可以向必然性转化。这就要求善于抓住历史的机遇,推动历史的进步。

论断之一:历史人物的出现具有必然性。首先,历史人物的出现由社会历史的需要造就。“凡是有便于杰出人物发挥其才能的社会条件的时候和地方,总会有杰出人物出现”①,即所谓的“时势造英雄”。如果不是“被战争弄得精疲力竭的法兰西共和国”需要“军事独裁者”的话,也不会出现拿破仑一世式的伟大人物。反之亦然,一些反面历史人物的出现,也是一定社会历史条件下社会形势发展的结果。正如马克思评价拿破仑三世那样:“法国阶级斗争怎样造成了一种局势和条件,使得一个平庸而可笑的人物有可能扮演了英雄的角色。”②其次,历史人物的创造活动受制于社会历史条件。任何历史人物所处时代的社会性质和历史条件,都有一种既定的必然性,他们不可能超越这种必然性来发挥自身的作用,而且这种必然性一定会在他们身上以各种方式反射出来。

论断之二:历史人物的出现具有偶然性。首先,历史人物的出现是一种偶然现象。恩格斯曾指出:“恰巧某个伟大人物在一定时间出现于某一国家,这当然纯粹是一种偶然现象。”③这说明某个具体历史人物以何种方式在何时何地出现都具有偶然性。其次,历史人物个人的特质对历史的影响具有偶然性。历史人物因其才能、意志、性格甚至外貌等种种特点而影响历史的命运,也是非常偶然的现象。

论断之三:历史人物的出现是历史的必然性与偶然性共同作用的结果。历史人物出现的必然性与偶然性是相辅相成、辩证统一的。首先,历史人物出现的偶然性受制于必然性。“在表面上是偶然性在起作用的地方,这种偶然性始终是受内部的隐蔽着的规律支配的。”④历史人物出现的偶然性作用影响的程度及其范围,都要依当时社会发展状况、各种社会力量对比以及他们个人所处境况来决定。个人因

---

① 《普列汉诺夫哲学著作选集》第2卷,三联书店1961年版,第368页。

② 《马克思恩格斯选集》第1卷,人民出版社2012年版,第664页。

③ 《马克思恩格斯选集》第4卷,人民出版社2012年版,第649～650页。

④ 《马克思恩格斯选集》第4卷,人民出版社2012年版,第254页。

素只有在特定的历史条件下,即在一定社会性质和社会关系所容许的时空维度下才可能成为历史发展的因素。如果历史人物无视当时当地的社会历史条件,逆历史潮流而动,无论是拿破仑式的伟大人物,还是希特勒式的反面人物,都无法逃脱被历史淘汰的命运。其次,历史人物出现的偶然性为必然性开辟道路。历史人物出现的偶然性为社会历史发展的必然性开辟了道路,这与通常所说的"英雄造时势"密切相关。但此"时势"与彼"时势"区别甚大,它主要指历史的具体内容事实,而不是既定的社会历史条件。历史人物的偶然性作用所开辟的道路并不总是规则的、同向的,有的甚至是迂回曲折的。最后,历史人物出现及其活动的偶然性在一定条件下可以向必然性转化。只有符合客观规律的偶然性,才有可能转化为必然性,并不是所有的历史人物的偶然性作用,都会转化为历史必然性。即使是符合社会历史发展规律的偶然性要转化成必然性,也是需要一定条件的。

三、从历史客观规律与主观意志的辩证关系中来认识历史人物的作用

恩格斯认为:"历史进程是受内在的一般规律支配的。"[①]不过,对此进行庸俗化、机械化的理解则是不可取的。支配人类历史进程的客观规律并不能等同于"去人化"的自然规律,它并不排斥人的主观意志及其能动性的发挥,反而这种客观规律存在和实现于人的意愿、人的活动和人的主观能动性之中,并由此造成历史因果关系的不确定性。因此,不承认历史客观规律固然不对,但忽略历史人物的偶然性的重要作用,甚至是一定意义上的决定性作用,也是片面的。实际上,有些历史人物是可以决定某一历史事件、某一历史时期面貌和性质的。

恩格斯在批评有人将经济因素曲解为人类历史发展进程的"唯一决定性的因素"时曾特别强调,经济状况虽是基础,但是蕴含着人的主观意志的上层建筑的各种因素,如政治、法律、哲学、宗教也对历史斗争的进程发生影响,甚至起到某种形式的决定作用。[②]这既肯定了人类历史发展受内在的客观规律支配,也肯定了包括人的主观意志在内的偶然性在历史发展进程中的作用。一般说来,客观规律是不以人的主观意志为转移的,但在历史领域,客观规律恰恰展开在人的主观意志之上。只不过这种"主观意志"不是单个人的"主观意志",而是"作为合力的意志"。"作为合力的意志"扬弃了所有"单个意志"的主观随意性,因而具有客观性。然而,肯定历史发展具有客观规律,并不意味着可以否定历史上出现的种种偶然性。事

① 《马克思恩格斯选集》第4卷,人民出版社2012年版,第254页。

② 参见《马克思恩格斯选集》第4卷,人民出版社2012年版,第253~254页。

实上，必然性即客观规律正是通过无数的偶然性为自己开辟道路的。

因此，我们在看待历史人物的历史作用时，承认和强调历史发展的客观规律性与必然性无疑是正确的，但片面强调历史的客观规律性与必然性，看不到偶然性产生的历史人物在一定条件下具有的重要作用，甚至是一定意义上的决定性作用，势必导致对历史进程的机械性理解，因为社会历史规律既有合规律性的一面，又有合目的性的一面。作为历史主体的人，不是消极被动地接受客观规律的制约，而是积极能动地在客观规律作用的多种可能性中进行选择。比如，随着经济社会的发展，信息时代终究要来临，这是具有历史必然性的。但信息时代以什么形式、在什么时候到来以及对人们的生产与生活究竟有何影响，却不是历史客观规律能够事先决定的，它是从事历史活动的人们创造与选择的产物。事实上，在人类历史发展的具体问题上，人们都将面临多种选择，并往往由此使历史的面貌有所不同。

四、从英雄与人民的辩证关系中来评价历史人物的功过

从构成关系来看，人民群众是一个具体的、历史的概念，是由一个个活生生的普通个人组成的。历史人物来源于普通个人，历史人物与普通个人二者可以相互转化。从社会作用或角色来看，历史人物是实现一定历史任务的发起者、组织者或领导者，是历史发展中的关键力量，甚至是直接的决定性力量，而人民群众也可能是实现一定历史任务的发起者，而且总是历史发展中的主体力量和最终决定性力量。

历史的经验表明，历史人物及其决策集团可以通过一些合法或不合法的程序，来决定某个时期某个国家的某段历史以及某个阶段的社会性质，但并不是所有的历史创造主体都能成为推动社会历史发展的力量，归根到底，人民群众才是推动历史发展的最终决定力量。诚如恩格斯所言，构成历史的真正的最后动力的动力，与其说是个别人物，甚至是非常杰出人物的动机，不如说是广大群众的动机。[①]

对上述问题必须纠正一种流行的误论，即认为只要是某一时期多数人民群众支持某一历史人物，那么这一历史人物就是人民群众的正确代表，反映了人民群众的本质要求和利益。必须指出的是，不能用民粹主义的眼光把人民视为先知先觉者，人民群众总是在一定的社会权力结构下参加历史活动的，其活动并不就是或完全就是自觉自愿的选择，即并非具有选择的真正自由。人民群众也会接受主流媒体和国民教育的错误引导而作出错误选择，而这些错误选择并不体现人民群众的

① 参见《马克思恩格斯文集》第4卷，人民出版社2009年版，第304页。

本质要求、真实意愿和根本利益。当我们说人民群众最终会觉悟而作出正确选择，从而最终成为历史进步的主体创造者和推动者时，并不等于说历史上的人民大众从来就是自觉的历史创造者。在历史发展进程中，人民群众被愚弄、被蛊惑、被利用的事实史不绝书，因此我们必须指出，人民群众的表象意愿与本质意愿有时一致，有时不一致，但最终是一致的，不过最终一致的时间可长可短，这取决于制度安排和各种社会力量的博弈。

从慕课到金课:一流课程建设与申报

（2020年3月25日）

王震亚*

2019年10月,教育部出台一流课程的申报相关文件。关于一流课程申报有两点值得注意:一是山东大学申报一流课程建设的命中率是比较高的。数据显示,部属院校的命中率是70%～80%,去年山东大学的命中率超过部属院校命中率的平均水平,整体命中率超过90%。二是在一流课程的申报方面,山东大学的一线教师尤其年轻老师是有很多机会的。

我提出以上两点是因为很多老师尤其是年轻教师可能认为做教学工作不如写论文、做项目,但是我个人认为在教学方面所取得的成就感是超过科研的。比如做科研写一篇文章,在网上挂一两年点击量也没有多高,但是好的教学是真实的、有更多受众的,是更有作为老师的自豪感的。现在大家对教学有了更多的重视,希望大家对教学也能有更多的投入。

我把自己定义为在线教学的亲历者和受益者。我从2015年开始做慕课,在此之前我在山大教学20年,一直是一线老师,但认识我的人不多。自从开始做慕课,认识我的人多了起来。这两年我的进步在于审核的材料比较多,包括审核省内外高校一流课程评审的材料,去年我看了300～400份不同学校、不同学科的申报材料。在审核材料的过程中,我自己也收获良多,知道在评审的时候要先看什么、哪

* 王震亚,主讲5门慕课,选课人数超过100万,其中《人人爱设计》和《设计创意生活》被评为国家精品在线开放课程,曾获得国家教学成果奖1项、省级教学成果奖3项。2020年主讲的《工业设计史》入选首批国家级线上线下混合式一流课程。

些是亮点。

2019年4月，我接受山东教育卫视采访，分享了我做慕课的经验。上课前，我会在慕课上发布学习任务；课堂上，我会引导同学们进行讨论，学生的作业也需要提交到慕课上，采取互评的方式进行打分。一个人评五份作业，还要写评语，以此激励学生们进行思想的碰撞，激发出更多的创意。这实际说的不是慕课，而是混合式教学。我从2017年开始做混合式教学，到2019年已经积攒了两年的经验。我认为老师们在低头做事的同时也要抬头看路，在教学方面积极尝试不同的可能性。在使用慕课的过程中可能有的老师会问，如何才能保证同学们按要求观看视频？我的做法就是让学生们及时写视频观看笔记，认真观看视频之后记录课堂笔记，这比单纯看视频的收获要大得多。所以我觉得经验和方法是没有一个标准套路的，每个老师都可以自己去尝试，形成自己的经验和方法。

借用朱永新的一句话，“疫情下的在线教育：最大挑战不是技术，而是‘教育’”。如何理解这句话？我用我自己的经历来解释。2020年2月教育部刚刚发布“停课不停学”的通知后，我收到了很多学校和机构的邀请，让我做分享。在2月这一个月里，我做了六场分享，主要讲的是“在线教育并不神秘，在线教育其实很简单”。为什么要讲这个？其实是因为很多老师没有接触过在线教育，很迷，所以我也是借这个机会给各位老师传达一些信息。只用了一个月的时间，大部分老师就已经完全掌握了在线教学的使用方法。到了4月，我的报告内容变成了“在线教学并不简单，还是需要花费一定的时间来研究它”。这句话的意思是技术从来不是挑战，关键在于你怎样通过技术真正体现你对教学的理解。所以，在我们所有的申报材料里面，包括我们撰写的社科材料等，都按照以问题为中心的方法。教育也是如此，在一流课程的申报中，首先要体现以问题为导向，即你要解决什么问题，或者传统教学存在什么问题，要用新的技术来解决问题。这是我们各位老师平时要反思的问题，也是我们所有课程改革的出发点。

教育部提出，中国高等教育已经进入普及化新阶段。这个阶段呈现四个特征，即多样化、学习化、个性化和现代化。经历了疫情，中国人民对中国道路充满了自信，对中国教育也更有信心，因此提出了教育工作中的中国理论。

针对教育新阶段的四个新特征，分享一下我的理解。首先，多样化是指在教育模式上不是只有一个模板。每个老师都可以按照自己的习惯形成自己的教学模式，去表达自己对课程的理解，要与精品课程相区分。我们要用不同的课程来面对不同的群体、不同的受众。老师完全可以按照学校的办学定位、课程的教学目标，来进行多样化教育。其次，学习化是指时时可以学，处处可以学，人人可以学。这种以慕课为代表的学习方式实际上就体现了学习化的这种学习效果。再次，个性化这一提法也是我第一次在教育部的文件中看到，在这里稍微给大家找一个方向。个性化是指我们究竟如何来适应教学的新变化，那就是改革，只有进行课程改革，才能适应教学新方式带来的变化。通过教学改革，进行个性化教育，让所有学生都能实现自己的价值。最后，现代化就是用现代先进教育思想和科学技术武装人们，使教育思想观念、内容、方法与手段等逐步提高到现代的世界先进水平的过程。根据教育部的有关文件，教育新阶段就是从“金字塔理论”走向“五指山理论”，就是要标准多样、类型多样、标杆多样。

一流课程到底是什么？可以归结到一流本科课程“双万计划”，即认定一万门国家级一流本科课程和一万门省级一流本科课程。但是“一万”是个虚数。实际上是国家级线上一流课程4000门、国家级线上线下混合式一流课程6000门、国家级线下一流课程4000门、国家级虚拟仿真实验教学一流课程1500门、国家级社会实践一流课程1000门。

这些数字能够说明很多问题。首先，从线上来看，国家级线上一流课程就是国家精品在线开放课程，已经评审了3年。过去3年评审了1845门，还剩下2100多门。现在的线上一流课程的竞争要比过去激烈得多。比如，在以前评国家精品课程的时候，全国真正达到慕课基本要求的课不多，所以当时竞争非常小。但是2020年后，各个学校开的线上课程已经超过3万门，由此可见线上一流课程的竞争是非常激烈的。当然，如果你的课程受欢迎程度非常高，选课人数多，互动好，那么山东大学推出去的一流课程，仍然是有非常大的成功机会。

其次，国家级线下一流课程按照原来的规划是一年先评20%，后三年再评剩下的80%。但实际上，第一批国家级线下一流课程评了1400多门，超过总数的三分之一。线下一流课程申报的竞争非常激烈，因为线下一流课程的指标十分强调名师、名校，就是有影响的、在社会上非常受认可的学校以及老师。线下、混合式、线上一流课程都不一样，因为线上一流课程以及混合式一流课程的评选是需要数据的，而线下一流课程不需要运行数据。去年一流课程最后的公示比计划时间晚得多，这是因为线下一流课程评选中有许多名师、教授参与到竞争中。混合式一流课程的评选数量十分多，但是在去年提交评审材料阶段，大部分课程材料是不能满足混合式一流课程的基本要求的，所以混合式一流课程的申报在今年仍然是重头戏。如果各位老师的课程满足了这些基本条件，我建议优先申报混合式一流课程。社会实践一流课程是可以考虑的，但是我们要注意如何让课程通过社会实践实现其价值。社会实践一流课程的计划很少，只有1000门，但许多年轻老师通过社会实践取得突破，如果各位老师的社会实践课程规划得好，也是可以尝试的。不过社会实践一流课程的申报可能要调动一些资源，包括一些社会资源，门槛较高。

在申报之前，各位老师一定要思考一下自己的这门课程“特”在哪里，“强”在哪里。如果你的课程不够“强”，那么一定要体现特色。比如山东的高校课程可以体现山东的特色，这在准备课程以及平时的教学过程当中就应该有所体现。

“双万计划”的基本原则，可以概括为坚持分类建设、坚持扶强扶特以及“两性一度”，即提升高阶性、突出创新性以及增加挑战度。各位老师在撰写申请报告的时候一定要体现一流课程的“两性一度”。课程目标一定要具有高阶性，要加强课程体系的整体设计，促进知识、能力、素质的有机融合，注重培养学生解决复杂问题的综合能力和高级思维。另外，我在评审一流学科的申报材料的过程中，一方面重点关注课程是否具有创新性、是否重视互动、是否创新教育方法，另一方面就是看课程是否体现学科的交叉融合。

推进课程创新的目的就是进一步推进课堂革命。这就要求我们理念新起来、教学优起来、课堂活起来、条件建起来。在线上一流课程方面，近两年提到线上模式的次数比较多，下面用“建”“用”“学”“管”四个字来解释一下线上一流课程的建设要求。

首先，打好“建”这个基础。打好基础有三方面要求——围绕育人、立足专业、依靠教师。其次，要聚焦“用”这个关键。要基于慕课的教学改革，进行方法创新；学校间、教师间、师生间、生生间联合共用资源；注重实效，尤其是开展混合式教学，既见课又见人。再次，要围绕“学”这个目的。具体内容是推进学生、服务全民、拓展国际。第一，要推进学生，促进教学相长，实现学习方式变革；第二，要服务全民，就是如何让更多的社会学习者参与进来；第三，要拓展国际，实现双语式教学。最后，做好“管”这个保障。这要求老师在上传课程视频之后脑子里要有一根弦，要做好课程的后续管理和服务。

在上述服务过程中，除了教学视频之外，还要有随堂练习和互动交流。我在审核申报材料的时候，首先要打开互动区看一下这节课是不是有活跃的师生互动，另外作业测验以及答疑讨论也是必不可少的，还有最后的考核评价。这样才能构成一个完整的线上教学课程，这一过程是由教师引导的。

关于申报书的基本条件。第一，教学理念要以学生为中心；第二，教学团队要强调教学服务；第三，教学目标要体现分类指导；第四，教学设计要注重体现课堂的差异化；第五，教学内容不仅要体现知识、技能，还要涵盖思政教育；第六，教学组织不能简单地以视频阅读为核心；第七，在管理评价方面要严格，采用多元化的考核评价指标。根据这几方面的参考,专家在评审报告书的时候亮点会一目了然。过去三年的线上课程的申报书特别简单,没有其他申报材料,因为线上课程的材料主体是教学过程。但混合式课程和线下课程最难的部分就是申报书填写,材料十分复杂。在申报混合式教学课程的时候,老师们一定要搞清楚有哪些是适合开展线上课程的,有哪些是必须在线下完成的。这就涉及线上课程教学的等效性,即要在线上完成的部分,无须在课堂中重复。从教学管理上考虑教学内容、教学时间、教学训练和评测,这三点是评估实质等效的关键。

线下一流课程就是鼓励教授上讲台,鼓励名师在课堂上起到示范作用。这是主要目的,但是注意线下的听课并不意味着不使用新技术,还要基于智慧教室和一些创新的教学活动来进行组织,因此线下课堂一定要体现与传统的课程的区别。线下一流课程是以面授为主的课程,以提升学生的综合能力为重点,重塑课堂内容,创新教学方法,打破课堂沉默状态,焕发设计活力。这就强调学校以及老师在这个行业当中的交互地位,主要的目的是提升学生能力。总结来说,线下一流课程首先要有内容,要有活力,还要有效率。

线上线下混合式一流课程,就是基于优质的线上课程,与课堂活动相结合,还要有创新的课堂活动,将其变成一种双教学活动。双教学活动不是简单的线上加线下,而是实现两者同频共振,这是混合式课程的重点。按照混合式教学的要求,其实就是把线上学时和线下学时进行结合,就是让老师的讲授和学生的学习任务体现在课堂活动中。总结下来,混合式教学的基本要求就是要有慕课,要有课堂,还要有工具。

以混合式课程的申报书的填写为例做一个简单的梳理。第一个重点是教程目标,要求300字,这300字里要明确目标,必须落实到一门课程上。这门课程要以能力的提升为重点,就是如何提升学生的能力。而且提出的目标要求必须是可测量、可完成的。另外一点就是高阶性和挑战度,课程当中除了知识目标、能力目标之外,还要有素质目标,要体现价值塑造、体现立德树人。

第二个重点是课程建设与应用情况,这是整个申报的重头戏。一共包括六条,分别是本课程建设的发展历程、课程与教学改革要解决的重点问题、课程内容与资源建设及应用情况、课程教学内容及组织实施情况、课程成绩评定方式以及课程评价及改革成效等情况。课程特色与创新这一部分是很难写的。特色和创新是有区别的,特色是你和别人有哪些不一样,创新是以前没有人做过而你做了。所以,无论是特色还是创新,都是课程独特的地方。特色主要是指课程结构做了什么调整,你的课堂与传统课堂有哪里不一样。创新是课堂的流程有哪些改变,上课的方式与以前相比有哪些不同，课堂中怎么来进行，用什么方式来完成教学，线上教学是怎么做的以及线下要怎么做。这个地方需要每个老师根据自己的课程来进行提炼。

第三个重点是课程建设计划。如果老师们的课程评上了一流课程，那就要求你的课程在未来五年里要持续改进。课程建设最重要的任务就是材料的整理，在评审过程中支撑材料是必须要提供的，混合式课程的材料里面必须提供六种，包括10分钟说课、教学设计样例、教学日历、考试（考核）及答案（成果）、学生成绩分布统计以及学生在线学习数据。

今天的主要内容我就讲到这里，接下来的时间留给大家来进行互动。

问：我有个问题想请教一下王老师，在做教材的时候是否要把课程建设里的理念同样放到教材里面去？

答：现在教育部也非常重视教材建设，包括去年启动了全国优秀教材建设奖，以后可能也会有涉及这方面的一些新的要求。因教材评审包括国家级教材在"十四五"这五年里没有评，但是教材建设这块到底怎么做，目前我得到的一个信息是要强调新形态。另外就是课程思政，大家可能会发现，在新的教材编写中可能会加入一些课程思政的内容，包括我们的外语教材。现在我们的一些外语教材里面可能有大量的国外原版的文章，怎么去体现我们自己的一些价值塑造的成分，是我们需要考虑的问题。

问：在线上课程以及线下课程建设当中，对团队有没有要求？

答：团队这一项在总的评审中占了五分，在我过去的三次申报当中，我其实是没有团队的，的确是处于劣势。所以我建议如果是线下课程申报，最好有一位教授牵头，然后有包括副教授、讲师等在内的一个完整的教学梯队。如果是线上课程的话，要求不高，线上课程是讲师也没问题，线上课程对于职称要求不高。如果是混合式教学，就不一样了，混合式教学要求团队分工明确。因为大家在上课的时候不能全是平行班，各上各的，这样就无法申报。一定要体现课程的合作，那怎么去体现呢？混合式教学由教授和副教授牵头可能会好一点。

问：王老师您好，我想问一下我们大学英语系的大学学术英语这门课开的人挺多，基本上全国的本科生在大二上学期都会有这门课。关于这个，现在我们学院尝试做一个线下课程，这个课程类似于之前的大学英语精品课，特点是面大，特色我们也争取做一些。如果继续往前发展的话，王老师请您帮我们分析一下关于这种体量比较大的课程在课程建设中还有没有位置，希望老师提供宝贵的建议。

答：我不太了解学术英语这门课在整个本科四年的培养计划中的作用，我刚才听到您的介绍,我认为这个课首先应该去看一下网上有没有一些现成的国家精品在线开发课程,如果有的话我们可以探索一个新的模式。因为学术英语的面比较宽,做成混合式课程可能更容易一些,尤其是针对受众面比较广的课,混合式教学是一个比较合适的做法。如果要做的话,需要抓紧时间,因为还要有"运行两个学期"这个比较严格的要求。可以先有个规划,具备问题意识,在上课中遇到什么问题可以思考一下怎么用混合式课堂来解决。